OEUVRES COMPLÈTES

DE M. LE VICOMTE

DE CHATEAUBRIAND.

TOME XVIII.

DE L'IMPRIMERIE DE CRAPELET,
RUE DE VAUGIRARD, N° 9.

ŒUVRES COMPLÈTES

DE M. LE VICOMTE

DE CHATEAUBRIAND,

MEMBRE DE L'ACADÉMIE FRANÇOISE.

TOME DIX-HUITIÈME.

ATALA.

PARIS.

POURRAT FRÈRES, ÉDITEURS.

M. DCCC. XXXVI.

PRÉFACES.

PRÉFACE DE LA PREMIÈRE ÉDITION D'ATALA.

On voit par la lettre précédente [1] ce qui a donné lieu à la publication d'*Atala* avant mon ouvrage sur le *Génie du Christianisme*, dont elle fait partie. Il ne me reste plus qu'à rendre compte de la manière dont cette histoire a été composée.

J'étois encore très jeune lorsque je conçus l'idée de faire l'*épopée de l'homme de la nature*, ou de peindre

---

[1] La lettre dont il s'agit ici avoit été publiée dans le *Journal des Débats* et dans le *Publiciste* (1800); la voici :

« Citoyen,

« Dans mon ouvrage sur le *Génie du Christianisme*, ou *les Beautés de la religion chrétienne*, il se trouve une partie entière consacrée à la *poétique du Christianisme*. Cette partie se divise en quatre livres : poésie, beaux-arts, littérature, harmonies de la religion avec les scènes de la nature et les passions du cœur humain. Dans ce livre, j'examine plusieurs sujets qui n'ont pu entrer dans les précédents, tels que les effets des ruines gothiques comparées aux autres sortes de ruines, les sites des monastères dans la solitude, etc. Ce livre est terminé par une anecdote extraite de mes *Voyages en Amérique*, et écrite sous les huttes mêmes des Sauvages; elle est intitulée *Atala*, etc. Quelques épreuves de cette petite histoire s'étant trouvées égarées, pour prévenir un accident qui me causeroit un tort infini, je me vois obligé de l'imprimer à part, avant mon grand ouvrage.

« Si vous vouliez, citoyen, me faire le plaisir de publier ma lettre, vous me rendriez un important service.

« J'ai l'honneur d'être, etc. »

les mœurs des Sauvages, en les liant à quelque événement connu. Après la découverte de l'Amérique, je ne vis pas de sujet plus intéressant, surtout pour les François, que le massacre de la colonie des Natchez à la Louisiane en 1727. Toutes les tribus indiennes conspirant, après deux siècles d'oppression, pour rendre la liberté au Nouveau-Monde, me parurent offrir un sujet presque aussi heureux que la conquête du Mexique. Je jetai quelques fragments de cet ouvrage sur le papier; mais je m'aperçus bientôt que je manquois des vraies couleurs, et que, si je voulois faire une image semblable, il falloit, à l'exemple d'Homère, visiter les peuples que je voulois peindre.

En 1789, je fis part à M. de Malesherbes du dessein que j'avois de passer en Amérique. Mais désirant en même temps donner un but utile à mon voyage, je formai le dessein de découvrir par terre le *passage* tant recherché, et sur lequel Cook même avoit laissé des doutes. Je partis, je vis les solitudes américaines, et je revins avec des plans pour un second voyage, qui devoit durer neuf ans. Je me proposois de traverser tout le continent de l'Amérique septentrionale, de remonter ensuite le long des côtes, au nord de la Californie, et de revenir par la baie d'Hudson, en tournant sur le pôle[1]. M. de Malesherbes se chargea de présenter mes plans au Gouvernement, et ce fut alors qu'il entendit les premiers fragments du petit ouvrage que je donne aujourd'hui au public. La révolution mit fin à tous mes projets. Couvert du sang de mon frère unique, de ma belle-sœur, de celui de l'illustre vieillard leur père, ayant vu ma mère et une autre sœur pleine de talents mourir des suites du traitement qu'elles avoient éprouvé dans les cachots,

---

[1] M. Mackenzie a depuis exécuté une partie de ce plan.

PRÉFACES.

j'ai erré sur les terres étrangères, où le seul ami que j'eusse conservé s'est poignardé dans mes bras.[1]

De tous mes manuscrits sur l'Amérique, je n'ai sauvé que quelques fragments, en particulier *Atala*, qui n'étoit elle-même qu'un épisode des *Natchez*[2]. *Atala* a été écrite dans le désert, et sous les huttes des Sauvages. Je ne sais si le public goûtera cette histoire, qui sort de toutes les routes connues, et qui présente une nature et des mœurs tout-à-fait étrangères à l'Europe. Il n'y a point d'aventure dans *Atala*. C'est une sorte de poëme[3], moitié descriptif, moitié dramatique : tout consiste dans la peinture de deux amants qui marchent et causent dans la solitude, et dans le tableau des troubles de l'amour, au milieu du calme des déserts. J'ai essayé de

---

[1] Nous avions été tous deux cinq jours sans nourriture.
Tandis que ma famille étoit ainsi massacrée, emprisonnée et bannie, une de mes sœurs, qui devoit sa liberté à la mort de son mari, se trouvoit à Fougères, petite ville de Bretagne. L'armée royaliste arrive ; huit cents hommes de l'armée républicaine sont pris et condamnés à être fusillés. Ma sœur se jette aux pieds de M. de la Rochejaquelein, et obtient la grace des prisonniers. Aussitôt elle vole à Rennes, se présente au tribunal révolutionnaire avec les certificats qui prouvent qu'elle a sauvé la vie à huit cents hommes, et demande pour seule récompense qu'on mette ses sœurs en liberté. Le président du tribunal lui répond : *Il faut que tu sois une coquine de royaliste que je ferai guillotiner, puisque les brigands ont tant de déférence pour toi. D'ailleurs, la république ne te sait aucun gré de ce que tu as fait : elle n'a que trop de défenseurs, et elle manque de pain.* Voilà les hommes dont Buonaparte a délivré la France !

[2] *Voyez* la Préface des *Natchez*.

[3] Je suis obligé d'avertir que si je me sers ici du mot de *poëme*, c'est faute de savoir comment me faire entendre autrement. Je ne suis point de ceux qui confondent la prose et les vers. Le poète, quoi qu'on en dise, est toujours l'homme par excellence, et des volumes entiers de prose descriptive ne valent pas cinquante beaux vers d'Homère, de Virgile ou de Racine.

donner à cet ouvrage les formes les plus antiques ; il est divisé en *prologue, récit* et *épilogue*. Les principales parties du récit prennent une dénomination, comme *les chasseurs, les laboureurs,* etc.; et c'étoit ainsi que dans les premiers siècles de la Grèce les Rhapsodes chantoient sous divers titres les fragments de l'*Iliade* et de l'*Odyssée*.

Je dirai aussi que mon but n'a pas été d'arracher beaucoup de larmes : il me semble que c'est une dangereuse erreur avancée, comme tant d'autres, par Voltaire, que *les bons ouvrages sont ceux qui font le plus pleurer*. Il y a tel drame dont personne ne voudroit être l'auteur, et qui déchire le cœur bien autrement que l'*Énéide*. On n'est point un grand écrivain parce qu'on met l'ame à la torture. Les vraies larmes sont celles que fait couler une belle poésie ; il faut qu'il s'y mêle autant d'admiration que de douleur.

C'est Priam, disant à Achille :

Ἀνδρὸς παιδοφόνοιο ποτὶ στόμα χεῖρ' ὀρέγεσθαι.

Juge de l'excès de mon malheur, puisque je baise la main qui a tué mon fils.

C'est Joseph s'écriant :

Ego sum Joseph, frater vester, quem vendidistis in Ægyptum.

Je suis Joseph, votre frère, que vous avez vendu pour l'Égypte.

Voilà les seules larmes qui doivent mouiller les cordes de la lyre. Les muses sont des femmes célestes qui ne défigurent point leurs traits par des grimaces ; quand elles pleurent, c'est avec un secret dessein de s'embellir.

Au reste, je ne suis point, comme Rousseau, un enthousiaste des Sauvages ; et, quoique j'aie peut-être autant à me plaindre de la société que ce philosophe avoit à s'en louer, je ne crois point que la *pure nature* soit la plus belle chose du monde. Je l'ai toujours trouvée fort laide, partout où j'ai eu occasion de la voir. Bien loin d'être d'opinion que l'homme qui pense soit un *animal dépravé*, je crois que c'est la pensée qui fait l'homme. Avec ce mot de *nature*, on a tout perdu. Peignons la nature, mais la belle nature : l'art ne doit pas s'occuper de l'imitation des monstres.

Les moralités que j'ai voulu faire dans *Atala* sont faciles à découvrir; et comme elles sont résumées dans l'épilogue, je n'en parlerai point ici; je dirai seulement un mot de Chactas, l'amant d'Atala.

C'est un Sauvage qui est plus qu'à demi civilisé, puisque non seulement il sait les langues vivantes, mais encore les langues mortes de l'Europe. Il doit donc s'exprimer dans un style mêlé, convenable à la ligne sur laquelle il marche, entre la société et la nature. Cela m'a donné quelques avantages, en le faisant parler en Sauvage dans la peinture des mœurs, et en Européen dans le drame de la narration. Sans cela il eût fallu renoncer à l'ouvrage : si je m'étois toujours servi du style indien, *Atala* eût été de l'hébreu pour le lecteur.

Quant au missionnaire, c'est un simple prêtre qui parle sans rougir *de la croix, du sang de son divin Maître, de la chair corrompue*, etc.; en un mot, c'est le prêtre tel qu'il est. Je sais qu'il est difficile de peindre un pareil caractère sans réveiller dans l'esprit de certains lecteurs des idées de ridicule. Si je n'attendris pas, je ferai rire : on en jugera.

Il me reste une chose à dire : je ne sais par quel hasard une lettre que j'avois adressée à M. de Fontanes a excité l'attention du public beaucoup plus que je ne m'y attendois. Je croyois que quelques lignes d'un auteur inconnu passeroient sans être aperçues; cependant les papiers publics ont bien voulu parler de cette lettre[1]. En réfléchissant sur ce caprice du public, qui a fait attention à une chose de si peu de valeur, j'ai pensé que cela pouvoit venir du titre de mon grand ouvrage : *Génie du Christianisme, etc.* On s'est peut-être figuré qu'il s'agissoit d'une affaire de parti, et que je dirois dans ce livre beaucoup de mal de la révolution et des philosophes.

Il est sans doute permis à présent, sous un gouvernement qui ne proscrit aucune opinion paisible, de prendre la défense du christianisme. Il a été un temps où les adversaires de cette religion avoient seuls le droit de parler. Maintenant la lice est ouverte, et ceux qui pensent que le christianisme est poétique et moral peuvent le dire tout haut, comme les philosophes peuvent soutenir le contraire. J'ose croire que si le grand ouvrage que j'ai entrepris, et qui ne tardera pas à paroître, étoit traité par une main plus habile que la mienne, la question seroit décidée.

Quoi qu'il en soit, je suis obligé de déclarer qu'il n'est pas question de la révolution dans le *Génie du Christianisme* : en général, j'y ai gardé une mesure que, selon toutes les apparences, on ne gardera pas envers moi.

On m'a dit que la femme célèbre[2] dont l'ouvrage formoit le sujet de ma lettre, s'est plainte d'un passage de cette lettre. Je prendrai la liberté de faire observer que ce n'est pas moi qui ai employé le premier l'arme que l'on me reproche, et qui m'est odieuse; je n'ai fait que repousser le coup qu'on portoit à un homme dont

---

[1] *Voyez* cette lettre à la fin du *Génie du Christianisme.*
[2] Madame de Staël.

je fais profession d'admirer les talents, et d'aimer tendrement la personne. Mais dès lors que j'ai offensé, j'ai été trop loin : qu'il soit donc tenu pour effacé, ce passage. Au reste, quand on a l'existence brillante et les talents de Mme de Staël, on doit oublier facilement les petites blessures que nous peut faire un solitaire, et un homme aussi ignoré que je le suis.

Je dirai un dernier mot sur *Atala* : le sujet n'est pas entièrement de mon invention ; il est certain qu'il y a eu un Sauvage aux galères et à la cour de Louis XIV ; il est certain qu'un missionnaire françois a fait les choses que j'ai rapportées ; il est certain que j'ai trouvé dans les forêts de l'Amérique des Sauvages emportant les os de leurs aïeux, et une jeune mère exposant le corps de son enfant sur les branches d'un arbre. Quelques autres circonstances aussi sont véritables ; mais comme elles ne sont pas d'un intérêt général, je suis dispensé d'en parler.

AVIS

SUR LA TROISIÈME ÉDITION D'ATALA.

J'ai profité de toutes les critiques pour rendre ce petit ouvrage plus digne des succès qu'il a obtenus. J'ai eu le bonheur de voir que la vraie philosophie et la vraie religion sont une même chose ; car des personnes fort distinguées, qui ne pensent pas comme moi sur le christianisme, ont été les premières à faire la fortune d'*Atala*. Ce seul fait répond à ceux qui voudroient faire croire que la *vogue* de cette anecdote indienne est une affaire de parti. Cependant j'ai été amèrement, pour ne pas dire grossièrement censuré ; on a été jusqu'à tourner en ridicule cette apostrophe aux Indiens [1] :

« Indiens infortunés, que j'ai vus errer dans les déserts du Nou-

---

[1] *Décade philosophique*, n° 22, dans une note.

veau-Monde avec les cendres de vos aïeux; vous qui m'aviez donné l'hospitalité, malgré votre misère! je ne pourrois vous l'offrir aujourd'hui, car j'erre ainsi que vous à la merci des hommes; et, moins heureux dans mon exil, je n'ai point emporté les os de mes pères. »

Les cendres de ma famille confondues avec celles de M. de Malesherbes, six ans d'exil et d'infortunes, n'ont donc paru qu'un sujet de plaisanterie! Puisse le critique n'avoir jamais à regretter les tombeaux de ses pères.

Au reste, il est facile de concilier les divers jugements qu'on a portés d'*Atala* : ceux qui m'ont blâmé n'ont songé qu'à mes talents; ceux qui m'ont loué n'ont pensé qu'à mes malheurs.

AVIS

SUR LA CINQUIÈME ÉDITION D'ATALA.

Depuis quelque temps il a paru de nouvelles critiques d'*Atala*. Je n'ai pu en profiter dans cette cinquième édition. Les conseils qu'on m'a fait l'honneur de m'adresser auroient exigé trop de changements, et le public semble maintenant accoutumé à ce petit ouvrage avec tous ses défauts. Cette nouvelle édition est donc parfaitement semblable à la quatrième; j'ai seulement rétabli dans quelques endroits le texte des trois premières.

PRÉFACE
D'ATALA ET DE RENÉ.

(ÉDITION IN-12 DE 1805.)

L'indulgence avec laquelle on a bien voulu accueillir mes ouvrages m'a imposé la loi d'obéir au goût du public, et de céder au conseil de la critique.

Quant au premier, j'ai mis tous mes soins à le satisfaire. Des personnes chargées de l'instruction de la jeunesse ont désiré avoir une édition du *Génie du Christianisme* qui fût dépouillée de cette partie de l'Apologie, uniquement destinée aux gens du monde : malgré la répugnance naturelle que j'avois à mutiler mon ouvrage, et ne considérant que l'utilité publique, j'ai publié l'abrégé que l'on attendoit de moi.

Une autre classe de lecteurs demandoit une édition séparée des deux épisodes de l'ouvrage : je donne aujourd'hui cette édition.

Je dirai maintenant ce que j'ai fait relativement à la critique.

Je me suis arrêté, pour le *Génie du Christianisme*, à des idées différentes de celles que j'ai adoptées pour ses épisodes.

Il m'a semblé d'abord que, par égard pour les personnes qui ont acheté les premières éditions, je ne devois faire, du moins à présent, aucun changement notable à un livre qui se vend aussi cher que le *Génie du Christianisme*. L'amour-propre et l'intérêt ne m'ont pas paru des raisons assez bonnes, même dans ce siècle, pour manquer à la délicatesse.

En second lieu, il ne s'est pas écoulé assez de temps depuis la publication du *Génie du Christianisme*, pour que je sois parfaitement éclairé sur les défauts d'un ouvrage de cette étendue. Où trouverois-je la vérité parmi une foule d'opinions contradictoires? L'un vante mon sujet aux dépens de mon style; l'autre approuve mon style et désapprouve mon sujet. Si l'on m'assure, d'une part, que le *Génie du Christianisme* est un monument à jamais mémorable pour la main qui l'éleva, et pour le commencement du dix-neuvième siècle[1]; de l'autre, on a pris soin de m'avertir, un mois ou deux après la publication de l'ouvrage, que les critiques venoient trop tard, puisque cet ouvrage étoit déjà oublié.[2]

Je sais qu'un amour-propre plus affermi que le mien trouveroit peut-être quelque motif d'espérance pour se rassurer contre cette dernière assertion. Les éditions du *Génie du Christianisme* se multiplient, malgré les circonstances qui ont ôté à la cause que j'ai défendue le puissant intérêt du malheur. L'ouvrage, si je ne m'abuse, paroit même augmenter d'estime dans l'opinion publique à mesure qu'il vieillit, et il semble que l'on commence à y voir autre chose qu'un ouvrage de *pure imagination*. Mais à Dieu ne plaise que je prétende persuader de mon foible mérite ceux qui ont sans doute de bonnes raisons pour ne pas y croire! Hors la religion et l'honneur, j'estime trop peu de choses dans le monde pour ne pas souscrire aux arrêts de la critique la plus rigoureuse. Je suis si peu aveuglé par quelques succès, et si loin de regarder quelques éloges comme un jugement définitif en ma faveur, que je n'ai pas cru devoir mettre la dernière main à mon ouvrage. J'attendrai en-

---

[1] M. de Fontanes. [2] M. Ginguené. (*Décad. philosoph.*)

core, afin de laisser le temps aux préjugés de se calmer, à l'esprit de parti de s'éteindre; alors l'opinion qui se sera formée sur mon livre sera sans doute la véritable opinion : je saurai ce qu'il faudra changer au *Génie du Christianisme*, pour le rendre tel que je désire le laisser après moi, s'il me survit.[1]

Mais si j'ai résisté à la censure dirigée contre l'ouvrage entier par les raisons que je viens de déduire, j'ai suivi pour *Atala*, prise séparément, un système absolument opposé. Je n'ai pu être arrêté dans les corrections ni par la considération du prix du livre, ni par celle de la longueur de l'ouvrage. Quelques années ont été plus que suffisantes pour me faire connoître les endroits foibles ou vicieux de cet épisode. Docile sur ce point à la critique, jusqu'à me faire reprocher mon trop de facilité, j'ai prouvé à ceux qui m'attaquoient que je ne suis jamais volontairement dans l'erreur, et que, dans tous les temps et sur tous les sujets, je suis prêt à céder à des lumières supérieures aux miennes. *Atala* a été réimprimée onze fois; cinq fois séparément, et six fois dans le *Génie du Christianisme*; si l'on confrontoit ces onze éditions, à peine en trouveroit-on deux tout-à-fait semblables.

La douzième, que je publie aujourd'hui, a été revue avec le plus grand soin. J'ai consulté des *amis prompts à me censurer;* j'ai pesé chaque phrase, examiné chaque mot. Le style, dégagé des épithètes qui l'embarrassoient, marche peut-être avec plus de naturel et de simplicité. J'ai mis plus d'ordre et de suite dans quelques idées; j'ai fait disparoître jusqu'aux moindres incorrections de langage. M. de La Harpe me disoit au

---

[1] C'est ce qui a été fait dans l'édition des OEuvres complètes de l'auteur; Paris, 1828.

sujet d'*Atala* : « Si vous voulez vous enfermer avec moi
« seulement quelques heures, ce temps nous suffira
« pour effacer les taches qui font crier si haut vos cen-
« seurs. » J'ai passé quatre ans à revoir cet épisode, mais
aussi il est tel qu'il doit rester. C'est la seule *Atala* que
je reconnoitrai à l'avenir.

Cependant il y a des points sur lesquels je n'ai pas
cédé entièrement à la critique. On a prétendu que quelques sentiments exprimés par le père Aubry renfermoient
une doctrine désolante. On a, par exemple, été révolté
de ce passage : (nous avons aujourd'hui tant de sensibilité !)

« Que dis-je! ô vanité des vanités ! Que parlé-je de
« la puissance des amitiés de la terre! Voulez-vous, ma
« chère fille, en connoitre l'étendue ? Si un homme re-
« venoit à la lumière quelques années après sa mort, je
« doute qu'il fût revu avec joie par ceux-là mêmes qui
« ont donné le plus de larmes à sa mémoire, tant on
« forme vite d'autres liaisons, tant on prend facilement
« d'autres habitudes, tant l'inconstance est naturelle à
« l'homme, tant notre vie est peu de chose, même dans
« le cœur de nos amis ! »

Il ne s'agit pas de savoir si ce sentiment est pénible à
avouer, mais s'il est vrai et fondé sur la commune expérience. Il seroit difficile de ne pas en convenir. Ce
n'est pas surtout chez les François que l'on peut avoir
la prétention de ne rien oublier. Sans parler des morts
dont on ne se souvient guère, que de vivants sont reve-
nus dans leurs familles et n'y ont trouvé que l'oubli,
l'humeur et le dégoût ! D'ailleurs quel est ici le but du
père Aubry? N'est-ce pas d'ôter à Atala tout regret d'une
existence qu'elle vient de s'arracher volontairement, et
à laquelle elle voudroit en vain revenir? Dans cette intention, le missionnaire, en exagérant même à cette

PRÉFACES.

infortunée les maux de la vie, ne feroit encore qu'un acte d'humanité. Mais il n'est pas nécessaire de recourir à cette explication. Le père Aubry exprime une chose malheureusement trop vraie. S'il ne faut pas calomnier la nature humaine, il est aussi très inutile de la voir meilleure qu'elle ne l'est en effet.

Le même critique, M. l'abbé Morellet, s'est encore élevé contre cette autre pensée, comme fausse et paradoxale :

« Croyez-moi, mon fils, les douleurs ne sont point
« éternelles ; il faut tôt ou tard qu'elles finissent, parce
« que le cœur de l'homme est fini. C'est une de nos
« grandes misères : nous ne sommes pas même capables
« d'être long-temps malheureux. »

Le critique prétend que cette sorte d'incapacité de l'homme pour la douleur est au contraire un des grands biens de la vie. Je ne lui répondrai pas que, si cette réflexion est vraie, elle détruit l'observation qu'il a faite sur le premier passage du discours du père Aubry. En effet, ce seroit soutenir, d'un côté, que l'on n'oublie jamais ses amis : et de l'autre, qu'on est très heureux de n'y plus penser. Je remarquerai seulement que l'habile grammairien me semble ici confondre les mots. Je n'ai pas dit : « C'est une de nos grandes *infortunes*, » ce qui seroit faux, sans doute ; mais : « C'est une de nos grandes *misères*, » ce qui est très vrai. Eh ! qui ne sent que cette impuissance où est le cœur de l'homme de nourrir long-temps un sentiment, même celui de la douleur, est la preuve la plus complète de sa stérilité, de son indigence, de sa *misère*? M. l'abbé Morellet paroit faire, avec beaucoup de raison, un cas infini du bon sens, du jugement, du naturel ; mais suit-il toujours dans la pratique la théorie qu'il professe ? Il seroit assez singulier que ses idées riantes sur l'homme et sur la vie me donnassent le droit de le soupçonner, à mon tour, de porter dans ces sentiments l'exaltation et les illusions de la jeunesse.

La nouvelle nature et les mœurs nouvelles que j'ai peintes m'ont attiré encore un autre reproche peu réfléchi. On m'a cru l'inventeur de quelques détails extraordinaires, lorsque je rappelois seulement des choses connues de tous les voyageurs. Des notes ajoutées à cette édition d'*Atala* m'auroient aisément justifié; mais s'il en avoit fallu mettre dans tous les endroits où chaque lecteur pouvoit en avoir besoin, elles auroient bientôt surpassé la longueur de l'ouvrage. J'ai donc renoncé à faire des notes. Je me contenterai de transcrire ici un passage de la *Défense du Génie du Christianisme*. Il s'agit des ours enivrés de raisin, que les doctes censeurs avoient pris pour une gaîté de mon imagination. Après avoir cité des autorités respectables et le témoignage de Carver, Bartram, Imley, Charlevoix, j'ajoute : « Quand « on trouve dans un auteur une circonstance qui ne fait « pas beauté en elle-même, et qui ne sert qu'à donner de « la ressemblance au tableau, si cet auteur a d'ailleurs « montré quelque sens commun, il seroit assez naturel « de supposer qu'il n'a pas inventé cette circonstance, « et qu'il n'a fait que rapporter une chose réelle, bien « qu'elle ne soit pas très connue. Rien n'empêche qu'on « ne trouve *Atala* une méchante production; mais j'ose « dire que la nature américaine y est peinte avec la plus « scrupuleuse exactitude. C'est une justice que lui ren- « dent tous les voyageurs qui ont visité la Louisiane et « les Florides. Les deux traductions angloises d'*Atala* « sont parvenues en Amérique, les papiers publics ont « annoncé, en outre, une troisième traduction publiée « à Philadelphie avec succès. Si les tableaux de cette « histoire eussent manqué de vérité, auroient-ils réussi « chez un peuple qui pouvoit dire à chaque pas : Ce ne

« sont pas là nos fleuves, nos montagnes, nos forêts?
« Atala est retournée au désert, et il semble que sa patrie
« l'ait reconnue pour véritable enfant de la solitude[1]. »

René, qui accompagne *Atala* dans la présente édition, n'avoit point encore été imprimé à part. Je ne sais s'il continuera d'obtenir la préférence que plusieurs personnes lui donnent sur *Atala*. Il fait suite naturelle à cet épisode, dont il diffère néanmoins par le style et par le ton. Ce sont à la vérité les mêmes lieux et les mêmes personnages; mais ce sont d'autres mœurs et un autre ordre de sentiments et d'idées. Pour toute préface, je citerai encore les passages du *Génie du Christianisme* et de la *Défense* qui se rapportent à *René*.

EXTRAIT

DU GÉNIE DU CHRISTIANISME,

IIe PARTIE, LIV. III, CHAP. IX,

INTITULÉ : *DU VAGUE DES PASSIONS.*

« Il reste à parler d'un état de l'ame qui, ce nous
« semble, n'a pas encore été bien observé : c'est celui
« qui précède le développement des grandes passions,
« lorsque toutes les facultés, jeunes, actives, entières,
« mais renfermées, ne se sont exercées que sur elles-
« mêmes, sans but et sans objet. Plus les peuples avan-
« cent en civilisation, plus cet état du vague des passions
« augmente : car il arrive alors une chose fort triste :
« le grand nombre d'exemples qu'on a sous les yeux, la
« multitude de livres qui traitent de l'homme et de ses
« sentiments, rendent habile sans expérience. On est

[1] *Défense du Génie du Christianisme.*

« détrompé sans avoir joui ; il reste encore des désirs,
« et l'on n'a plus d'illusions. L'imagination est riche,
« abondante et merveilleuse, l'existence pauvre, sèche
« et désenchantée. On habite, avec un cœur plein, un
« monde vide ; et sans avoir usé de rien, on est désabusé
« de tout.

« L'amertume que cet état de l'ame répand sur la vie
« est incroyable ; le cœur se retourne et se replie en cent
« manières, pour employer des forces qu'il sent lui être
« inutiles. Les anciens ont peu connu cette inquiétude
« secrète, cette aigreur des passions étouffées qui fer-
« mentent toutes ensemble : une grande existence poli-
« tique, les jeux du gymnase et du champ de Mars, les
« affaires du forum et de la place publique, remplis-
« soient tous leurs moments, et ne laissoient aucune
« place aux ennuis du cœur.

« D'une autre part, ils n'étoient pas enclins aux exa-
« gérations, aux espérances, aux craintes sans objet, à la
« mobilité des idées et des sentiments, à la perpétuelle
« inconstance, qui n'est qu'un dégoût constant, dispo-
« sitions que nous acquérons dans la société intime des
« femmes. Les femmes, chez les peuples modernes, in-
« dépendamment de la passion qu'elles inspirent, in-
« fluent encore sur tous les autres sentiments. Elles ont
« dans leur existence un certain abandon qu'elles font
« passer dans la nôtre ; elles rendent notre caractère
« d'homme moins décidé ; et nos passions, amollies par
« le mélange des leurs, prennent à la fois quelque chose
« d'incertain et de tendre...

« Il suffiroit de joindre quelques infortunes à cet état
« indéterminé des passions, pour qu'il pût servir de
« fond à un drame admirable. Il est étonnant que les
« écrivains modernes n'aient pas encore songé à peindre
« cette singulière position de l'ame. Puisque nous man-

« quons d'exemples, nous seroit-il permis de donner
« aux lecteurs un épisode extrait, comme Atala, de nos
« anciens Natchez? C'est la vie de ce jeune René, à qui
« Chactas a raconté son histoire, etc., etc. »

EXTRAIT

DE LA DÉFENSE DU GÉNIE DU CHRISTIANISME.

« On a déja fait remarquer la tendre sollicitude des
« critiques[1] pour la pureté de la religion; on devoit
« donc s'attendre qu'ils se formaliseroient des deux épi-
« sodes que l'auteur a introduits dans son livre. Cette
« objection particulière rentre dans la grande objection
« qu'ils ont opposée à tout l'ouvrage, et elle se détruit
« par la réponse générale qu'on y a faite plus haut.
« Encore une fois, l'auteur a dû combattre des poëmes
« et des romans impies, avec des poëmes et des romans
« pieux; il s'est couvert des mêmes armes dont il voyoit
« l'ennemi revêtu : c'étoit une conséquence naturelle et
« nécessaire du genre d'apologie qu'il avoit choisi. Il a
« cherché à donner l'exemple avec le précepte. Dans la
« partie théorique de son ouvrage, il avoit dit que la
« religion embellit notre existence, corrige les passions
« sans les éteindre, jette un intérêt singulier sur tous
« les sujets où elle est employée; il avoit dit que sa
« doctrine et son culte se mêlent merveilleusement aux
« émotions du cœur et aux scènes de la nature; qu'elle
« est enfin la seule ressource dans les grands malheurs
« de la vie : il ne suffisoit pas d'avancer tout cela, il
« falloit encore le prouver. C'est ce que l'auteur a essayé
« de faire dans les deux épisodes de son livre. Ces épi-

[1] Il s'agit ici des PHILOSOPHES uniquement.

« sodes étoient en outre une amorce préparée à l'es-
« pèce de lecteurs pour qui l'ouvrage est spécialement
« écrit. L'auteur avoit-il donc si mal connu le cœur hu-
« main, lorsqu'il a tendu ce piége innocent aux incré-
« dules? Et n'est-il pas probable que tel lecteur n'eût
« jamais ouvert le *Génie du Christianisme*, s'il n'y
« avoit cherché René et Atala?

> Sai che là corre il mondo dove più versi
> Delle sue dolcezze il lusinger parnasso,
> E che 'l verso, condito in molli versi,
> I più schivi allettando, ha persuaso.

« Tout ce qu'un critique impartial qui veut entrer
« dans l'esprit de l'ouvrage étoit en droit d'exiger de
« l'auteur, c'est que les épisodes de cet ouvrage eussent
« une tendance visible à faire aimer la religion et à en
« démontrer l'utilité. Or, la nécessité des cloîtres pour
« certains malheurs de la vie, et pour ceux-là même qui
« sont les plus grands, la puissance d'une religion qui
« peut seule fermer des plaies que tous les baumes de
« la terre ne sauroient guérir, ne sont-elles pas invinci-
« blement prouvées dans l'histoire de René? L'auteur y
« combat en outre le travers particulier des jeunes gens
« du siècle, le travers qui mène directement au suicide.
« C'est J.-J. Rousseau qui introduisit le premier parmi
« nous ces rêveries si désastreuses et si coupables. En
« s'isolant des hommes, en s'abandonnant à ses songes,
« il a fait croire à une foule de jeunes gens qu'il est beau
« de se jeter ainsi dans le vague de la vie. Le roman de
« Werther a développé depuis ce germe de poison.
« L'auteur du *Génie du Christianisme*, obligé de faire
« entrer dans le cadre de son Apologie quelques tableaux
« pour l'imagination, a voulu dénoncer cette espèce de
« vice nouveau, et peindre les funestes conséquences de
« l'amour outré de la solitude. Les couvents offroient

« autrefois des retraites à ces ames contemplatives que
« la nature appelle impérieusement aux méditations.
« Elles y trouvoient auprès de Dieu de quoi remplir le
« vide qu'elles sentent en elles-mêmes, et souvent l'oc-
« casion d'exercer de rares et sublimes vertus. Mais,
« depuis la destruction des monastères et les progrès de
« l'incrédulité, on doit s'attendre à voir se multiplier
« au milieu de la société (comme il est arrivé en Angle-
« terre), des espèces de solitaires tout à la fois pas-
« sionnés et philosophes, qui, ne pouvant ni renoncer
« aux vices du siècle, ni aimer ce siècle, prendront la
« haine des hommes pour l'élévation du génie, renonce-
« ront à tout devoir divin et humain, se nourriront à
« l'écart des plus vaines chimères, et se plongeront de
« plus en plus dans une misanthropie orgueilleuse, qui
« les conduira à la folie ou à la mort.

« Afin d'inspirer plus d'éloignement pour ces rêveries
« criminelles, l'auteur a pensé qu'il devoit prendre la
« punition de René dans le cercle de ces malheurs épou-
« vantables qui appartiennent moins à l'individu qu'à
« la famille de l'homme, et que les anciens attribuoient
« à la fatalité. L'auteur eût choisi le sujet de Phèdre s'il
« n'eût été traité par Racine. Il ne restoit que celui
« d'Érope et de Thyeste [1] chez les Grecs, ou d'Amnon
« et de Thamar chez les Hébreux [2]; et, bien qu'il ait été
« aussi transporté sur notre scène [3], il est toutefois
« moins connu que celui de Phèdre. Peut-être aussi
« s'applique-t-il mieux aux caractères que l'auteur a
« voulu peindre. En effet, les folles rêveries de René
« commencent le mal, et ses extravagances l'achèvent:

[1] *Sen. in Atr. et Th.* Voyez aussi *Canace et Macareus*, et *Caune et Bybis* dans les *Métamorphoses* et dans les *Héroïdes* d'Ovide. J'ai rejeté comme trop abominable le sujet de Myrra, qu'on retrouve encore dans celui de Lot et de ses filles.

[2] *Reg.* 13. [3] Dans l'*Abufar* de M. Ducis.

« par les premières il égare l'imagination d'une foible
« femme : par les dernières, en voulant attenter à ses
« jours, il oblige cette infortunée à se réunir à lui ; ainsi
« le malheur naît du sujet, et la punition sort de la faute.

« Il ne restoit qu'à sanctifier, par le Christianisme,
« cette catastrophe empruntée à la fois de l'antiquité
« païenne et de l'antiquité sacrée. L'auteur, même alors,
« n'eut pas tout à faire ; car il trouva cette histoire pres-
« que naturalisée chrétienne dans une vieille ballade de
« pélerin, que les paysans chantent encore dans plusieurs
« provinces [1]. Ce n'est pas par les maximes répandues
« dans un ouvrage, mais par l'impression que cet ou-
« vrage laisse au fond de l'ame, que l'on doit juger de
« sa moralité. Or, la sorte d'épouvante et de mystère
« qui règne dans l'épisode de René serre et contriste le
« cœur sans y exciter d'émotion criminelle. Il ne faut pas
« perdre de vue qu'Amélie meurt heureuse et guérie, et
« que René finit misérablement. Ainsi le vrai coupable
« est puni, tandis que sa trop foible victime, remettant
« son ame blessée entre les mains de *celui qui retourne le*
« *malade sur sa couche,* sent renaître une joie ineffable
« du fond même des tristesses de son cœur. Au reste, le
« discours du père Souël ne laisse aucun doute sur le but
« et les moralités religieuses de l'histoire de René. »

On voit, par le chapitre cité du *Génie du Christianisme,* quelle espèce de passion nouvelle j'ai essayé de
peindre ; et, par l'extrait de la *Défense,* quel vice non
encore attaqué j'ai voulu combattre. J'ajouterai que,
quant au style, *René* a été revu avec autant de soin
qu'*Atala,* et qu'il a reçu le degré de perfection que je
suis capable de lui donner.

---

[1] C'est le Chevalier des Landes :

Malheureux chevalier, etc.

ATALA.

ATALA.

PROLOGUE.

La France possédoit autrefois dans l'Amérique septentrionale un vaste empire qui s'étendoit depuis le Labrador jusqu'aux Florides, et depuis les rivages de l'Atlantique jusqu'aux lacs les plus reculés du haut Canada.

Quatre grands fleuves, ayant leurs sources dans les mêmes montagnes, divisoient ces régions immenses : le fleuve Saint-Laurent qui se perd à l'est dans le golfe de son nom, la rivière de l'Ouest qui porte ses eaux à des mers inconnues, le fleuve Bourbon qui se précipite du midi au nord dans la baie d'Hudson, et le Meschacebé [1], qui tombe du nord au midi dans le golfe du Mexique.

Ce dernier fleuve, dans un cours de plus de mille lieues, arrose une délicieuse contrée que les habitants des États-Unis appellent le *nouvel Éden,* et à laquelle les François ont laissé le doux nom de *Louisiane*. Mille autres fleuves, tributaires du Meschacebé, le Missouri, l'Illinois, l'Akanza, l'Ohio, le Wabache, le Tenase, l'engraissent de leur limon et

[1] Vrai nom du Mississipi ou Meschassipi.

la fertilisent de leurs eaux. Quand tous ces fleuves se sont gonflés des déluges de l'hiver, quand les tempêtes ont abattu des pans entiers de forêts, les arbres déracinés s'assemblent sur les sources. Bientôt la vase les cimente, les lianes les enchaînent, et des plantes, y prenant racine de toutes parts, achèvent de consolider ces débris. Charriés par les vagues écumantes, ils descendent au Meschacebé : le fleuve s'en empare, les pousse au golfe Mexicain, les échoue sur des bancs de sable, et accroît ainsi le nombre de ses embouchures. Par intervalle, il élève sa voix en passant sur les monts, et répand ses eaux débordées autour des colonnades des forêts et des pyramides des tombeaux indiens; c'est le Nil des déserts. Mais la grace est toujours unie à la magnificence dans les scènes de la nature : tandis que le courant du milieu entraîne vers la mer les cadavres des pins et des chênes, on voit sur les deux courants latéraux remonter, le long des rivages, des îles flottantes de pistia et de nénuphar, dont les roses jaunes s'élèvent comme de petits pavillons. Des serpents verts, des hérons bleus, des flammants roses, de jeunes crocodiles s'embarquent passagers sur ces vaisseaux de fleurs, et la colonie, déployant au vent ses voiles d'or, va aborder endormie dans quelque anse retirée du fleuve.

Les deux rives du Meschacebé présentent le tableau le plus extraordinaire. Sur le bord occidental, des savanes se déroulent à perte de vue; leurs flots de verdure, en s'éloignant, semblent monter dans l'azur du ciel où ils s'évanouissent. On voit dans ces prairies sans bornes errer à l'aventure des troupeaux de trois ou quatre mille buffles sauvages. Quelquefois un bison chargé d'années, fendant les flots à la nage, se vient coucher, parmi de hautes herbes, dans une île du Meschacebé. A son front orné de deux croissants, à sa barbe antique et limoneuse, vous le prendriez pour le dieu du fleuve, qui jette un œil satisfait sur la grandeur de ses ondes et la sauvage abondance de ses rives.

Telle est la scène sur le bord occidental; mais elle change sur le bord opposé, et forme avec la première un admirable contraste. Suspendus sur le cours des eaux, groupés sur les rochers et sur les montagnes, dispersés dans les vallées, des arbres de toutes les formes, de toutes les couleurs, de tous les parfums, se mêlent, croissent ensemble, montent dans les airs à des hauteurs qui fatiguent les regards. Les vignes sauvages, les bignonias, les coloquintes, s'entrelacent au pied de ces arbres, escaladent leurs rameaux, grimpent à l'extrémité des branches, s'élancent de l'érable au tulipier, du tulipier à l'alcée, en formant mille grottes, mille voûtes, mille portiques. Souvent, égarées d'arbre en arbre, ces lianes traversent des bras de rivière, sur lesquels elles jettent des ponts de fleurs. Du sein de ces massifs, le magnolia élève son cône immobile; surmonté de ses larges roses blanches, il domine toute la forêt, et n'a d'autre rival que le palmier, qui balance légèrement auprès de lui ses éventails de verdure.

Une multitude d'animaux placés dans ces retraites par la main du Créateur y répandent l'enchantement et la vie. De l'extrémité des avenues on aperçoit des ours, enivrés de raisins, qui chancellent sur les branches des ormeaux ; des cariboux se baignent dans un lac; des écureuils noirs se jouent dans l'épaisseur des feuillages ; des oiseaux-moqueurs, des colombes de Virginie, de la grosseur d'un passereau, descendent sur les gazons rougis par les fraises ; des perroquets verts à tête jaune; des piverts empourprés, des cardinaux de feu, grimpent en circulant au haut des cyprès ; des colibris étincellent sur le jasmin des Florides, et des serpents-oiseleurs sifflent suspendus aux dômes des bois, en s'y balançant comme des lianes.

Si tout est silence et repos dans les savanes de l'autre côté du fleuve, tout ici, au contraire, est mouvement et murmure : des coups de bec contre le tronc des chênes, des froissements d'animaux qui marchent, broutent ou broient entre leurs dents les noyaux des fruits; des bruissements d'ondes, de foibles gémissements, de sourds meuglements, de doux roucoulements, remplissent ces déserts d'une tendre et sauvage harmonie. Mais quand une brise vient à animer ces solitudes, à balancer ces corps flottants, à confondre ces masses de blanc, d'azur, de vert, de rose, à mêler toutes les couleurs, à réunir tous les murmures, alors il sort de tels bruits du fond des forêts, il se passe de telles choses aux yeux, que j'essayerois en vain de les décrire à ceux qui n'ont point parcouru ces champs primitifs de la nature.

Après la découverte du Meschacebé par le père Marquette et l'infortuné La Salle, les premiers François qui s'établirent au Biloxi et à la Nouvelle-Orléans firent alliance avec les Natchez, nation indienne dont la puissance étoit redoutable dans ces contrées. Des querelles et des jalousies ensanglantèrent dans la suite la terre de l'hospitalité. Il y avoit parmi ces Sauvages un vieillard nommé *Chactas* [1], qui, par son âge, sa sagesse, et sa science dans les choses de la vie, étoit le patriarche et l'amour des déserts. Comme tous les hommes, il avoit acheté la vertu par l'infortune. Non seulement les forêts du Nouveau-Monde furent remplies de ses malheurs, mais il les porta jusque sur les rivages de la France. Retenu aux galères à Marseille par une cruelle injustice, rendu à la liberté, présenté à Louis XIV, il avoit conversé avec les grands hommes de ce siècle et assisté aux fêtes de Versailles, aux tragédies de Racine, aux oraisons funèbres de Bossuet; en un mot, le Sauvage avoit contemplé la société à son plus haut point de splendeur.

Depuis plusieurs années, rentré dans le sein de sa patrie, Chactas jouissoit du repos. Toutefois le ciel lui vendoit encore cher cette faveur; le vieillard étoit devenu aveugle. Une jeune fille l'accompagnoit sur les coteaux du Meschacebé, comme Antigone guidoit les pas d'OEdipe sur le Cythéron, ou comme Malvina conduisoit Ossian sur les rochers de Morven.

---

[1] La voix harmonieuse.

Malgré les nombreuses injustices que Chactas avoit éprouvées de la part des François, il les aimoit. Il se souvenoit toujours de Fénelon, dont il avoit été l'hôte, et désiroit pouvoir rendre quelque service aux compatriotes de cet homme vertueux. Il s'en présenta une occasion favorable. En 1725, un François nommé *Réné*, poussé par des passions et des malheurs, arriva à la Louisiane. Il remonta le Meschacebé jusqu'aux Natchez, et demanda à être reçu guerrier de cette nation. Chactas l'ayant interrogé, et le trouvant inébranlable dans sa résolution, l'adopta pour fils, et lui donna pour épouse une Indienne appelée *Céluta*. Peu de temps après ce mariage, les Sauvages se préparèrent à la chasse du castor.

Chactas, quoique aveugle, est désigné par le conseil des Sachems[1] pour commander l'expédition, à cause du respect que les tribus indiennes lui portoient. Les prières et les jeûnes commencent; les Jongleurs interprètent les songes; on consulte les Manitous; on fait des sacrifices de petun; on brûle des filets de langue d'orignal; on examine s'ils pétillent dans la flamme, afin de découvrir la volonté des Génies; on part enfin, après avoir mangé le chien sacré. René est de la troupe. A l'aide des contre-courants, les pirogues remontent le Meschacebé, et entrent dans le lit de l'Ohio. C'est en automne. Les magnifiques déserts du Kentucky se déploient aux yeux étonnés du jeune François.

---

[1] Vieillards ou conseillers.

Une nuit, à la clarté de la lune, tandis que tous les Natchez dorment au fond de leurs pirogues, et que la flotte indienne, élevant ses voiles de peaux de bêtes, fuit devant une légère brise, René, demeuré seul avec Chactas, lui demande le récit de ses aventures. Le vieillard consent à le satisfaire, et assis avec lui sur la poupe de la pirogue, il commence en ces mots :

LE RÉCIT.

LES CHASSEURS.

« C'est une singulière destinée, mon cher fils, que celle qui nous réunit. Je vois en toi l'homme civilisé qui s'est fait sauvage ; tu vois en moi l'homme sauvage que le grand Esprit (j'ignore pour quel dessein) a voulu civiliser. Entrés l'un et l'autre dans la carrière de la vie par les deux bouts opposés, tu es venu te reposer à ma place, et j'ai été m'asseoir à la tienne : ainsi nous avons dû avoir des objets une vue totalement différente. Qui, de toi ou de moi, a le plus gagné ou le plus perdu à ce changement de position ? C'est ce que savent les Génies, dont le moins savant a plus de sagesse que tous les hommes ensemble.

« A la prochaine lune des fleurs [1], il y aura sept fois dix neiges, et trois neiges de plus [2], que ma mère me mit au monde sur les bords du Meschacebé. Les Espagnols s'étoient depuis peu établis

[1] Mois de mai. [2] Neige pour année ; 73 ans.

dans la baie de Pensacola ; mais aucun blanc n'habitoit encore la Louisiane. Je comptois à peine dix-sept chutes de feuilles lorsque je marchai avec mon père, le guerrier Outalissi, contre les Muscogulges, nation puissante des Florides. Nous nous joignîmes aux Espagnols, nos alliés, et le combat se donna sur une des branches de la Maubile. Areskoui [1] et les Manitous ne nous furent pas favorables. Les ennemis triomphèrent ; mon père perdit la vie ; je fus blessé deux fois en le défendant. Oh ! que ne descendis-je alors dans le pays des ames ! [2] j'aurois évité les malheurs qui m'attendoient sur la terre. Les Esprits en ordonnèrent autrement : je fus entraîné par les fuyards à Saint-Augustin.

« Dans cette ville, nouvellement bâtie par les Espagnols, je courois le risque d'être enlevé pour les mines de Mexico, lorsqu'un vieux Castillan nommé *Lopez,* touché de ma jeunesse et de ma simplicité, m'offrit un asile et me présenta à une sœur avec laquelle il vivoit sans épouse.

« Tous les deux prirent pour moi les sentiments les plus tendres. On m'éleva avec beaucoup de soin ; on me donna toutes sortes de maîtres. Mais après avoir passé trente lunes à Saint-Augustin, je fus saisi du dégoût de la vie des cités. Je dépérissois à vue d'œil : tantôt je demeurois immobile pendant des heures à contempler la cime des lointaines forêts ; tantôt on me trouvoit assis au bord d'un fleuve, que je regardois tristement couler. Je me peignois

---

[1] Dieu de la guerre. [2] Les enfers.

les bois à travers lesquels cette onde avoit passé; et mon ame étoit tout entière à la solitude.

« Ne pouvant plus résister à l'envie de retourner au désert, un matin je me présentai à Lopez, vêtu de mes habits de Sauvage, tenant d'une main mon arc et mes flèches, et de l'autre mes vêtements européens. Je les remis à mon généreux protecteur, aux pieds duquel je tombai en versant des torrents de larmes. Je me donnai des noms odieux; je m'accusai d'ingratitude : « Mais enfin, lui dis-je, ô mon « père ! tu le vois toi-même : je meurs si je ne re- « prends la vie de l'Indien. »

« López, frappé d'étonnement, voulut me détourner de mon dessein. Il me représenta les dangers que j'allois courir, en m'exposant à tomber de nouveau entre les mains des Muscogulges. Mais voyant que j'étois résolu à tout entreprendre, fondant en pleurs, et me serrant dans ses bras : « Va, « s'écria-t-il, enfant de la nature ! reprends cette « indépendance de l'homme que Lopez ne te veut « point ravir. Si j'étois plus jeune moi-même, je « t'accompagnerois au désert (où j'ai aussi de doux « souvenirs !), et je te remettrois dans les bras de ta « mère. Quand tu seras dans tes forêts, songe quel- « quefois à ce vieil Espagnol qui te donna l'hospi- « talité, et rappelle-toi, pour te porter à l'amour de « tes semblables, que la première expérience que tu « as faite du cœur humain a été tout en sa faveur. » Lopez finit par une prière au Dieu des chrétiens, dont j'avois refusé d'embrasser le culte, et nous nous quittâmes avec des sanglots.

« Je ne tardai pas à être puni de mon ingratitude. Mon inexpérience m'égara dans les bois, et je fus pris par un parti de Muscogulges et de Siminoles, comme Lopez me l'avoit prédit. Je fus reconnu pour Natchez à mon vêtement et aux plumes qui ornoient ma tête. On m'enchaîna, mais légèrement, à cause de ma jeunesse. Simaghan, le chef de la troupe, voulut savoir mon nom; je répondis : « Je « m'appelle *Chactas*, fils d'Outalissi, fils de Miscou, « qui ont enlevé plus de cent chevelures aux héros « Muscogulges. » Simaghan me dit : « Chactas, fils « d'Outalissi, fils de Miscou, réjouis-toi; tu seras « brûlé au grand village. » Je repartis : « Voilà qui « va bien »; et j'entonnai ma chanson de mort.

« Tout prisonnier que j'étois, je ne pouvois, durant les premiers jours, m'empêcher d'admirer mes ennemis. Le Muscogulge, et surtout son allié, le Siminole, respire la gaieté, l'amour, le contentement. Sa démarche est légère, son abord ouvert et serein. Il parle beaucoup et avec volubilité; son langage est harmonieux et facile. L'âge même ne peut ravir aux Sachems cette simplicité joyeuse : comme les vieux oiseaux de nos bois, ils mêlent encore leurs vieilles chansons aux airs nouveaux de leur jeune postérité.

« Les femmes qui accompagnoient la troupe témoignoient pour ma jeunesse une pitié tendre et une curiosité aimable. Elles me questionnoient sur ma mère, sur les premiers jours de ma vie; elles vouloient savoir si l'on suspendoit mon berceau de mousse aux branches fleuries des érables, si les

brises m'y balançoient auprès du nid des petits oiseaux. C'étoit ensuite mille autres questions sur l'état de mon cœur : elles me demandoient si j'avois vu une biche blanche dans mes songes, et si les arbres de la vallée secrète m'avoient conseillé d'aimer. Je répondois avec naïveté aux mères, aux filles et aux épouses des hommes. Je leur disois :
« Vous êtes les graces du jour, et la nuit vous aime
« comme la rosée. L'homme sort de votre sein pour
« se suspendre à votre mamelle et à votre bouche ;
« vous savez des paroles magiques qui endorment
« toutes les douleurs. Voilà ce que m'a dit celle qui
« m'a mis au monde, et qui ne me reverra plus !
« Elle m'a dit encore que les vierges étoient des
« fleurs mystérieuses, qu'on trouve dans les lieux
« solitaires. »

« Ces louanges faisoient beaucoup de plaisir aux femmes ; elles me combloient de toute sorte de dons ; elles m'apportoient de la crème de noix, du sucre d'érable, de la sagamité [1], des jambons d'ours, des peaux de castors, des coquillages pour me parer, et des mousses pour ma couche. Elles chantoient, elles rioient avec moi, et puis elles se prenoient à verser des larmes en songeant que je serois brûlé.

« Une nuit que les Muscogulges avoient placé leur camp sur le bord d'une forêt, j'étois assis auprès du *feu de la guerre,* avec le chasseur commis à ma garde. Tout à coup j'entendis le murmure d'un vê-

[1] Sorte de pâte de maïs.

tement sur l'herbe, et une femme à demi voilée vint s'asseoir à mes côtés. Des pleurs rouloient sous sa paupière; à la lueur du feu un petit crucifix d'or brilloit sur son sein. Elle étoit régulièrement belle; l'on remarquoit sur son visage je ne sais quoi de vertueux et de passionné, dont l'attrait étoit irrésistible. Elle joignoit à cela des graces plus tendres; une extrême sensibilité, unie à une mélancolie profonde, respiroit dans ses regards; son sourire étoit céleste.

« Je crus que c'étoit la *Vierge des dernières amours*, cette vierge qu'on envoie au prisonnier de guerre pour enchanter sa tombe. Dans cette persuasion, je lui dis en balbutiant, et avec un trouble qui pourtant ne venoit pas de la crainte du bûcher :
« Vierge, vous êtes digne des premières amours, et
« vous n'êtes pas faite pour les dernières. Les mou-
« vements d'un cœur qui va bientôt cesser de battre
« répondroient mal aux mouvements du vôtre.
« Comment mêler la mort et la vie? Vous me feriez
« trop regretter le jour. Qu'un autre soit plus
« heureux que moi; et que de longs embrassements
« unissent la liane et le chêne! »

« La jeune fille me dit alors : « Je ne suis point la
« *Vierge des dernières amours*. Es-tu chrétien?» Je répondis que je n'avois point trahi les Génies de ma cabane. A ces mots, l'Indienne fit un mouvement involontaire. Elle me dit : « Je te plains de n'être
« qu'un méchant idolâtre. Ma mère m'a faite chré-
« tienne; je me nomme *Atala*, fille de Simaghan
« aux bracelets d'or, et chef des guerriers de cette

« troupe. Nous nous rendons à Apalachucla où tu
« seras brûlé. » En prononçant ces mots, Atala se
lève et s'éloigne.

 Ici Chactas fut contraint d'interrompre son récit.
Les souvenirs se pressèrent en foule dans son ame ;
ses yeux éteints inondèrent de larmes ses joues flétries : telles deux sources cachées dans la profonde
nuit de la terre se décèlent par les eaux qu'elles
laissent filtrer entre les rochers.

 « O mon fils, reprit-il enfin, tu vois que Chactas
est bien peu sage, malgré sa renommée de sagesse !
Hélas ! mon cher enfant, les hommes ne peuvent
déjà plus voir, qu'ils peuvent encore pleurer ! Plusieurs jours s'écoulèrent ; la fille du Sachem revenoit chaque soir me parler. Le sommeil avoit fui de
mes yeux, et Atala étoit dans mon cœur comme le
souvenir de la couche de mes pères.

 « Le dix-septième jour de marche, vers le temps
où l'éphémère sort des eaux, nous entrâmes sur la
grande savane Alachua. Elle est environnée de coteaux qui, fuyant les uns derrière les autres, portent, en s'élevant jusqu'aux nues, des forêts étagées
de copalmes, de citronniers, de magnolias et de
chênes-verts. Le chef poussa le cri d'arrivée, et la
troupe campa au pied des collines. On me relégua
à quelque distance, au bord d'un de ces *puits natu-
rels*, si fameux dans les Florides. J'étois attaché au
pied d'un arbre ; un guerrier veilloit impatiemment
auprès de moi. J'avois à peine passé quelques instants dans ce lieu, qu'Atala parut sous les liqui-
dambars de la fontaine. « Chasseur, dit-elle au

« héros muscogulge, si tu veux poursuivre le che-
« vreuil, je garderai le prisonnier. » Le guerrier
bondit de joie à cette parole de la fille du chef; il
s'élance du sommet de la colline et allonge ses pas
dans la plaine.

« Étrange contradiction du cœur de l'homme! Moi
qui avois tant désiré de dire les choses du mystère
à celle que j'aimois déjà comme le soleil, maintenant
interdit et confus, je crois que j'eusse préféré d'être
jeté aux crocodiles de la fontaine, à me trouver seul
ainsi avec Atala. La fille du désert étoit aussi troublée
que son prisonnier; nous gardions un profond silence; les Génies de l'amour avoient dérobé nos
paroles. Enfin Atala, faisant un effort, dit ceci :
« Guerrier, vous êtes retenu foiblement; vous pou-
« vez aisément vous échapper. » A ces mots, la hardiesse revint sur ma langue; je répondis : « Foible-
« ment retenu, ô femme...! » Je ne sus comment
achever. Atala hésita quelques moments; puis elle
dit : « Sauvez-vous. » Et elle me détacha du tronc de
l'arbre. Je saisis la corde; je la remis dans la main
de la fille étrangère, en forçant ses beaux doigts à
se fermer sur ma chaîne. « Reprenez-la! reprenez-
« la! » m'écriai-je.—«Vous êtes un insensé, dit Atala
« d'une voix émue.. Malheureux! ne sais-tu pas que
« tu seras brûlé? Que prétends-tu? Songes-tu bien
« que je suis la fille d'un redoutable Sachem? »—« Il
« fut un temps, répliquai-je avec des larmes, que
« j'étois aussi porté dans une peau de castor aux
« épaules d'une mère. Mon père avoit aussi une belle
« hutte, et ses chevreuils buvoient les eaux de mille

« torrents ; mais j'erre maintenant sans patrie.
« Quand je ne serai plus, aucun ami ne mettra un
« peu d'herbe sur mon corps pour le garantir des
« mouches. Le corps d'un étranger malheureux
« n'intéresse personne. »

« Ces mots attendrirent Atala. Ses larmes tombèrent dans la fontaine. « Ah ! repris-je avec vivacité,
« si votre cœur parloit comme le mien ! Le désert
« n'est-il pas libre ? Les forêts n'ont-elles point de
« replis où nous cacher ? Faut-il donc, pour être
« heureux, tant de choses aux enfants des cabanes !
« O fille plus belle que le premier songe de l'époux !
« ô ma bien-aimée ! ose suivre mes pas. » Telles
furent mes paroles. Atala me répondit d'une voix
tendre : « Mon jeune ami, vous avez appris le lan-
« gage des Blancs ; il est aisé de tromper une In-
« dienne. » — « Quoi ! m'écriai-je, vous m'appelez
« votre jeune ami ! Ah ! si un pauvre esclave... » —
« Hé bien ! dit-elle en se penchant sur moi, un pauvre
« esclave... » Je repris avec ardeur : « Qu'un baiser
« l'assure de ta foi ! » Atala écouta ma prière. Comme
un faon semble pendre aux fleurs de lianes roses,
qu'il saisit de sa langue délicate dans l'escarpement
de la montagne, ainsi je restai suspendu aux lèvres
de ma bien-aimée.

« Hélas, mon cher fils, la douleur touche de près
au plaisir ! Qui eût pu croire que le moment où Atala
me donnoit le premier gage de son amour seroit
celui-là même où elle détruiroit mes espérances ?
Cheveux blanchis du vieux Chactas, quel fut votre
étonnement lorsque la fille du Sachem prononça

ces paroles ! « Beau prisonnier, j'ai follement cédé à
« ton désir ; mais où nous conduira cette passion ?
« Ma religion me sépare de toi pour toujours.....
« O ma mère ! qu'as-tu fait ?... » Atala se tut tout à
coup, et retint je ne sus quel fatal secret près d'é-
chapper à ses lèvres. Ses paroles me plongèrent
dans le désespoir. « Hé bien ! m'écriai-je, je serai
« aussi cruel que vous ; je ne fuirai point. Vous me
« verrez dans le cadre de feu ; vous entendrez les
« gémissements de ma chair, et vous serez pleine de
« joie. » Atala saisit mes mains entre les deux siennes.
« Pauvre jeune idolâtre, s'écria-t-elle, tu me fais
« réellement pitié ! Tu veux donc que je pleure tout
« mon cœur ? Quel dommage que je ne puisse fuir
« avec toi ! Malheureux a été le ventre de ta mère,
« ô Atala ! Que ne te jettes-tu au crocodile de la
« fontaine ? »

« Dans ce moment même, les crocodiles, aux
approches du coucher du soleil, commençoient à
faire entendre leurs rugissements. Atala me dit :
« Quittons ces lieux. » J'entraînai la fille de Simaghan au pied des coteaux qui formoient des golfes
de verdure, en avançant leurs promontoires dans la
savane. Tout étoit calme et superbe au désert. La
cicogne crioit sur son nid ; les bois retentissoient
du chant monotone des cailles, du sifflement des
perruches, du mugissement des bisons et du hen-
nissement des cavales siminoles.

« Notre promenade fut presque muette. Je marchois à côté d'Atala ; elle tenoit le bout de la corde,
que je l'avois forcée de reprendre. Quelquefois nous

versions des pleurs, quelquefois nous essayions de sourire. Un regard tantôt levé vers le ciel, tantôt attaché à la terre, une oreille attentive au chant de l'oiseau, un geste vers le soleil couchant, une main tendrement serrée, un sein tour à tour palpitant, tour à tour tranquille, les noms de Chactas et d'Atala doucement répétés par intervalle... O première promenade de l'amour, il faut que votre souvenir soit bien puissant, puisqu'après tant d'années d'infortune vous remuez encore le cœur du vieux Chactas !

« Qu'ils sont incompréhensibles les mortels agités par des passions ! Je venois d'abandonner le généreux Lopez, je venois de m'exposer à tous les dangers pour être libre ; dans un instant le regard d'une femme avoit changé mes goûts, mes résolutions, mes pensées ! Oubliant mon pays, ma mère, ma cabane et la mort affreuse qui m'attendoit, j'étois devenu indifférent à tout ce qui n'étoit pas Atala. Sans force pour m'élever à la raison de l'homme, j'étois retombé tout à coup dans une espèce d'enfance ; et, loin de pouvoir rien faire pour me soustraire aux maux qui m'attendoient, j'aurois eu presque besoin qu'on s'occupât de mon sommeil et de ma nourriture.

« Ce fut donc vainement, qu'après nos courses dans la savane, Atala, se jetant à mes genoux, m'invita de nouveau à la quitter. Je lui protestai que je retournerois seul au camp, si elle refusoit de me rattacher au pied de mon arbre. Elle fut obligée de me satisfaire, espérant me convaincre une autre fois.

« Le lendemain de cette journée, qui décida du destin de ma vie, on s'arrêta dans une vallée, non loin de Cuscowilla, capitale des Siminoles. Ces Indiens, unis aux Muscogulges, forment avec eux la confédération des Creeks. La fille du pays des palmiers vint me trouver au milieu de la nuit. Elle me conduisit dans une grande forêt de pins, et renouvela ses prières pour m'engager à la fuite. Sans lui répondre, je pris sa main dans ma main, et je forçai cette biche altérée d'errer avec moi dans la forêt. La nuit étoit délicieuse. Le Génie des airs secouoit sa chevelure bleue, embaumée de la senteur des pins, et l'on respiroit la foible odeur d'ambre qu'exhaloient les crocodiles couchés sous les tamarins des fleuves. La lune brilloit au milieu d'un azur sans tache, et sa lumière gris de perle descendoit sur la cime indéterminée des forêts. Aucun bruit ne se faisoit entendre, hors je ne sais quelle harmonie lointaine qui régnoit dans la profondeur des bois : on eût dit que l'ame de la solitude soupiroit dans toute l'étendue du désert.

« Nous aperçûmes à travers les arbres un jeune homme, qui, tenant à la main un flambeau, ressembloit au Génie du printemps parcourant les forêts pour ranimer la nature. C'étoit un amant qui alloit s'instruire de son sort à la cabane de sa maîtresse.

« Si la vierge éteint le flambeau, elle accepte les vœux offerts ; si elle se voile sans l'éteindre, elle rejette un époux.

« Le guerrier, en se glissant dans les ombres, chantoit à demi-voix ces paroles :

« Je devancerai les pas du jour sur le sommet

« des montagnes pour chercher ma colombe soli-
« taire parmi les chênes de la forêt.

« J'ai attaché à son cou un collier de porce-
« laines [1]; on y voit trois grains rouges pour mon
« amour, trois violets pour mes craintes, trois bleus
« pour mes espérances.

« Mila a les yeux d'une hermine et la chevelure
« légère d'un champ de riz; sa bouche est un co-
« quillage rose garni de perles; ses deux seins sont
« comme deux petits chevreaux sans tache, nés au
« même jour, d'une seule mère.

« Puisse Mila éteindre ce flambeau ! Puisse sa
« bouche verser sur lui une ombre voluptueuse !
« Je fertiliserai son sein. L'espoir de la patrie pen-
« dra à sa mamelle féconde, et je fumerai mon ca-
« lumet de paix sur le berceau de mon fils.

« Ah ! laissez-moi devancer les pas du jour sur
« le sommet des montagnes pour chercher ma co-
« lombe solitaire parmi les chênes de la forêt ! »

« Ainsi chantoit ce jeune homme, dont les accents
portèrent le trouble jusqu'au fond de mon ame,
et firent changer de visage à Atala. Nos mains unies
frémirent l'une dans l'autre. Mais nous fûmes dis-
traits de cette scène par une scène non moins
dangereuse pour nous.

« Nous passâmes auprès du tombeau d'un enfant,
qui servoit de limites à deux nations. On l'avoit
placé au bord du chemin, selon l'usage, afin que

---

[1] Sorte de coquillage.

les jeunes femmes, en allant à la fontaine, pussent attirer dans leur sein l'ame de l'innocente créature, et la rendre à la patrie. On y voyoit dans ce moment des épouses nouvelles qui, désirant les douceurs de la maternité, cherchoient, en entr'ouvrant leurs lèvres, à recueillir l'ame du petit enfant, qu'elles croyoient voir errer sur les fleurs. La véritable mère vint ensuite déposer une gerbe de maïs et des fleurs de lis blanc sur le tombeau. Elle arrosa la terre de son lait, s'assit sur le gazon humide, et parla à son enfant d'une voix attendrie :

« Pourquoi te pleuré-je dans ton berceau de
« terre, ô mon nouveau-né ! Quand le petit oiseau
« devient grand, il faut qu'il cherche sa nourri-
« ture, et il trouve dans le désert bien des graines
« amères. Du moins tu as ignoré les pleurs ; du
« moins ton cœur n'a point été exposé au souffle
« dévorant des hommes. Le bouton qui sèche dans
« son enveloppe passe avec tous ses parfums, comme
« toi, ô mon fils ! avec toute ton innocence. Heu-
« reux ceux qui meurent au berceau ; ils n'ont
« connu que les baisers et les souris d'une mère ! »

« Déjà subjugués par notre propre cœur, nous fûmes accablés par ces images d'amour et de maternité, qui sembloient nous poursuivre dans ces solitudes enchantées. J'emportai Atala dans mes bras au fond de la forêt, et je lui dis des choses qu'aujourd'hui je chercherois en vain sur mes lèvres. Le vent du midi, mon cher fils, perd sa chaleur en passant sur des montagnes de glace. Les souvenirs de l'amour dans le cœur d'un vieillard sont comme les feux du jour réfléchis par l'orbe paisible de la lune, lorsque le soleil est couché et que le silence plane sur la hutte des Sauvages.

« Qui pouvoit sauver Atala ? qui pouvoit l'empêcher de succomber à la nature ? Rien qu'un miracle, sans doute ; et ce miracle fut fait ! la fille de Simaghan eut recours au Dieu des chrétiens ; elle se précipita sur la terre, et prononça une fervente oraison, adressée à sa mère et à la Reine des vierges. C'est de ce moment, ô René, que j'ai conçu une merveilleuse idée de cette religion qui, dans les forêts, au milieu de toutes les privations de la vie, peut remplir de mille dons les infortunés ; de cette religion qui, opposant sa puissance au torrent des passions, suffit seule pour les vaincre, lorsque tout les favorise, et le secret des bois, et l'absence des hommes, et la fidélité des ombres. Ah ! qu'elle me parut divine la simple Sauvage, l'ignorante Atala, qui, à genoux devant un vieux pin tombé, comme au pied d'un autel, offroit à son Dieu des vœux pour un amant idolâtre ! Ses yeux levés vers l'astre de la nuit, ses joues brillantes des pleurs de la religion et de l'amour, étoient d'une beauté immortelle. Plusieurs fois il me sembla qu'elle alloit prendre son vol vers les cieux ; plusieurs fois je crus voir descendre sur les rayons de la lune et entendre dans les branches des arbres ces Génies que le Dieu des chrétiens envoie aux ermites des rochers, lorsqu'il se dispose à les rappeler à lui. J'en fus affligé, car je craignis qu'Atala n'eût que peu de temps à passer sur la terre.

« Cependant elle versa tant de larmes, elle se montra si malheureuse, que j'allois peut-être consentir à m'éloigner, lorsque le cri de mort retentit dans la forêt. Quatre hommes armés se précipitent sur moi : nous avions été découverts ; le chef de guerre avoit donné l'ordre de nous poursuivre.

« Atala, qui ressembloit à une reine pour l'orgueil de la démarche, dédaigna de parler à ces guerriers. Elle leur lança un regard superbe, et se rendit auprès de Simaghan.

« Elle ne put rien obtenir. On redoubla mes gardes, on multiplia mes chaînes, on écarta mon amante. Cinq nuits s'écoulent, et nous apercevons Apalachucla, situé au bord de la rivière Chata-Uche. Aussitôt on me couronne de fleurs ; on me peint le visage d'azur et de vermillon ; on m'attache des perles au nez et aux oreilles, et l'on me met à la main un chichikoué.[1]

« Ainsi paré pour le sacrifice, j'entre dans Apalachucla, aux cris répétés de la foule. C'en étoit fait de ma vie, quand tout à coup le bruit d'une conque se fait entendre, et le Mico, ou chef de la nation, ordonne de s'assembler.

« Tu connois, mon fils, les tourments que les Sauvages font subir aux prisonniers de guerre. Les missionnaires chrétiens, au péril de leurs jours, et avec une charité infatigable, étoient parvenus chez

---

[1] Instrument de musique des Sauvages.

plusieurs nations à faire substituer un esclavage assez doux aux horreurs du bûcher. Les Muscogulges n'avoient point encore adopté cette coutume; mais un parti nombreux s'étoit déclaré en sa faveur. C'étoit pour prononcer sur cette importante affaire que le Mico convoquoit les Sachems. On me conduit au lieu des délibérations.

« Non loin d'Apalachucla s'élevoit, sur un tertre isolé, le pavillon du conseil. Trois cercles de colonnes formoient l'élégante architecture de cette rotonde. Les colonnes étoient de cyprès poli et sculpté; elles augmentoient en hauteur et en épaisseur, et diminuoient en nombre, à mesure qu'elles se rapprochoient du centre, marqué par un pilier unique. Du sommet de ce pilier partoient des bandes d'écorce, qui, passant sur le sommet des autres colonnes, couvroient le pavillon en formé d'éventail à jour.

« Le conseil s'assemble. Cinquante vieillards, en manteau de castor, se rangent sur des espèces de gradins faisant face à la porte du pavillon. Le grand chef est assis au milieu d'eux, tenant à la main le calumet de paix à demi coloré pour la guerre. A la droite des vieillards se placent cinquante femmes couvertes d'une robe de plumes de cygne. Les chefs de guerre, le tomahawk [1] à la main, le pennage en tête, les bras et la poitrine teints de sang, prennent la gauche.

« Au pied de la colonne centrale brûle le feu du

[1] La hache.

conseil. Le premier Jongleur, environné des huit gardiens du temple, vêtu de longs habits, et portant un hibou empaillé sur la tête, verse du baume de copalme sur la flamme et offre un sacrifice au soleil. Ce triple rang de vieillards, de matrones, de guerriers; ces prêtres, ces nuages d'encens, ce sacrifice, tout sert à donner à ce conseil un appareil imposant.

« J'étois debout enchaîné au milieu de l'assemblée. Le sacrifice achevé, le Mico prend la parole, et expose avec simplicité l'affaire qui rassemble le conseil. Il jette un collier bleu dans la salle, en témoignage de ce qu'il vient de dire.

« Alors un Sachem de la tribu de l'Aigle se lève, et parle ainsi :

« Mon père le Mico, Sachems, matrones, guer-
« riers des quatre tribus de l'Aigle, du Castor, du
« Serpent et de la Tortue, ne changeons rien aux
« mœurs de nos aïeux ; brûlons le prisonnier, et
« n'amollissons point nos courages. C'est une cou-
« tume des Blancs qu'on vous propose, elle ne peut
« être que pernicieuse. Donnez un collier rouge
« qui contienne mes paroles. J'ai dit. »

« Et il jette un collier rouge dans l'assemblée.
« Une matrone se lève, et dit :

« Mon père l'Aigle, vous avez l'esprit d'un re-
« nard, et la prudente lenteur d'une tortue. Je veux
« polir avec vous la chaîne d'amitié, et nous plan-

« terons ensemble l'arbre de paix. Mais changeons
« les coutumes de nos aïeux en ce qu'elles ont de
« funeste. Ayons des esclaves qui cultivent nos
« champs, et n'entendons plus les cris des prison-
« niers, qui troublent le sein des mères. J'ai dit. »

« Comme on voit les flots de la mer se briser pendant un orage, comme en automne les feuilles séchées sont enlevées par un tourbillon, comme les roseaux du Meschacebé plient et se relèvent dans une inondation subite, comme un grand troupeau de cerfs brame au fond d'une forêt, ainsi s'agitoit et murmuroit le conseil. Des Sachems, des guerriers, des matrones, parlent tour à tour ou tous ensemble. Les intérêts se choquent, les opinions se divisent, le conseil va se dissoudre ; mais enfin l'usage antique l'emporte, et je suis condamné au bûcher.

« Une circonstance vint retarder mon supplice ; la *Fête des morts* ou le *Festin des âmes* approchoit. Il est d'usage de ne faire mourir aucun captif pendant les jours consacrés à cette cérémonie. On me confia à une garde sévère ; et sans doute les Sachems éloignèrent la fille de Simaghan, car je ne la revis plus.

« Cependant les nations de plus de trois cents lieues à la ronde arrivoient en foule pour célébrer le *Festin des âmes*. On avoit bâti une longue hutte sur un site écarté. Au jour marqué, chaque cabane exhuma les restes de ses pères de leurs tombeaux particuliers, et l'on suspendit les squelettes, par ordre et par famille, aux murs de la *Salle commune des aïeux*. Les vents (une tempête s'étoit élevée), les forêts, les cataractes mugissoient au-dehors, tandis que les vieillards des diverses nations concluoient entre eux des traités de paix et d'alliance sur les os de leurs pères.

« On célèbre les jeux funèbres, la course, la balle, les osselets. Deux vierges cherchent à s'arracher une baguette de saule. Les boutons de leurs seins viennent se toucher; leurs mains voltigent sur la baguette, qu'elles élèvent au dessus de leurs têtes. Leurs beaux pieds nus s'entrelacent, leurs bouches se rencontrent, leurs douces haleines se confondent; elles se penchent et mêlent leurs chevelures; elles regardent leurs mères, rougissent: on applaudit [1]. Le Jongleur invoque Michabou, génie des eaux. Il raconte les guerres du grand Lièvre contre Matchimanitou, dieu du mal. Il dit le premier homme et Atahensic la première femme précipités du ciel pour avoir perdu l'innocence, la terre rougie du sang fraternel, Jouskeka l'impie immolant le juste Tahouistsaron, le déluge descendant à la voix du grand Esprit, Massou sauvé seul dans son canot d'écorce, et le corbeau envoyé à la découverte de la terre: il dit encore la belle Endaé, retirée de la contrée des ames par les douces chansons de son époux.

« Après ces jeux et ces cantiques, on se prépare à donner aux aïeux une éternelle sépulture.

---

[1] La rougeur est sensible chez les jeunes Sauvages.

« Sur les bords de la rivière Chata-Uche se voyoit un figuier sauvage, que le culte des peuples avoit consacré. Les vierges avoient accoutumé de laver leurs robes d'écorce dans ce lieu, et de les exposer au souffle du désert, sur les rameaux de l'arbre antique. C'étoit là qu'on avoit creusé un immense tombeau. On part de la salle funèbre en chantant l'hymne à la mort; chaque famille porte quelques débris sacrés. On arrive à la tombe; on y descend les reliques; on les y étend par couche; on les sépare avec des peaux d'ours et de castors; le mont du tombeau s'élève, et l'on y plante l'*Arbre des pleurs et du sommeil*.

« Plaignons les hommes, mon cher fils ! Ces mêmes Indiens dont les coutumes sont si touchantes, ces mêmes femmes qui m'avoient témoigné un intérêt si tendre, demandoient maintenant mon supplice à grands cris, et des nations entières retardoient leur départ, pour avoir le plaisir de voir un jeune homme souffrir des tourments épouvantables.

« Dans une vallée au nord, à quelque distance du grand village, s'élevoit un bois de cyprès et de sapins, appelé le *Bois du sang*. On y arrivoit par les ruines d'un de ces monuments dont on ignore l'origine, et qui sont l'ouvrage d'un peuple maintenant inconnu. Au centre de ce bois s'étendoit une arène où l'on sacrifioit les prisonniers de guerre. On m'y conduit en triomphe. Tout se prépare pour ma mort: on plante le poteau d'Areskoui; les pins, les ormes, les cyprès, tombent sous la cognée; le bûcher s'élève; les spectateurs bâtissent des amphithéâtres avec des branches et des troncs d'arbres. Chacun invente un supplice : l'un se propose de m'arracher la peau du crâne, l'autre de me brûler les yeux avec des haches ardentes. Je commence ma chanson de mort :

« Je ne crains point les tourments : je suis brave,
« ô Muscogulges ! je vous défie ; je vous méprise
« plus que des femmes. Mon père Outalissi, fils de
« Miscou, a bu dans le crâne de vos plus fameux
« guerriers, vous n'arracherez pas un soupir de
« mon cœur. »

« Provoqué par ma chanson, un guerrier me perça le bras d'une flèche ; je dis : « Frère, je te « remercie. »

« Malgré l'activité des bourreaux, les préparatifs du supplice ne purent être achevés avant le coucher du soleil. On consulta le Jongleur, qui défendit de troubler les Génies des ombres, et ma mort fut encore suspendue jusqu'au lendemain. Mais, dans l'impatience de jouir du spectacle, et pour être plus tôt prêts au lever de l'aurore, les Indiens ne quittèrent point le *Bois du sang;* ils allumèrent de grands feux, et commencèrent des festins et des danses.

« Cependant on m'avoit étendu sur le dos. Des cordes partant de mon cou, de mes pieds, de mes bras, alloient s'attacher à des piquets enfoncés en terre. Des guerriers étoient couchés sur ces cordes, et je ne pouvois faire un mouvement sans qu'ils n'en fussent avertis. La nuit s'avance : les chants et les danses cessent par degré ; les feux ne jettent plus que des lueurs rougeâtres, devant lesquelles on voit encore passer les ombres de quelques Sauvages ; tout s'endort : à mesure que le bruit des hommes s'affoiblit, celui du désert augmente, et au tumulte des voix succèdent les plaintes du vent dans la forêt.

« C'étoit l'heure où une jeune Indienne qui vient d'être mère se réveille en sursaut au milieu de la nuit, car elle a cru entendre les cris de son premier-né, qui lui demande la douce nourriture. Les yeux attachés au ciel, où le croissant de la lune erroit dans les nuages, je réfléchissois sur ma destinée. Atala me sembloit un monstre d'ingratitude. M'abandonner au moment du supplice, moi qui m'étois dévoué aux flammes plutôt que de la quitter ! Et pourtant je sentois que je l'aimois toujours, et que je mourrois avec joie pour elle.

« Il est dans les extrêmes plaisirs un aiguillon qui nous éveille, comme pour nous avertir de profiter de ce moment rapide ; dans les grandes douleurs, au contraire, je ne sais quoi de pesant nous endort : des yeux fatigués par les larmes cherchent naturellement à se fermer, et la bonté de la Providence se fait ainsi remarquer jusque dans nos infortunes. Je cédai malgré moi à ce lourd sommeil que goûtent quelquefois les misérables. Je rêvois qu'on m'ôtoit mes chaînes ; je croyois sentir ce soulagement qu'on éprouve lorsque, après avoir été fortement pressé, une main secourable relâche nos fers.

« Cette sensation devint si vive qu'elle me fit soulever les paupières. A la clarté de la lune, dont un rayon s'échappoit entre deux nuages, j'entrevois une grande figure blanche penchée sur moi, et occupée à dénouer silencieusement mes liens. J'allois pousser un cri, lorsqu'une main, que je reconnus à l'instant, me ferma la bouche. Une seule corde restoit; mais il paroissoit impossible de la couper sans toucher un guerrier qui la couvroit tout entière de son corps. Atala y porte la main, le guerrier s'éveille à demi, et se dresse sur son séant. Atala reste immobile, et le regarde. L'Indien croit voir l'Esprit des ruines; il se recouche en fermant les yeux et en invoquant son Manitou. Le lien est brisé. Je me lève; je suis ma libératrice, qui me tend le bout d'un arc dont elle tient l'autre extrémité. Mais que de dangers nous environnent! Tantôt nous sommes près de heurter des Sauvages endormis; tantôt une garde nous interroge, et Atala répond en changeant sa voix. Des enfants poussent des cris, des dogues aboient. A peine sommes-nous sortis de l'enceinte funeste, que des hurlements ébranlent la forêt. Le camp se réveille, mille feux s'allument, on voit courir de tous côtés des Sauvages avec des flambeaux : nous précipitons notre course.

« Quand l'aurore se leva sur les Apalaches, nous étions déjà loin. Quelle fut ma félicité lorsque je me trouvai encore une fois dans la solitude avec Atala, avec Atala ma libératrice, avec Atala qui se donnoit à moi pour toujours! Les paroles manquèrent à ma langue; je tombai à genoux, et je dis à

la fille de Simaghan : « Les hommes sont bien peu
« de chose; mais quand les Génies les visitent, alors
« ils ne sont rien du tout. Vous êtes un Génie, vous
« m'avez visité, et je ne puis parler devant vous. »
Atala me tendit la main avec un sourire : « Il faut
« bien, dit-elle, que je vous suive, puisque vous ne
« voulez pas fuir sans moi. Cette nuit, j'ai séduit le
« Jongleur par des présents, j'ai enivré vos bour-
« reaux avec de l'essence de feu[1], et j'ai dû hasarder
« ma vie pour vous, puisque vous aviez donné la
« vôtre pour moi. Oui, jeune idolâtre, ajouta-t-elle
« avec un accent qui m'effraya, le sacrifice sera
« réciproque. »

« Atala me remit les armes qu'elle avoit eu soin
d'apporter; ensuite elle pansa ma blessure. En l'essuyant avec une feuille de papaya, elle la mouilloit
de ses larmes. « C'est un baume, lui dis-je, que tu
« répands sur ma plaie. — Je crains plutôt que
« ce ne soit un poison, » répondit elle. Elle déchira
un des voiles de son sein, dont elle fit une première
compresse, qu'elle attacha avec une boucle de ses
cheveux.

« L'ivresse, qui dure long-temps chez les Sauvages, et qui est pour eux une espèce de maladie,
les empêcha sans doute de nous poursuivre durant
les premières journées. S'ils nous cherchèrent ensuite, il est probable que ce fut du côté du couchant, persuadés que nous aurions essayé de nous
rendre au Meschacebé; mais nous avions pris notre

[1] De l'eau-de-vie.

route vers l'étoile immobile [1], en nous dirigeant sur la mousse du tronc des arbres.

« Nous ne tardâmes pas à nous apercevoir que nous avions peu gagné à ma délivrance. Le désert dérouloit maintenant devant nous ses solitudes démesurées. Sans expérience de la vie des forêts, détournés de notre vrai chemin, et marchant à l'aventure, qu'allions-nous devenir? Souvent en regardant Atala, je me rappelois cette antique histoire d'Agar, que Lopez m'avoit fait lire, et qui est arrivée dans le désert de Bersabée, il y a bien long-temps, alors que les hommes vivoient trois âges de chêne.

« Atala me fit un manteau avec la seconde écorce du frêne, car j'étois presque nu. Elle me broda des mocassines [2] de peau de rat musqué, avec du poil de porc-épic. Je prenois soin à mon tour de sa parure. Tantôt je lui mettois sur la tête une couronne de ces mauves bleues, que nous trouvions sur notre route, dans des cimetières indiens abandonnés; tantôt je lui faisois des colliers avec des graines rouges d'azalea; et puis je me prenois à sourire en contemplant sa merveilleuse beauté.

« Quand nous rencontrions un fleuve, nous le passions sur un radeau ou à la nage. Atala appuyoit une de ses mains sur mon épaule; et, comme deux cygnes voyageurs, nous traversions ces ondes solitaires.

« Souvent, dans les grandes chaleurs du jour,

---

[1] Le nord.   [2] Chaussure indienne.

nous cherchions un abri sous les mousses des cèdres. Presque tous les arbres de la Floride, en particulier le cèdre et le chêne-vert, sont couverts d'une mousse blanche qui descend de leurs rameaux jusqu'à terre. Quand, la nuit, au clair de la lune, vous apercevez sur la nudité d'une savane, une yeuse isolée revêtue de cette draperie, vous croiriez voir un fantôme, traînant après lui ses longs voiles. La scène n'est pas moins pittoresque au grand jour; car une foule de papillons, de mouches brillantes, de colibris, de perruches vertes, de geais d'azur, vient s'accrocher à ces mousses, qui produisent alors l'effet d'une tapisserie en laine blanche, où l'ouvrier européen auroit brodé des insectes et des oiseaux éclatants.

« C'étoit dans ces riantes hôtelleries, préparées par le grand Esprit, que nous nous reposions à l'ombre. Lorsque les vents descendoient du ciel pour balancer ce grand cèdre, que le château aérien bâti sur ses branches alloit flottant avec les oiseaux et les voyageurs endormis sous ses abris, que mille soupirs sortoient des corridors et des voûtes du mobile édifice, jamais les merveilles de l'ancien monde n'ont approché de ce monument du désert.

« Chaque soir nous allumions un grand feu, et nous bâtissions la hutte du voyage, avec une écorce élevée sur quatre piquets. Si j'avois tué une dinde sauvage, un ramier, un faisan des bois, nous le suspendions, devant le chêne embrasé, au bout d'une gaule plantée en terre, et nous abandonnions au vent le soin de tourner la proie du chasseur. Nous mangions des mousses appelées *tripes de roches*, des écorces sucrées de bouleau, et des pommes de mai, qui ont le goût de la pêche et de la framboise. Le noyer noir, l'érable, le sumac, fournissoient le vin à notre table. Quelquefois j'allois chercher parmi les roseaux une plante, dont la fleur allongée en cornet contenoit un verre de la plus pure rosée. Nous bénissions la Providence qui, sur la foible tige d'une fleur, avoit placé cette source limpide au milieu des marais corrompus, comme elle a mis l'espérance au fond des cœurs ulcérés par le chagrin, comme elle a fait jaillir la vertu du sein des misères de la vie !

« Hélas ! je découvris bientôt que je m'étois trompé sur le calme apparent d'Atala. A mesure que nous avancions, elle devenoit triste. Souvent elle tressailloit sans cause, et tournoit précipitamment la tête. Je la surprenois attachant sur moi un regard passionné, qu'elle reportoit vers le ciel avec une profonde mélancolie. Ce qui m'effrayoit surtout, étoit un secret, une pensée cachée au fond de son âme, que j'entrevoyois dans ses yeux. Toujours m'attirant et me repoussant, ranimant et détruisant mes espérances quand je croyois avoir fait un peu de chemin dans son cœur, je me retrouvois au même point. Que de fois elle m'a dit :
« O mon jeune amant ! je t'aime comme l'ombre
« des bois au milieu du jour ! Tu es beau comme
« le désert avec toutes ses fleurs et toutes ses brises.
« Si je me penche sur toi, je frémis ; si ma main

« tombe sur la tienne, il me semble que je vais
« mourir. L'autre jour le vent jeta tes cheveux sur
« mon visage tandis que tu te délassois sur mon sein,
« je crus sentir le léger toucher des Esprits invisi-
« bles. Oui, j'ai vu les chevrettes de la montagne
« d'Occone ; j'ai entendu les propos des hommes
« rassasiés de jours : mais la douceur des chevreaux
« et la sagesse des vieillards sont moins plaisantes
« et moins fortes que tes paroles. Hé bien, pauvre
« Chactas, je ne serai jamais ton épouse ! »

« Les perpétuelles contradictions de l'amour et
de la religion d'Atala, l'abandon de sa tendresse
et la chasteté de ses mœurs, la fierté de son caractère et sa profonde sensibilité, l'élévation de son
ame dans les grandes choses, sa susceptibilité dans
les petites, tout en faisoit pour moi un être incom-
préhensible. Atala ne pouvoit pas prendre sur un
homme un foible empire : pleine de passions, elle
étoit pleine de puissance ; il falloit ou l'adorer ou
la haïr.

« Après quinze nuits d'une marche précipitée,
nous entrâmes dans la chaîne des monts Alléganys,
et nous atteignîmes une des branches du Ténesse,
fleuve qui se jette dans l'Ohio. Aidé des conseils
d'Atala, je bâtis un canot, que j'enduisis de gomme
de prunier, après en avoir recousu les écorces avec
des racines de sapin. Ensuite je m'embarquai avec
Atala; et nous nous abandonnâmes au cours du
fleuve.

« Le village indien de Sticoë, avec ses tombes
pyramidales et ses huttes en ruines, se montroit à

notre gauche, au détour d'un promontoire ; nous laissions à droite la vallée de Keow, terminée par la perspective des cabanes de Jore, suspendues au front de la montagne du même nom. Le fleuve qui nous entraînoit, couloit entre de hautes falaises, au bout desquelles on apercevoit le soleil couchant. Ces profondes solitudes n'étoient point troublées par la présence de l'homme. Nous ne vîmes qu'un chasseur indien qui, appuyé sur son arc et immobile sur la pointe d'un rocher, ressembloit à une statue élevée dans la montagne au Génie de ces déserts.

« Atala et moi nous joignions notre silence au silence de cette scène. Tout à coup la fille de l'exil fit éclater dans les airs une voix pleine d'émotion et de mélancolie ; elle chantoit la patrie absente :

« Heureux ceux qui n'ont point vu la fumée des
« fêtes de l'étranger, et qui ne se sont assis qu'aux
« festins de leurs pères !

« Si le geai bleu du Meschacebé disoit à la non-
« pareille des Florides : Pourquoi vous plaignez-
« vous si tristement ? n'avez-vous pas ici de belles
« eaux et de beaux ombrages, et toutes sortes de
« pâtures comme dans vos forêts ? — Oui, répon-
« droit la nonpareille fugitive ; mais mon nid est
« dans le jasmin, qui me l'apportera ? Et le soleil
« de ma savane, l'avez-vous ?

« Heureux ceux qui n'ont point vu la fumée des

« fêtes de l'étranger, et qui ne se sont assis qu'aux
« festins de leurs pères !

« Après les heures d'une marche pénible, le
« voyageur s'assied tranquillement. Il contemple
« autour de lui les toits des hommes ; le voyageur
« n'a pas un lieu où reposer sa tête. Le voyageur
« frappe à la cabane, il met son arc derrière la
« porte, il demande l'hospitalité ; le maître fait un
« geste de la main ; le voyageur reprend son arc
« et retourne au désert !

« Heureux ceux qui n'ont point vu la fumée des
« fêtes de l'étranger, et qui ne se sont assis qu'aux
« festins de leurs pères !

« Merveilleuses histoires racontées autour du
« foyer, tendres épanchements du cœur, longues
« habitudes d'aimer si nécessaires à la vie, vous
« avez rempli les journées de ceux qui n'ont point
« quitté leur pays natal ! Leurs tombeaux sont dans
« leur patrie, avec le soleil couchant, les pleurs de
« leurs amis et les charmes de la religion.

« Heureux ceux qui n'ont point vu la fumée des
« fêtes de l'étranger, et qui ne se sont assis qu'aux
« festins de leurs pères ! »

« Ainsi chantoit Atala. Rien n'interrompoit ses
plaintes, hors le bruit insensible de notre canot sur
les ondes. En deux ou trois endroits seulement elles
furent recueillies par un foible écho, qui les redit

à un second plus foible, et celui-ci à un troisième plus foible encore : on eût cru que les ames de deux amants, jadis infortunés comme nous, attirées par cette mélodie touchante, se plaisoient à en soupirer les derniers sons dans la montagne.

« Cependant la solitude, la présence continuelle de l'objet aimé, nos malheurs même, redoubloient à chaque instant notre amour. Les forces d'Atala commençoient à l'abandonner, et les passions, en abattant son corps, alloient triompher de sa vertu. Elle prioit continuellement sa mère, dont elle avoit l'air de vouloir apaiser l'ombre irritée. Quelquefois elle me demandoit si je n'entendois pas une voix plaintive, si je ne voyois pas des flammes sortir de la terre. Pour moi, épuisé de fatigue, mais toujours brûlant de désir, songeant que j'étois peut-être perdu sans retour au milieu de ces forêts, cent fois je fus prêt à saisir mon épouse dans mes bras, cent fois je lui proposai de bâtir une hutte sur ces rivages, et de nous y ensevelir ensemble. Mais elle me résista toujours : « Songez, me disoit-elle, mon « jeune ami, qu'un guerrier se doit à sa patrie. « Qu'est-ce qu'une femme auprès des devoirs que « tu as à remplir? Prends courage, fils d'Outalissi; « ne murmure point contre ta destinée. Le cœur « de l'homme est comme l'éponge du fleuve, qui « tantôt boit une onde pure dans les temps de séré- « nité, tantôt s'enfle d'une eau bourbeuse quand le « ciel a troublé les eaux. L'éponge a-t-elle le droit de « dire : Je croyois qu'il n'y auroit jamais d'orages, « que le soleil ne seroit jamais brûlant? »

« O René, si tu crains les troubles du cœur, défie-toi de la solitude : les grandes passions sont solitaires, et les transporter au désert, c'est les rendre à leur empire. Accablés de soucis et de craintes, exposés à tomber entre les mains des Indiens ennemis, à être engloutis dans les eaux, piqués des serpents, dévorés des bêtes, trouvant difficilement une chétive nourriture, et ne sachant plus de quel côté tourner nos pas, nos maux sembloient ne pouvoir plus s'accroître, lorsqu'un accident y vint mettre le comble.

« C'étoit le vingt-septième soleil depuis notre départ des cabanes : la *lune de feu*[1] avoit commencé son cours, et tout annonçoit un orage. Vers l'heure où les matrones indiennes suspendent la crosse du labour aux branches du savinier, et où les perruches se retirent dans le creux des cyprès, le ciel commença à se couvrir. Les voix de la solitude s'éteignirent, le désert fit silence, et les forêts demeurèrent dans un calme universel. Bientôt les roulements d'un tonnerre lointain, se prolongeant dans ces bois aussi vieux que le monde, en firent sortir des bruits sublimes. Craignant d'être submergés, nous nous hâtâmes de gagner le bord du fleuve, et de nous retirer dans une forêt.

« Ce lieu étoit un terrain marécageux. Nous avancions avec peine sous une voûte de smilax, parmi des ceps de vigne, des indigos, des faséoles, des lianes rampantes, qui entravoient nos pieds comme

---

[1] Mois de juillet.

des filets. Le sol spongieux trembloit autour de nous, et à chaque instant nous étions près d'être engloutis dans des fondrières. Des insectes sans nombre, d'énormes chauves-souris, nous aveugloient; les serpents à sonnettes bruissoient de toutes parts; et les loups, les ours, les carcajous, les petits tigres, qui venoient se cacher dans ces retraites, les remplissoient de leurs rugissements.

« Cependant l'obscurité redouble : les nuages abaissés entrent sous l'ombrage des bois. La nue se déchire, et l'éclair trace un rapide losange de feu. Un vent impétueux, sorti du couchant, roule les nuages sur les nuages; les forêts plient, le ciel s'ouvre coup sur coup, et, à travers ses crevasses, on aperçoit de nouveaux cieux et des campagnes ardentes. Quel affreux, quel magnifique spectacle! La foudre met le feu dans les bois; l'incendie s'étend comme une chevelure de flammes; des colonnes d'étincelles et de fumée assiégent les nues, qui vomissent leurs foudres dans le vaste embrasement. Alors le grand Esprit couvre les montagnes d'épaisses ténèbres; du milieu de ce vaste chaos s'élève un mugissement confus formé par le fracas des vents, le gémissement des arbres, le hurlement des bêtes féroces, le bourdonnement de l'incendie, et la chute répétée du tonnerre qui siffle en s'éteignant dans les eaux.

« Le grand Esprit le sait! Dans ce moment je ne vis qu'Atala, je ne pensai qu'à elle. Sous le tronc penché d'un bouleau, je parvins à la garantir des torrents de la pluie. Assis moi-même sous l'arbre, tenant ma bien-aimée sur mes genoux, et réchauffant ses pieds nus entre mes mains, j'étois plus heureux que la nouvelle épouse qui sent pour la première fois son fruit tressaillir dans son sein.

« Nous prêtions l'oreille au bruit de la tempête; tout à coup je sentis une larme d'Atala tomber sur mon sein : « Orage du cœur, m'écriai-je, est-ce une « goutte de votre pluie? » Puis embrassant étroitement celle que j'aimois : « Atala, lui dis-je, vous me « cachez quelque chose. Ouvre-moi ton cœur, ô « ma beauté ! cela fait tant de bien quand un ami « regarde dans notre ame ! Raconte-moi cet autre « secret de la douleur, que tu t'obstines à taire. Ah ! « je le vois, tu pleures ta patrie. » Elle repartit aussitôt : « Enfant des hommes, comment pleure- « rois-je ma patrie, puisque mon père n'étoit pas « du pays des palmiers ! — Quoi ! répliquai-je avec « un profond étonnement, votre père n'étoit point « du pays des palmiers ! Quel est donc celui qui « vous a mise sur cette terre ? Répondez. » Atala dit ces paroles :

« Avant que ma mère eût apporté en mariage au « guerrier Simaghan trente cavales, vingt buffles, « cent mesures d'huile de glands, cinquante peaux « de castors et beaucoup d'autres richesses, elle « avoit connu un homme de la chair blanche. Or, « la mère de ma mère lui jeta de l'eau au visage, « et la contraignit d'épouser le magnanime Sima- « ghan, tout semblable à un roi, et honoré des « peuples comme un génie. Mais ma mère dit à son

« nouvel époux : « Mon ventre a conçu, tuez-moi. »
« Simaghan lui répondit : « Le grand Esprit me
« garde d'une si mauvaise action. Je ne vous muti-
« lerai point, je ne vous couperai point le nez ni
« les oreilles, parce que vous avez été sincère, et
« que vous n'avez point trompé ma couche. Le
« fruit de vos entrailles sera mon fruit, et je ne
« vous visiterai qu'après le départ de l'oiseau de
« rizière, lorsque la treizième lune aura brillé. »
« En ce temps-là, je brisai le sein de ma mère, et
« je commençai à croître, fière comme une Espa-
« gnole et comme une Sauvage. Ma mère me fit
« chrétienne, afin que son Dieu et le Dieu de mon
« père fût aussi mon Dieu. Ensuite le chagrin
« d'amour vint la chercher, et elle descendit dans
« la petite cave garnie de peaux, d'où l'on ne sort
« jamais. »

« Telle fut l'histoire d'Atala. « Et quel étoit donc
« ton père, pauvre orpheline? lui dis-je; comment
« les hommes l'appeloient-ils sur la terre, et quel
« nom portoit-il parmi les Génies? — Je n'ai ja-
« mais lavé les pieds de mon père, dit Atala; je sais
« seulement qu'il vivoit avec sa sœur à Saint-Au-
« gustin, et qu'il a toujours été fidèle à ma mère :
« *Philippe* étoit son nom parmi les anges, et les
« hommes le nommoient *Lopez*. »

« A ces mots je poussai un cri qui retentit dans
toute la solitude; le bruit de mes transports se
mêla au bruit de l'orage. Serrant Atala sur mon
cœur, je m'écriai avec des sanglots : « O ma sœur !

« ô fille de Lopez ! fille de mon bienfaiteur ! » Atala, effrayée, me demanda d'où venoit mon trouble ; mais quand elle sut que Lopez étoit cet hôte généreux qui m'avoit adopté à Saint-Augustin, et que j'avois quitté pour être libre, elle fut saisie elle-même de confusion et de joie.

« C'en étoit trop pour nos cœurs que cette amitié fraternelle qui venoit nous visiter, et joindre son amour à notre amour. Désormais les combats d'Atala alloient devenir inutiles : en vain je la sentis porter une main à son sein, et faire un mouvement extraordinaire ; déja je l'avois saisie, déja je m'étois enivré de son souffle ; déja j'avois bu toute la magie de l'amour sur ses lèvres. Les yeux levés vers le ciel, à la lueur des éclairs, je tenois mon épouse dans mes bras, en présence de l'Éternel. Pompe nuptiale, digne de nos malheurs et de la grandeur de nos amours : superbes forêts qui agitiez vos lianes et vos dômes comme les rideaux et le ciel de notre couche, pins embrasés qui formiez les flambeaux de notre hymen, fleuve débordé, montagnes mugissantes, affreuse et sublime nature, n'étiez-vous donc qu'un appareil préparé pour nous tromper, et ne pûtes-vous cacher un moment dans vos mystérieuses horreurs la félicité d'un homme ?

« Atala n'offroit plus qu'une foible résistance; je touchois au moment du bonheur quand tout à coup un impétueux éclair, suivi d'un éclat de la foudre, sillonne l'épaisseur des ombres, remplit la forêt de soufre et de lumière, et brise un arbre à

nos pieds. Nous fuyons. O surprise!... dans le silence qui succède, nous entendons le son d'une cloche! Tous deux interdits, nous prêtons l'oreille à ce bruit, si étrange dans un désert. A l'instant un chien aboie dans le lointain; il approche, il redouble ses cris, il arrive, il hurle de joie à nos pieds; un vieux solitaire portant une petite lanterne le suit à travers les ténèbres de la forêt. « La Providence
« soit bénie! s'écria-t-il aussitôt qu'il nous aperçut.
« Il y a bien long-temps que je vous cherche! Notre
« chien vous a sentis dès le commencement de
« l'orage, et il m'a conduit ici. Bon Dieu! comme
« ils sont jeunes! Pauvres enfants! comme ils ont
« dû souffrir! Allons : j'ai apporté une peau d'ours,
« ce sera pour cette jeune femme; voici un peu de
« vin dans notre calebasse. Que Dieu soit loué
« dans toutes ses œuvres! sa miséricorde est bien
« grande, et sa bonté est infinie! »

« Atala étoit aux pieds du religieux : « Chef de
« la prière, lui disoit-elle, je suis chrétienne, c'est
« le ciel qui t'envoie pour me sauver. — Ma fille,
« dit l'ermite en la relevant, nous sonnons ordi-
« nairement la cloche de la mission pendant la nuit
« et pendant les tempêtes pour appeler les étran-
« gers; et, à l'exemple de nos frères des Alpes et du
« Liban, nous avons appris à notre chien à décou-
« vrir les voyageurs égarés. » Pour moi, je comprenois à peine l'ermite; cette charité me sembloit si fort au-dessus de l'homme, que je croyois faire un songe. A la lueur de la petite lanterne que tenoit le religieux, j'entrevoyois sa barbe et ses cheveux tout

trempés d'eau ; ses pieds, ses mains et son visage étoient ensanglantés par les ronces. « Vieillard, « m'écriai-je enfin, quel cœur as-tu donc, toi qui « n'a pas craint d'être frappé par la foudre ? — « Craindre ! repartit le père avec une sorte de cha- « leur ; craindre lorsqu'il y a des hommes en péril, « et que je leur puis être utile ! je serois donc un « bien indigne serviteur de Jésus-Christ ! — Mais « sais-tu, lui dis-je, que je ne suis pas chrétien ? « — Jeune homme, répondit l'ermite, vous ai-je « demandé votre religion ? Jésus-Christ n'a pas « dit : « Mon sang lavera celui-ci, et non celui-là. » « Il est mort pour le Juif et le Gentil, et il n'a vu « dans tous les hommes que des frères et des infor- « tunés. Ce que je fais ici pour vous est fort peu de « chose, et vous trouveriez ailleurs bien d'autres « secours ; mais la gloire n'en doit point retomber « sur les prêtres. Que sommes-nous, foibles soli- « taires, sinon de grossiers instruments d'une œu- « vre céleste ? Eh ! quel seroit le soldat assez lâche « pour reculer lorsque son chef, la croix à la main, « et le front couronné d'épines, marche devant « lui au secours des hommes ? »

« Ces paroles saisirent mon cœur ; des larmes d'admiration et de tendresse tombèrent de mes yeux. « Mes chers enfants, dit le missionnaire, je « gouverne dans ces forêts un petit troupeau de vos « frères sauvages. Ma grotte est assez près d'ici dans « la montagne ; venez vous réchauffer chez moi ; « vous n'y trouverez pas les commodités de la vie, « mais vous y aurez un abri ; et il faut encore en

« remercier la bonté divine, car il y a bien des
« hommes qui en manquent. »

LES LABOUREURS.

« Il y a des justes dont la conscience est si tranquille, qu'on ne peut approcher d'eux sans participer à la paix qui s'exhale, pour ainsi dire, de leur cœur et de leurs discours. A mesure que le solitaire parloit, je sentois les passions s'apaiser dans mon sein, et l'orage même du ciel sembloit s'éloigner à sa voix. Les nuages furent bientôt assez dispersés pour nous permettre de quitter notre retraite. Nous sortîmes de la forêt, et nous commençâmes à gravir le revers d'une haute montagne. Le chien marchoit devant nous en portant au bout d'un bâton la lanterne éteinte. Je tenois la main d'Atala, et nous suivions le missionnaire. Il se détournoit souvent pour nous regarder, contemplant avec pitié nos malheurs et notre jeunesse. Un livre étoit suspendu à son cou; il s'appuyoit sur un bâton blanc. Sa taille étoit élevée, sa figure pâle et maigre, sa physionomie simple et sincère. Il n'avoit pas les traits morts et effacés de l'homme né sans passions; on voyoit que ses jours avoient été mauvais, et les rides de son front montroient les belles cicatrices des passions guéries par la vertu et par l'amour de Dieu et des hommes. Quand il nous parloit debout et immobile, sa longue barbe, ses yeux modestement baissés, le son affectueux de sa voix, tout en lui avoit quelque chose de calme et de sublime.

Quiconque a vu, comme moi, le père Aubry cheminant seul avec son bâton et son bréviaire dans le désert, a une véritable idée du voyageur chrétien sur la terre.

« Après une demi-heure d'une marche dangereuse par les sentiers de la montagne, nous arrivâmes à la grotte du missionnaire. Nous y entrâmes à travers les lierres et les giraumonts humides, que la pluie avoit abattus des rochers. Il n'y avoit dans ce lieu qu'une natte de feuilles de papaya, une calebasse pour puiser de l'eau, quelques vases de bois, une bêche, un serpent familier, et, sur une pierre qui servoit de table, un crucifix et le livre des chrétiens.

« L'homme des anciens jours se hâta d'allumer du feu avec des lianes sèches ; il brisa du maïs entre deux pierres, et en ayant fait un gâteau, il le mit cuire sous la cendre. Quand ce gâteau eut pris au feu une belle couleur dorée, il nous le servit tout brûlant, avec de la crême de noix dans un vase d'érable. Le soir ayant ramené la sérénité, le serviteur du grand Esprit nous proposa d'aller nous asseoir à l'entrée de la grotte. Nous le suivîmes dans ce lieu, qui commandoit une vue immense. Les restes de l'orage étoient jetés en désordre vers l'orient : les feux de l'incendie allumé dans les forêts par la foudre brilloient encore dans le lointain ; au pied de la montagne, un bois de pins tout entier étoit renversé dans la vase, et le fleuve rouloit pêle-mêle les argiles détrempées, les troncs des arbres, les corps des animaux et les poissons morts, dont on voyoit le ventre argenté flotter à la surface des eaux.

« Ce fut au milieu de cette scène qu'Atala raconta notre histoire au grand Génie de la montagne. Son cœur parut touché, et des larmes tombèrent sur sa barbe : « Mon enfant, dit-il à Atala, il faut offrir vos « souffrances à Dieu, pour la gloire de qui vous avez « déjà fait tant de choses ; il vous rendra le repos. « Voyez fumer ces forêts ; sécher ces torrents, se « dissiper ces nuages ; croyez-vous que celui qui « peut calmer une pareille tempête ne pourra pas « apaiser les troubles du cœur de l'homme ? Si vous « n'avez pas de meilleure retraite, ma chère fille, « je vous offre une place au milieu du troupeau « que j'ai eu le bonheur d'appeler à Jésus-Christ. « J'instruirai Chactas, et je vous le donnerai pour « époux quand il sera digne de l'être. »

« A ces mots, je tombai aux genoux du solitaire, en versant des pleurs de joie ; mais Atala devint pâle comme la mort. Le vieillard me releva avec bénignité, et je m'aperçus alors qu'il avoit les deux mains mutilées. Atala comprit sur-le-champ ses malheurs. « Les barbares ! » s'écria-t-elle.

« Ma fille, reprit le père avec un doux sourire, « qu'est-ce que cela auprès de ce qu'a enduré mon « divin Maître ? Si les Indiens idolâtres m'ont affli-« gé, ce sont de pauvres aveugles que Dieu éclai-« rera un jour. Je les chéris même davantage, en « proportion des maux qu'ils m'ont faits. Je n'ai pu « rester dans ma patrie, où j'étois retourné, et où « une illustre reine m'a fait l'honneur de vouloir

« contempler ces foibles marques de mon apostolat.
« Et quelle récompense plus glorieuse pouvois-je
« recevoir de mes travaux, que d'avoir obtenu du
« chef de notre religion la permission de célébrer
« le divin sacrifice avec ces mains mutilées ? Il ne
« me restoit plus, après un tel honneur, qu'à tâ-
« cher de m'en rendre digne : je suis revenu au
« Nouveau-Monde, consumer le reste de ma vie
« au service de mon Dieu. Il y a bientôt trente ans
« que j'habite cette solitude, et il y en aura demain
« vingt-deux que j'ai pris possession de ce rocher.
« Quand j'arrivai dans ces lieux, je n'y trouvai que
« des familles vagabondes, dont les mœurs étoient
« féroces et la vie fort misérable. Je leur ai fait en-
« tendre la parole de paix, et leurs mœurs se sont
« graduellement adoucies. Ils vivent maintenant
« rassemblés au bas de cette montagne. J'ai tâché,
« en leur enseignant les voies du salut, de leur
« apprendre les premiers arts de la vie, mais sans
« les porter trop loin, et en retenant ces honnêtes
« gens dans cette simplicité qui fait le bonheur.
« Pour moi, craignant de les gêner par ma pré-
« sence, je me suis retiré sous cette grotte, où ils
« viennent me consulter. C'est ici que, loin des
« hommes, j'admire Dieu dans la grandeur de ces
« solitudes, et que je me prépare à la mort, que
« m'annoncent mes vieux jours. »

« En achevant ces mots, le solitaire se mit à genoux, et nous imitâmes son exemple. Il commença
à haute voix une prière, à laquelle Atala répondoit.
De muets éclairs ouvroient encore les cieux dans

l'orient, et sur les nuages du couchant trois soleils brilloient ensemble. Quelques renards dispersés par l'orage allongeoient leurs museaux noirs au bord des précipices, et l'on entendoit le frémissement des plantes qui, séchant à la brise du soir, relevoient de toutes parts leurs tiges abattues.

« Nous rentrâmes dans la grotte, où l'ermite étendit un lit de mousse de cyprès pour Atala. Une profonde langueur se peignoit dans les yeux et dans les mouvements de cette vierge ; elle regardoit le père Aubry, comme si elle eût voulu lui communiquer un secret ; mais quelque chose sembloit la retenir, soit ma présence, soit une certaine honte, soit l'inutilité de l'aveu. Je l'entendis se lever au milieu de la nuit ; elle cherchoit le solitaire : mais, comme il lui avoit donné sa couche, il étoit allé contempler la beauté du ciel, et prier Dieu sur le sommet de la montagne. Il me dit le lendemain que c'étoit assez sa coutume, même pendant l'hiver, aimant à voir les forêts balancer leurs cimes dépouillées, les nuages voler dans les cieux, et à entendre les vents et les torrents gronder dans la solitude. Ma sœur fut donc obligée de retourner à sa couche, où elle s'assoupit. Hélas ! comblé d'espérance, je ne vis dans la foiblesse d'Atala que des marques passagères de lassitude !

« Le lendemain, je m'éveillai aux chants des cardinaux et des oiseaux-moqueurs, nichés dans les acacias et les lauriers qui environnoient la grotte. J'allai cueillir une rose de magnolia, et je la déposai, humectée des larmes du matin, sur la tête d'Atala endormie. J'espérois, selon la religion de mon pays, que l'âme de quelque enfant mort à la mamelle seroit descendue sur cette fleur dans une goutte de rosée, et qu'un heureux songe la porteroit au sein de ma future épouse. Je cherchai ensuite mon hôte; je le trouvai la robe relevée dans ses deux poches, un chapelet à la main, et m'attendant assis sur le tronc d'un pin tombé de vieillesse. Il me proposa d'aller avec lui à la Mission, tandis qu'Atala reposoit encore; j'acceptai son offre, et nous nous mîmes en route à l'instant.

« En descendant la montagne, j'aperçus des chênes où les Génies sembloient avoir dessiné des caractères étrangers. L'ermite me dit qu'il les avoit tracés lui-même, que c'étoit des vers d'un ancien poète appelé *Homère,* et quelques sentences d'un autre poète plus ancien encore, nommé *Salomon.* Il y avoit je ne sais quelle mystérieuse harmonie entre cette sagesse des temps, ces vers rongés de mousse, ce vieux solitaire qui les avoit gravés, et ces vieux chênes qui lui servoient de livres.

« Son nom, son âge, la date de sa mission, étoient aussi marqués sur un roseau de savane, au pied de ces arbres. Je m'étonnai de la fragilité du dernier monument : « Il durera encore plus que moi, me « répondit le père, et aura toujours plus de valeur « que le peu de bien que j'ai fait. »

« De là, nous arrivâmes à l'entrée d'une vallée, où je vis un ouvrage merveilleux : c'étoit un pont naturel, semblable à celui de la Virginie, dont tu as peut-être entendu parler. Les hommes, mon fils, surtout ceux de ton pays, imitent souvent la nature, et leurs copies sont toujours petites ; il n'en est pas ainsi de la nature quand elle a l'air d'imiter les travaux des hommes, en leur offrant en effet des modèles. C'est alors qu'elle jette des ponts du sommet d'une montagne au sommet d'une autre montagne, suspend des chemins dans les nues, répand des fleuves pour canaux, sculpte des monts pour colonnes, et pour bassins creuse des mers.

« Nous passâmes sous l'arche unique de ce pont, et nous nous trouvâmes devant une autre merveille : c'étoit le cimetière des Indiens de la Mission, ou *les Bocages de la mort*. Le père Aubry avoit permis à ses néophytes d'ensevelir leurs morts à leur manière, et de conserver au lieu de leurs sépultures son nom sauvage ; il avoit seulement sanctifié ce lieu par une croix [1]. Le sol en étoit divisé, comme le champ commun des moissons, en autant de lots qu'il y avoit de familles. Chaque lot faisoit à lui seul un bois qui varioit selon le goût de ceux qui l'avoient planté. Un ruisseau serpentoit sans bruit au milieu de ces bocages ; on l'appeloit *le Ruisseau de la paix*. Ce riant asile des ames étoit fermé à l'orient par le pont sous lequel nous avions passé ; deux collines le bornoient au septentrion et au midi ; il ne s'ouvroit qu'à l'occident, où s'élevoit un grand bois de sapins. Les

---

[1] Le père Aubry avoit fait comme les jésuites à la Chine, qui permettoient aux Chinois d'enterrer leurs parents dans leurs jardins, selon leur ancienne coutume.

troncs de ces arbres, rouges marbrés de vert, montant sans branches jusqu'à leurs cimes, ressembloient à de hautes colonnes, et formoient le péristyle de ce temple de la mort ; il y régnoit un bruit religieux, semblable au sourd mugissement de l'orgue sous les voûtes d'une église ; mais lorsqu'on pénétroit au fond du sanctuaire, on n'entendoit plus que les hymnes des oiseaux qui célébroient à la mémoire des morts une fête éternelle.

« En sortant de ce bois, nous découvrîmes le village de la Mission, situé au bord d'un lac, au milieu d'une savane semée de fleurs. On y arrivoit par une avenue de magnolias et de chênes-verts, qui bordoient une de ces anciennes routes que l'on trouve vers les montagnes qui divisent le Kentucky des Florides. Aussitôt que les Indiens aperçurent leur pasteur dans la plaine, ils abandonnèrent leurs travaux, et accoururent au-devant de lui. Les uns baisoient sa robe, les autres aidoient ses pas ; les mères élevoient dans leurs bras leurs petits enfants pour leur faire voir l'homme de Jésus-Christ qui répandoit des larmes. Il s'informoit en marchant de ce qui se passoit au village ; il donnoit un conseil à celui-ci, réprimandoit doucement celui-là ; il parloit des moissons à recueillir, des enfants à instruire, des peines à consoler, et il mêloit Dieu à tous ses discours.

« Ainsi escortés, nous arrivâmes au pied d'une grande croix qui se trouvoit sur le chemin. C'étoit là que le serviteur de Dieu avoit accoutumé de célébrer les mystères de sa religion : « Mes chers néo-

« phytes, dit-il en se tournant vers la foule, il vous
« est arrivé un frère et une sœur; et, pour sur-
« croît de bonheur, je vois que la divine Providence
« a épargné hier vos moissons : voilà deux grandes
« raisons de la remercier. Offrons donc le saint
« sacrifice, et que chacun y apporte un recueille-
« ment profond, une foi vive, une reconnoissance
« infinie et un cœur humilié. »

Aussitôt le prêtre divin revêt une tunique blanche d'écorce de mûrier, les vases sacrés sont tirés d'un tabernacle au pied de la croix, l'autel se prépare sur un quartier de roche, l'eau se puise dans le torrent voisin, et une grappe de raisin sauvage fournit le vin du sacrifice. Nous nous mettons tous à genoux dans les hautes herbes; le mystère commence.

« L'aurore, paroissant derrière les montagnes, enflammoit l'orient. Tout étoit d'or ou de rose dans la solitude. L'astre annoncé par tant de splendeur sortit enfin d'un abîme de lumière, et son premier rayon rencontra l'hostie consacrée, que le prêtre en ce moment même élevoit dans les airs. O charme de la religion! O magnificence du culte chrétien! Pour sacrificateur un vieil ermite, pour autel un rocher, pour église le désert, pour assistance d'innocents Sauvages! Non, je ne doute point qu'au moment où nous nous prosternâmes, le grand mystère ne s'accomplît, et que Dieu ne descendît sur la terre, car je le sentis descendre dans mon cœur.

« Après le sacrifice, où il ne manqua pour moi

que la fille de Lopez, nous nous rendîmes au village. Là régnoit le mélange le plus touchant de la vie sociale et de la vie de la nature : au coin d'une cyprière de l'antique désert on découvroit une culture naissante; les épis rouloient à flots d'or sur le tronc du chêne abattu, et la gerbe d'un été remplaçoit l'arbre de trois siècles. Partout on voyoit les forêts livrées aux flammes pousser de grosses fumées dans les airs, et la charrue se promener lentement entre les débris de leurs racines. Des arpenteurs avec de longues chaînes alloient mesurant le terrain; des arbitres établissoient les premières propriétés; l'oiseau cédoit son nid; le repaire de la bête féroce se changeoit en une cabane; on entendoit gronder des forges, et les coups de la cognée faisoient pour la dernière fois mugir des échos, expirant eux-mêmes avec les arbres qui leur servoient d'asile.

« J'errois avec ravissement au milieu de ces tableaux, rendus plus doux par l'image d'Atala et par les rêves de félicité dont je berçois mon cœur. J'admirois le triomphe du christianisme sur la vie sauvage; je voyois l'Indien se civilisant à la voix de la religion; j'assistois aux noces primitives de l'homme et de la terre : l'homme, par ce grand contrat, abandonnant à la terre l'héritage de ses sueurs; et la terre s'engageant en retour à porter fidèlement les moissons, les fils et les cendres de l'homme.

« Cependant on présenta un enfant au missionnaire, qui le baptisa parmi des jasmins en fleurs, au bord d'une source, tandis qu'un cercueil, au milieu des jeux et des travaux, se rendoit aux Bocages de la mort. Deux époux reçurent la bénédiction nuptiale sous un chêne, et nous allâmes ensuite les établir dans un coin du désert. Le pasteur marchoit devant nous, bénissant çà et là, et le rocher, et l'arbre, et la fontaine, comme autrefois, selon le livre des chrétiens, Dieu bénit la terre inculte, en la donnant en héritage à Adam. Cette procession, qui pêle mêle avec ses troupeaux suivoit de rocher en rocher son chef vénérable, représentoit à mon cœur attendri ces migrations des premières familles, alors que Sem, avec ses enfants, s'avançoit à travers le monde inconnu, en suivant le soleil qui marchoit devant lui.

« Je voulus savoir du saint ermite comment il gouvernoit ses enfants; il me répondit avec une grande complaisance : « Je ne leur ai donné aucune
« loi; je leur ai seulement enseigné à s'aimer, à prier
« Dieu, et à espérer une meilleure vie : toutes les
« lois du monde sont là-dedans. Vous voyez au mi-
« lieu du village une cabane plus grande que les
« autres : elle sert de chapelle dans la saison des
« pluies. On s'y assemble soir et matin pour louer
« le Seigneur, et quand je suis absent c'est un vieil-
« lard qui fait la prière; car la vieillesse est, comme
« la maternité, une espèce de sacerdoce. Ensuite on
« va travailler dans les champs; et si les propriétés
« sont divisées, afin que chacun puisse apprendre
« l'économie sociale, les moissons sont déposées
« dans des greniers communs, pour maintenir la

« charité fraternelle. Quatre vieillards distribuent
« avec égalité le produit du labeur. Ajoutez à cela
« des cérémonies religieuses, beaucoup de canti-
« ques; la croix où j'ai célébré les mystères, l'or-
« meau sous lequel je prêche dans les bons jours,
« nos tombeaux tout près de nos champs de blé,
« nos fleuves où je plonge les petits enfants et les
« saints Jeans de cette nouvelle Béthanie, vous
« aurez une idée complète de ce royaume de Jésus-
« Christ. »

« Les paroles du solitaire me ravirent, et je sentis
la supériorité de cette vie stable et occupée, sur la
vie errante et oisive du Sauvage.

« Ah, René ! je ne murmure point contre la Providence, mais j'avoue que je ne me rappelle jamais
cette société évangélique sans éprouver l'amertume
des regrets. Qu'une hutte, avec Atala, sur ces bords,
eût rendu ma vie heureuse ! Là finissoient toutes
mes courses : là, avec une épouse, inconnu des
hommes, cachant mon bonheur au fond des forêts,
j'aurois passé comme ces fleuves, qui n'ont pas
même un nom dans le désert. Au lieu de cette paix
que j'osois alors me promettre, dans quel trouble
n'ai-je point coulé mes jours ! Jouet continuel de la
fortune, brisé sur tous les rivages, long-temps exilé
de mon pays, et n'y trouvant, à mon retour, qu'une
cabane en ruine et des amis dans la tombe : telle
devoit être la destinée de Chactas. »

LE DRAME.

« Si mon songe de bonheur fut vif, il fut aussi d'une courte durée, et le réveil m'attendoit à la grotte du solitaire. Je fus surpris, en y arrivant au milieu du jour, de ne pas voir Atala accourir au-devant de nos pas. Je ne sais quelle soudaine horreur me saisit. En approchant de la grotte, je n'osois appeler la fille de Lopez : mon imagination étoit également épouvantée, ou du bruit, ou du silence qui succéderoit à mes cris. Encore plus effrayé de la nuit qui régnoit à l'entrée du rocher, je dis au missionnaire : « O vous que le ciel accom-« pagne et fortifie, pénétrez dans ces ombres. »

« Qu'il est foible celui que les passions dominent! Qu'il est fort celui qui se repose en Dieu! Il y avoit plus de courage dans ce cœur religieux, flétri par soixante-seize années, que dans toute l'ardeur de ma jeunesse. L'homme de paix entra dans la grotte, et je restai au dehors plein de terreur. Bientôt un foible murmure semblable à des plaintes sortit du fond du rocher, et vint frapper mon oreille. Poussant un cri, et retrouvant mes forces, je m'élançai dans la nuit de la caverne.... Esprits de mes pères, vous savez seuls le spectacle qui frappa mes yeux!

« Le solitaire avoit allumé un flambeau de pin; il le tenoit d'une main tremblante au dessus de la couche d'Atala. Cette belle et jeune femme, à moitié soulevée sur le coude, se montroit pâle et échevelée. Les gouttes d'une sueur pénible brilloient sur son front ; ses regards à demi éteints cherchoient encore à m'exprimer son amour, et sa bouche essayoit de sourire. Frappé comme d'un coup de foudre, les yeux fixés, les bras étendus, les lèvres entr'ouvertes, je demeurai immobile. Un profond silence règne un moment parmi les trois personnages de cette scène de douleur. Le solitaire le rompt le premier : « Ceci, dit-il, ne sera qu'une « fièvre occasionnée par la fatigue, et, si nous nous « résignons à la volonté de Dieu, il aura pitié de « nous. »

« A ces paroles, le sang suspendu reprit son cours dans mon cœur, et, avec la mobilité du Sauvage, je passai subitement de l'excès de la crainte à l'excès de la confiance. Mais Atala ne m'y laissa pas long-temps. Balançant tristement la tête, elle nous fit signe de nous approcher de sa couche.

« Mon père, dit-elle d'une voix affoiblie en
« s'adressant au religieux, je touche au moment de
« la mort. O Chactas ! écoute sans désespoir le
« funeste secret que je t'ai caché, pour ne pas te
« rendre trop misérable, et pour obéir à ma mère.
« Tâche de ne pas m'interrompre par des marques
« d'une douleur qui précipiteroit le peu d'instants
« que j'ai à vivre. J'ai beaucoup de choses à racon-
« ter, et, aux battements de ce cœur, qui se ra-
« lentissent.... à je ne sais quel fardeau glacé que
« mon sein soulève à peine.... je sens que je ne me
« saurois trop hâter. »

« Après quelques moments de silence, Atala poursuivit ainsi :

« Ma triste destinée a commencé presque avant
« que j'eusse vu la lumière. Ma mère m'avoit con-
« çue dans le malheur; je fatiguois son sein, et
« elle me mit au monde avec de grands déchire-
« ments d'entrailles : on désespéra de ma vie. Pour
« sauver mes jours, ma mère fit un vœu : elle
« promit à la Reine des Anges que je lui consacre-
« rois ma virginité si j'échappois à la mort... Vœu
« fatal qui me précipite au tombeau !

« J'entrois dans ma seizième année lorsque je
« perdis ma mère. Quelques heures avant de mou-
« rir, elle m'appela au bord de sa couche. Ma fille,
« me dit-elle en présence d'un missionnaire qui
« consoloit ses derniers instants; ma fille, tu sais le
« vœu que j'ai fait pour toi. Voudrois-tu démentir
« ta mère? O mon Atala! je te laisse dans un monde
« qui n'est pas digne de posséder une chrétienne,
« au milieu d'idolâtres qui persécutent le Dieu de
« ton père et le mien, le Dieu qui, après t'avoir
« donné le jour, te l'a conservé par un miracle. Eh!
« ma chère enfant, en acceptant le voile des vierges,
« tu ne fais que renoncer aux soucis de la cabane et
« aux funestes passions qui ont troublé le sein de
« ta mère ! Viens donc, ma bien-aimée, viens, jure
« sur cette image de la Mère du Sauveur, entre les
« mains de ce saint prêtre et de ta mère expirante,
« que tu ne me trahiras point à la face du ciel. Songe
« que je me suis engagée pour toi, afin de te sauver

« la vie, et que, si tu ne tiens ma promesse, tu
« plongeras l'ame de ta mère dans des tourments.
« éternels. »

« O ma mère! pourquoi parlâtes-vous ainsi! O
« religion qui fais à la fois mes maux et ma félicité,
« qui me perds et qui me consoles! Et toi, cher et
« triste objet d'une passion qui me consume jusque
« dans les bras de la mort, tu vois maintenant, ô
« Chactas, ce qui a fait la rigueur de notre des-
« tinée!... Fondant en pleurs et me précipitant
« dans le sein maternel, je promis tout ce qu'on
« me voulut faire promettre. Le missionnaire pro-
« nonça sur moi les paroles redoutables, et me
« donna le scapulaire qui me lie pour jamais. Ma
« mère me menaça de sa malédiction, si jamais je
« rompois mes vœux, et après m'avoir recom-
« mandé un secret inviolable envers les païens,
« persécuteurs de ma religion, elle expira en me
« tenant embrassée.

« Je ne connus pas d'abord le danger de mes ser-
« ments. Pleine d'ardeur, et chrétienne véritable,
« fière du sang espagnol qui coule dans mes veines,
« je n'aperçus autour de moi que des hommes in-
« dignes de recevoir ma main; je m'applaudis de
« n'avoir d'autre époux que le Dieu de ma mère.
« Je te vis, jeune et beau prisonnier, je m'attendris
« sur ton sort, je t'osai parler au bûcher de la fo-
« rêt; alors je sentis tout le poids de mes vœux. »

« Comme Atala achevoit de prononcer ces paroles, serrant les poings, et regardant le missionnaire d'un air menaçant, je m'écriai : « La voilà

« donc cette religion que vous m'avez tant vantée !
« Périsse le serment qui m'enlève Atala ! Périsse le
« Dieu qui contrarie la nature ! Homme-prêtre,
« qu'es-tu venu faire dans ces forêts ? »

— « Te sauver, dit le vieillard d'une voix terrible,
« dompter tes passions, et t'empêcher, blasphéma-
« teur, d'attirer sur toi la colère céleste ! Il te sied
« bien, jeune homme, à peine entré dans la vie, de
« te plaindre de tes douleurs ! Où sont les marques
« de tes souffrances ? Où sont les injustices que tu as
« supportées ? Où sont tes vertus, qui seules pour-
« roient te donner quelques droits à la plainte ?
« Quel service as-tu rendu ? Quel bien as-tu fait ?
« Eh ! malheureux, tu ne m'offres que des passions,
« et tu oses accuser le ciel ! Quand tu auras, comme
« le père Aubry, passé trente années exilé sur les
« montagnes, tu seras moins prompt à juger des
« desseins de la Providence ; tu comprendras alors
« que tu ne sais rien, que tu n'es rien, et qu'il n'y
« a point de châtiments si rigoureux, point de maux
« si terribles, que la chair corrompue ne mérite de
« souffrir. »

« Les éclairs qui sortoient des yeux du vieillard,
sa barbe qui frappoit sa poitrine, ses paroles fou-
droyantes, le rendoient semblable à un dieu. Accablé de sa majesté, je tombai à ses genoux, et lui
demandai pardon de mes emportements. « Mon fils,
« me répondit-il avec un accent si doux, que le re-
« mords entra dans mon ame, mon fils, ce n'est
« pas pour moi-même que je vous ai réprimandé.

« Hélas! vous avez raison, mon cher enfant : je suis
« venu faire bien peu de chose dans ces forêts, et
« Dieu n'a pas de serviteur plus indigne que moi.
« Mais, mon fils, le ciel, le ciel, voilà ce qu'il ne
« faut jamais accuser ! Pardonnez-moi si je vous ai
« offensé; mais écoutons votre sœur. Il y a peut-
« être du remède, ne nous lassons point d'espérer.
« Chactas, c'est une religion bien divine que celle-là
« qui a fait une vertu de l'espérance ! »

—« Mon jeune ami, reprit Atala, tu as été témoin
« de mes combats, et cependant tu n'en as vu que
« la moindre partie ; je te cachois le reste. Non,
« l'esclave noir qui arrose de ses sueurs les sables
« ardents de la Floride est moins misérable que n'a
« été Atala. Te sollicitant à la fuite, et pourtant
« certaine de mourir si tu t'éloignois de moi; crai-
« gnant de fuir avec toi dans les déserts, et cepen-
« dant haletant après l'ombrage des bois.... Ah!
« s'il n'avoit fallu que quitter parents, amis, pa-
« trie ; si même (chose affreuse!) il n'y eût eu que
« la perte de mon ame!... Mais ton ombre, ô ma
« mère, ton ombre étoit toujours là, me repro-
« chant ses tourments ! J'entendois tes plaintes,
« je voyois les flammes de l'enfer te consumer. Mes
« nuits étoient arides et pleines de fantômes, mes
« jours étoient désolés ; la rosée du soir séchoit en
« tombant sur ma peau brûlante ; j'entr'ouvrois
« mes lèvres aux brises, et les brises, loin de m'ap-
« porter la fraîcheur, s'embrasoient du feu de mon
« souffle. Quel tourment de te voir sans cesse au-

« près de moi, loin de tous les hommes, dans de
« profondes solitudes, et de sentir entre toi et moi
« une barrière invincible! Passer ma vie à tes pieds,
« te servir comme ton esclave, apprêter ton repas
« et ta couche dans quelque coin ignoré de l'uni-
« vers, eût été pour moi le bonheur suprême; ce
« bonheur, j'y touchois, et je ne pouvois en jouir.
« Quel dessein n'ai-je point rêvé! Quel songe n'est
« point sorti de ce cœur si triste! Quelquefois, en
« attachant mes yeux sur toi, j'allois jusqu'à former
« des désirs aussi insensés que coupables : tantôt
« j'aurois voulu être avec toi la seule créature vi-
« vante sur la terre; tantôt, sentant une divinité
« qui m'arrêtoit dans mes horribles transports,
« j'aurois désiré que cette divinité se fût anéantie,
« pourvu que, serrée dans tes bras, j'eusse roulé
« d'abîme en abîme avec les débris de Dieu et du
« monde! A présent même...., le dirai-je! à pré-
« sent que l'éternité va m'engloutir, que je vais
« paroître devant le Juge inexorable, au moment
« où, pour obéir à ma mère, je vois avec joie
« ma virginité dévorer ma vie; eh bien! par une
« affreuse contradiction, j'emporte le regret de
« n'avoir pas été à toi!... »

— « Ma fille, interrompit le missionnaire, votre
« douleur vous égare. Cet excès de passion auquel
« vous vous livrez est rarement juste, il n'est pas
« même dans la nature ; et en cela il est moins
« coupable aux yeux de Dieu, parce que c'est plutôt
« quelque chose de faux dans l'esprit que de vicieux

« dans le cœur. Il faut donc éloigner de vous ces
« emportements, qui ne sont pas dignes de votre
« innocence. Mais aussi, ma chère enfant, votre
« imagination impétueuse vous a trop alarmée sur
« vos vœux. La religion n'exige point de sacrifice
« plus qu'humain. Ses sentiments vrais, ses vertus
« tempérées, sont bien au-dessus des sentiments
« exaltés et des vertus forcées d'un prétendu hé-
« roïsme. Si vous aviez succombé, eh bien ! pauvre
« brebis égarée, le bon Pasteur vous auroit cher-
« chée pour vous ramener au troupeau. Les trésors
« du repentir vous étoient ouverts : il faut des tor-
« rents de sang pour effacer nos fautes aux yeux des
« hommes ; une seule larme suffit à Dieu. Rassurez-
« vous donc, ma chère fille, votre situation exige du
« calme ; adressons-nous à Dieu, qui guérit toutes
« les plaies de ses serviteurs. Si c'est sa volonté,
« comme je l'espère, que vous échappiez à cette
« maladie, j'écrirai à l'évêque de Québec ; il a les
« pouvoirs nécessaires pour vous relever de vos
« vœux, qui ne sont que des vœux simples, et
« vous achèverez vos jours près de moi avec Chactas
« votre époux. »

« A ces paroles du vieillard, Atala fut saisie d'une
longue convulsion, dont elle ne sortit que pour
donner des marques d'une douleur effrayante.
« Quoi ! dit-elle en joignant les deux mains avec
« passion, il y avoit du remède ! Je pouvois être
« relevée de mes vœux ! » — « Oui, ma fille, ré-
« pondit le père ; et vous le pouvez encore. » — « Il
« est trop tard, il est trop tard ! s'écria-t-elle. Faut-il

« mourir, au moment où j'apprends que j'aurois
« pu être heureuse! Que n'ai-je connu plus tôt ce
« saint vieillard! Aujourd'hui, de quel bonheur je
« jouirois, avec toi, avec Chactas chrétien.... con-
« solée, rassurée par ce prêtre auguste... dans ce
« désert... pour toujours... oh! c'eût été trop de
« félicité! » — « Calme-toi, lui dis-je en saisissant
« une des mains de l'infortunée; calme-toi, ce bon-
« heur, nous allons le goûter. » — « Jamais! ja-
« mais! » dit Atala. — « Comment? » repartis-je.
— « Tu ne sais pas tout, s'écria la vierge: c'est hier...
« pendant l'orage... J'allois violer mes vœux: j'al-
« lois plonger ma mère dans les flammes de l'abîme;
« déja sa malédiction étoit sur moi; déja je mentois
« au Dieu qui m'a sauvé la vie... Quand tu baisois
« mes lèvres tremblantes, tu ne savois pas que tu
« n'embrassois que la mort! » — « O ciel! s'écria le
« missionnaire, chère enfant, qu'avez-vous fait? »
— « Un crime, mon père, dit Atala les yeux égarés:
« mais je ne perdois que moi, et je sauvois ma
« mère. » — « Achève donc, » m'écriai-je plein
« d'épouvante. — « Hé bien, dit-elle, j'avois prévu
« ma foiblesse; en quittant les cabanes, j'ai em-
« porté avec moi... » — « Quoi? » repris-je avec
« horreur. — « Un poison? » dit le père. « Il est
« dans mon sein, » s'écria Atala.

« Le flambeau échappe de la main du solitaire, je tombe mourant près de la fille de Lopez, le vieillard nous saisit l'un et l'autre dans ses bras, et tous trois, dans l'ombre, nous mêlons un moment nos sanglots sur cette couche funèbre.

« Réveillons-nous, réveillons-nous ! dit bientôt
« le courageux ermite en allumant une lampe. Nous
« perdons des moments précieux : intrépides chré-
« tiens, bravons les assauts de l'adversité : la corde
« au cou, la cendre sur la tête, jetons-nous aux
« pieds du Très-Haut, pour implorer sa clémence,
« pour nous soumettre à ses décrets. Peut-être est-il
« temps encore. Ma fille, vous eussiez dû m'avertir
« hier au soir. »

— « Hélas ! mon père, dit Atala, je vous ai cher-
« ché la nuit dernière ; mais le ciel, en punition de
« mes fautes, vous a éloigné de moi. Tout secours
« eût d'ailleurs été inutile ; car les Indiens même,
« si habiles dans ce qui regarde les poisons, ne
« connoissent point de remède à celui que j'ai
« pris. O Chactas ! juge de mon étonnement
« quand j'ai vu que le coup n'étoit pas aussi subit
« que je m'y attendois ! Mon amour a redoublé
« mes forces, mon ame n'a pu si vite se séparer
« de toi. »

« Ce ne fut plus ici par des sanglots que je trou-
blai le récit d'Atala, ce fut par ces emportements
qui ne sont connus que des Sauvages. Je me roulai
furieux sur la terre en me tordant les bras, et en
me dévorant les mains. Le vieux prêtre, avec une
tendresse merveilleuse, couroit du frère à la sœur,
et nous prodiguoit mille secours. Dans le calme de
son cœur et sous le fardeau des ans, il savoit se
faire entendre à notre jeunesse, et sa religion lui
fournissoit des accents plus tendres et plus brûlants que nos passions mêmes. Ce prêtre, qui

depuis quarante années s'immoloit chaque jour au service de Dieu et des hommes dans ces montagnes, ne te rappelle-t-il pas ces holocaustes d'Israël, fumant perpétuellement sur les hauts lieux, devant le Seigneur?

« Hélas! ce fut en vain qu'il essaya d'apporter quelque remède aux maux d'Atala. La fatigue, le chagrin, le poison, et une passion plus mortelle que tous les poisons ensemble, se réunissoient pour ravir cette fleur à la solitude. Vers le soir, des symptômes effrayants se manifestèrent; un engourdissement général saisit les membres d'Atala, et les extrémités de son corps commencèrent à refroidir : « Touche mes doigts, me disoit-elle;
« ne les trouves-tu pas bien glacés? » Je ne savois que répondre, et mes cheveux se hérissoient d'horreur; ensuite elle ajoutoit : « Hier encore, mon
« bien-aimé, ton seul toucher me faisoit tressaillir,
« et voilà que je ne sens plus ta main, je n'entends
« presque plus ta voix, les objets de la grotte dis-
« paroissent tour à tour. Ne sont-ce pas les oiseaux
« qui chantent! Le soleil doit être près de se cou-
« cher maintenant; Chactas, ses rayons seront bien
« beaux au désert, sur ma tombe! »

« Atala, s'apercevant que ces paroles nous faisoient fondre en pleurs, nous dit : « Pardonnez-
« moi, mes bons amis; je suis bien foible, mais
« peut-être que je vais devenir plus forte. Cepen-
« dant mourir si jeune, tout à la fois, quand mon
« cœur étoit si plein de vie! Chef de la prière,
« aie pitié de moi; soutiens-moi. Crois-tu que ma

« mère soit contente, et que Dieu me pardonne ce
« que j'ai fait? »

— « Ma fille, » répondit le bon religieux en versant des larmes, et les essuyant avec ses doigts tremblants et mutilés; » ma fille, tous vos malheurs
« viennent de votre ignorance; c'est votre éduca-
« tion sauvage et le manque d'instruction néces-
« saire qui vous ont perdue; vous ne saviez pas
« qu'une chrétienne ne peut disposer de sa vie.
« Consolez-vous donc, ma chère brebis; Dieu vous
« pardonnera à cause de la simplicité de votre
« cœur. Votre mère et l'imprudent missionnaire
« qui la dirigeoit ont été plus coupables que vous;
« ils ont passé leurs pouvoirs en vous arrachant
« un vœu indiscret; mais que la paix du Seigneur
« soit avec eux! Vous offrez tous trois un terrible
« exemple des dangers de l'enthousiasme et du dé-
« faut de lumières en matière de religion. Rassu-
« rez-vous, mon enfant; celui qui sonde les reins
« et les cœurs vous jugera sur vos intentions, qui
« étoient pures; et non sur votre action, qui est
« condamnable.

« Quant à la vie, si le moment est arrivé de vous
« endormir dans le Seigneur, ah! ma chère enfant,
« que vous perdez peu de chose en perdant ce
« monde! Malgré la solitude où vous avez vécu,
« vous avez connu les chagrins : que penseriez-
« vous donc si vous eussiez été témoin des maux de
« la société? si, en abordant sur les rivages de l'Eu-
« rope, votre oreille eût été frappée de ce long cri
« de douleur qui s'élève de cette vieille terre? L'ha-

« bitant de la cabane, et celui des palais, tout souf-
« fre, tout gémit ici-bas ; les reines ont été vues
« pleurant comme de simples femmes, et l'on s'est
« étonné de la quantité de larmes que contiennent
« les yeux des rois !

« Est-ce votre amour que vous regrettez ? Ma
« fille, il faudroit autant pleurer un songe. Con-
« noissez-vous le cœur de l'homme, et pourriez-
« vous compter les inconstances de son désir ? Vous
« calculeriez plutôt le nombre des vagues que la
« mer roule dans une tempête. Atala, les sacrifices,
« les bienfaits, ne sont pas des liens éternels : un
« jour peut-être le dégoût fût venu avec la satiété,
« le passé eût été compté pour rien, et l'on n'eût
« plus aperçu que les inconvénients d'une union
« pauvre et méprisée. Sans doute, ma fille, les
« plus belles amours furent celles de cet homme
« et de cette femme sortis de la main du Créateur.
« Un paradis avoit été formé pour eux, ils étoient
« innocents et immortels. Parfaits de l'ame et du
« corps, ils se convenoient en tout : Ève avoit été
« créée pour Adam, et Adam pour Ève. S'ils n'ont
« pu toutefois se maintenir dans cet état de bon-
« heur, quels couples le pourront après eux ? Je ne
« vous parlerai point des mariages des premiers-
« nés des hommes, de ces unions ineffables, alors
« que la sœur étoit l'épouse du frère, que l'amour
« et l'amitié fraternelle se confondoient dans le
« même cœur, et que la pureté de l'une augmen-
« toit les délices de l'autre. Toutes ces unions ont
« été troublées ; la jalousie s'est glissée à l'autel de

« gazon où l'on immoloit le chevreau, elle a régné
« sous la tente d'Abraham, et dans ces couches
« mêmes où les patriarches goûtoient tant de joie
« qu'ils oublioient la mort de leurs mères.

« Vous seriez-vous donc flattée, mon enfant,
« d'être plus innocente et plus heureuse dans vos
« liens que ces saintes familles dont Jésus-Christ a
« voulu descendre ? Je vous épargne les détails des
« soucis du ménage, les disputes, les reproches
« mutuels, les inquiétudes, et toutes ces peines se-
« crètes qui veillent sur l'oreiller du lit conjugal.
« La femme renouvelle ses douleurs chaque fois
« qu'elle est mère, et elle se marie en pleurant.
« Que de maux dans la seule perte d'un nouveau-né
« à qui l'on donnoit le lait, et qui meurt sur votre
« sein ! la montagne a été pleine de gémissements ;
« rien ne pouvoit consoler Rachel, parce que ses
« fils n'étoient plus. Ces amertumes attachées aux
« tendresses humaines sont si fortes, que j'ai vu
« dans ma patrie de grandes dames, aimées par des
« rois, quitter la cour pour s'ensevelir dans des
« cloîtres, et mutiler cette chair révoltée, dont les
« plaisirs ne sont que des douleurs.

« Mais peut-être direz-vous que ces derniers
« exemples ne vous regardent pas ; que toute votre
« ambition se réduisoit à vivre dans une obscure
« cabane, avec l'homme de votre choix ; que vous
« cherchiez moins les douceurs du mariage que les
« charmes de cette folie que la jeunesse appelle
« *amour?* Illusion, chimère, vanité, rêve d'une
« imagination blessée ! Et moi aussi, ma fille, j'ai

« connu les troubles du cœur; cette tête n'a pas
« toujours été chauve, ni ce sein aussi tranquille
« qu'il vous le paroît aujourd'hui. Croyez-en mon
« expérience : si l'homme, constant dans ses affec-
« tions, pouvoit sans cesse fournir à un sentiment
« renouvelé sans cesse, sans doute la solitude et
« l'amour l'égaleroient à Dieu même ; car ce sont là
« les deux éternels plaisirs du grand Être. Mais
« l'ame de l'homme se fatigue, et jamais elle n'aime
« long-temps le même objet avec plénitude. Il y a
« toujours quelques points par où deux cœurs ne
« se touchent pas, et ces points suffisent à la longue
« pour rendre la vie insupportable.

« Enfin, ma chère fille, le grand tort des hom-
« mes, dans leur songe de bonheur, est d'oublier
« cette infirmité de la mort attachée à leur nature :
« il faut finir. Tôt ou tard, quelle qu'eût été votre
« félicité, ce beau visage se fût changé en cette
« figure uniforme que le sépulcre donne à la famille
« d'Adam; l'œil même de Chactas n'auroit pu
« vous reconnoître entre vos sœurs de la tombe.
« L'amour n'étend point son empire sur les vers du
« cercueil. Que dis-je ! (ô vanité des vanités!) que
« parlé-je de la puissance des amitiés de la terre !
« Voulez-vous, ma chère fille, en connoître l'éten-
« due? Si un homme revenoit à la lumière quelques
« années après sa mort, je doute qu'il fût revu avec
« joie par ceux-là mêmes qui ont donné le plus de
« larmes à sa mémoire : tant on forme vite d'autres
« liaisons, tant on prend facilement d'autres habi-
« tudes, tant l'inconstance est naturelle à l'homme,

« tant notre vie est peu de chose, même dans le
« cœur de nos amis !

« Remerciez donc la bonté divine, ma chère fille,
« qui vous retire si vite de cette vallée de misère.
« Déja le vêtement blanc et la couronne éclatante
« des vierges se préparent pour vous sur les nuées ;
« déja j'entends la Reine des Anges qui vous crie :
« Venez, ma digne servante ; venez, ma colombe ;
« venez vous asseoir sur un trône de candeur, parmi
« toutes ces filles qui ont sacrifié leur beauté et
« leur jeunesse au service de l'humanité, à l'éduca-
« tion des enfants et aux chefs-d'œuvre de la péni-
« tence. Venez, rose mystique, vous reposer sur le
« sein de Jésus-Christ. Ce cercueil, lit nuptial que
« vous vous êtes choisi, ne sera point trompé ; et
« les embrassements de votre céleste époux ne fini-
« ront jamais ! »

« Comme le dernier rayon du jour abat les vents
et répand le calme dans le ciel, ainsi la parole
tranquille du vieillard apaisa les passions dans le
sein de mon amante. Elle ne parut plus occupée
que de ma douleur et des moyens de me faire supporter sa perte. Tantôt elle me disoit qu'elle mour-
roit heureuse si je lui promettois de sécher mes
pleurs ; tantôt elle me parloit de ma mère, de ma
patrie ; elle cherchoit à me distraire de la douleur
présente, en réveillant en moi une douleur passée.
Elle m'exhortoit à la patience, à la vertu. « Tu ne
« seras pas toujours malheureux, disoit-elle : si le
« ciel t'éprouve aujourd'hui, c'est seulement pour
« te rendre plus compatissant aux maux des autres.

« Le cœur, ô Chactas! est comme ces sortes d'arbres
« qui ne donnent leur baume pour les blessures des
« hommes que lorsque le fer les a blessés eux-
« mêmes. »

« Quand elle avoit ainsi parlé, elle se tournoit
vers le missionnaire, cherchoit auprès de lui le soulagement qu'elle m'avoit fait éprouver; et, tour à
tour consolante et consolée, elle donnoit et recevoit la parole de vie sur la couche de la mort.

« Cependant l'ermite redoubloit de zèle. Ses
vieux os s'étoient rallumés par l'ardeur de la charité, et toujours préparant des remèdes, rallumant
le feu, rafraîchissant la couche, il faisoit d'admirables discours sur Dieu et sur le bonheur des
justes. Le flambeau de la religion à la main, il
sembloit précéder Atala dans la tombe, pour lui
en montrer les secrètes merveilles. L'humble grotte
étoit remplie de la grandeur de ce trépas chrétien,
et les esprits célestes étoient sans doute attentifs
à cette scène où la religion luttoit seule contre
l'amour, la jeunesse et la mort.

« Elle triomphoit, cette religion divine, et l'on
s'apercevoit de sa victoire à une sainte tristesse qui
succédoit dans nos cœurs aux premiers transports
des passions. Vers le milieu de la nuit, Atala sembla
se ranimer pour répéter des prières que le religieux prononçoit au bord de sa couche. Peu de
temps après, elle me tendit la main, et avec une
voix qu'on entendoit à peine, elle me dit : « Fils
« d'Outalissi, te rappelles-tu cette première nuit où
« tu me pris pour la Vierge des dernières amours?

« Singulier présage de notre destinée ! » Elle s'arrêta ; puis elle reprit : « Quand je songe que je te
« quitte pour toujours, mon cœur fait un tel effort
« pour revivre, que je me sens presque le pouvoir
« de me rendre immortelle à force d'aimer. Mais,
« ô mon Dieu, que votre volonté soit faite ! » Atala
se tut pendant quelques instants ; elle ajouta : « Il
« ne me reste plus qu'à vous demander pardon des
« maux que je vous ai causés. Je vous ai beaucoup
« tourmenté par mon orgueil et mes caprices.
« Chactas, un peu de terre jeté sur mon corps va
« mettre tout un monde entre vous et moi, et vous
« délivrer pour toujours du poids de mes infortunes. »

— « Vous pardonner ! répondis-je noyé de lar-
« mes : n'est-ce pas moi qui ai causé tous vos mal-
« heurs ? — Mon ami, dit-elle en m'interrompant,
« vous m'avez rendue très heureuse, et si j'étois
« à recommencer la vie, je préférerois encore le
« bonheur de vous avoir aimé quelques instants
« dans un exil infortuné, à toute une vie de repos
« dans ma patrie. »

« Ici, la voix d'Atala s'éteignit ; les ombres de la mort se répandirent autour de ses yeux et de sa bouche ; ses doigts errants cherchoient à toucher quelque chose ; elle conversoit tout bas avec des esprits invisibles. Bientôt, faisant un effort, elle essaya, mais en vain, de détacher de son cou le petit crucifix ; elle me pria de le dénouer moi-même, et elle me dit :

« Quand je te parlai pour la première fois, tu vis

« cette croix briller à la lueur du feu sur mon sein;
« c'est le seul bien que possède Atala. Lopez, ton
« père et le mien, l'envoya à ma mère peu de jours
« après ma naissance. Reçois donc de moi cet héri-
« tage, ô mon frère! conserve-le en mémoire de
« mes malheurs. Tu auras recours à ce Dieu des
« infortunés dans les chagrins de ta vie. Chactas,
« j'ai une dernière prière à te faire. Ami, notre
« union auroit été courte sur la terre, mais il est
« après cette vie une plus longue vie. Qu'il seroit
« affreux d'être séparé de toi pour jamais! Je ne
« fais que te devancer aujourd'hui, et je te vais
« attendre dans l'empire céleste. Si tu m'as aimée,
« fais-toi instruire dans la religion chrétienne, qui
« préparera notre réunion. Elle fait sous tes yeux
« un grand miracle, cette religion, puisqu'elle me
« rend capable de te quitter sans mourir dans les
« angoisses du désespoir. Cependant, Chactas, je
« ne veux de toi qu'une simple promesse, je sais
« trop ce qu'il en coûte pour te demander un ser-
« ment. Peut-être ce vœu te sépareroit-il de quel-
« que femme plus heureuse que moi.... O ma mère!
« pardonne à ta fille. O Vierge! retenez votre cour-
« roux. Je retombe dans mes foiblesses, et je te
« dérobe, ô mon Dieu! des pensées qui ne devroient
« être que pour toi. »

« Navré de douleur, je promis à Atala d'embrasser un jour la religion chrétienne. A ce spectacle,
le solitaire se levant d'un air inspiré, et étendant
les bras vers la voûte de la grotte : « Il est temps,
« s'écria-t-il, il est temps d'appeler Dieu ici! »

« A peine a-t-il prononcé ces mots qu'une force surnaturelle me contraint de tomber à genoux, et m'incline la tête au pied du lit d'Atala. Le prêtre ouvre un lieu secret où étoit renfermée une urne d'or, couverte d'un voile de soie; il se prosterne, et adore profondément. La grotte parut soudain illuminée; on entendit dans les airs les paroles des anges et les frémissements des harpes célestes; et, lorsque le solitaire tira le vase sacré de son tabernacle, je crus voir Dieu lui-même sortir du flanc de la montagne.

« Le prêtre ouvrit le calice; il prit entre ses deux doigts une hostie blanche comme la neige, et s'approcha d'Atala en prononçant des mots mystérieux. Cette sainte avoit les yeux levés au ciel, en extase. Toutes ses douleurs parurent suspendues, toute sa vie se rassembla sur sa bouche; ses lèvres s'entr'ouvrirent, et vinrent avec respect chercher le Dieu caché sous le pain mystique. Ensuite le divin vieillard trempe un peu de coton dans une huile consacrée; il en frotte les tempes d'Atala, il regarde un moment la fille mourante, et tout à coup ces fortes paroles lui échappent : « Partez, ame chré-
« tienne, allez rejoindre votre Créateur ! » Relevant alors ma tête abattue, je m'écriai en regardant le vase où étoit l'huile sainte : « Mon père, ce re-
« mède rendra-t-il la vie à Atala? — Oui, mon fils,
« dit le vieillard en tombant dans mes bras, la vie
« éternelle ! » Atala venoit d'expirer. »

Dans cet endroit, pour la seconde fois depuis le commencement de son récit, Chactas fut obligé de

s'interrompre. Ses pleurs l'inondoient, et sa voix ne laissoit échapper que des mots entrecoupés. Le Sachem aveugle ouvrit son sein, il en tira le crucifix d'Atala. « Le voilà, s'écria-t-il, ce gage de
« l'adversité! O René, ô mon fils! tu le vois; et moi,
« je ne le vois plus! Dis-moi, après tant d'années,
« l'or n'en est-il point altéré? n'y vois-tu point la
« trace de mes larmes? Pourrois-tu reconnoître
« l'endroit qu'une sainte a touché de ses lèvres?
« Comment Chactas n'est-il point encore chrétien?
« Quelles frivoles raisons de politique et de patrie
« l'ont jusqu'à présent retenu dans les erreurs de
« ses pères? Non, je ne veux pas tarder plus long-
« temps. La terre me crie : Quand donc descen-
« dras-tu dans la tombe, et qu'attends-tu pour
« embrasser une religion divine?... O terre! vous
« ne m'attendrez pas long-temps : aussitôt qu'un
« prêtre aura rajeuni dans l'onde cette tête blan-
« chie par les chagrins, j'espère me réunir à Atala....
« Mais achevons ce qui me reste à conter de mon
« histoire. »

LES FUNÉRAILLES.

« Je n'entreprendrai point, ô René! de te peindre aujourd'hui le désespoir qui saisit mon ame lorsque Atala eut rendu le dernier soupir. Il faudroit avoir plus de chaleur qu'il ne m'en reste; il faudroit que mes yeux fermés se pussent rouvrir au soleil pour lui demander compte des pleurs qu'ils versèrent à sa lumière. Oui, cette lune qui brille à présent sur nos têtes se lassera d'éclairer les solitudes du Kentucky ; oui, le fleuve qui porte maintenant nos pirogues suspendra le cours de ses eaux avant que mes larmes cessent de couler pour Atala ! Pendant deux jours entiers, je fus insensible aux discours de l'ermite. En essayant de calmer mes peines, cet excellent homme ne se servoit point des vaines raisons de la terre, il se contentoit de me dire : « Mon fils, c'est la volonté de Dieu ; » et il me pressoit dans ses bras. Je n'aurois jamais cru qu'il y eût tant de consolation dans ce peu de mots du chrétien résigné, si je ne l'avois éprouvé moi-même.

« La tendresse, l'onction, l'inaltérable patience du vieux serviteur de Dieu, vainquirent enfin l'obstination de ma douleur. J'eus honte des larmes que je lui faisois répandre. « Mon père, lui dis-je, « c'en est trop : que les passions d'un jeune homme « ne troublent plus la paix de tes jours. Laisse-moi « emporter les restes de mon épouse ; je les ense- « velirai dans quelque coin du désert, et si je suis « encore condamné à la vie, je tâcherai de me « rendre digne de ces noces éternelles qui m'ont « été promises par Atala. »

« A ce retour inespéré de courage, le bon père tressaillit de joie ; il s'écria : « O sang de Jésus- « Christ, sang de mon divin Maître, je reconnois « là tes mérites ! Tu sauveras sans doute ce jeune « homme. Mon Dieu, achève ton ouvrage ; rends la « paix à cette ame troublée, et ne lui laisse de ses « malheurs que d'humbles et utiles souvenirs ! »

« Le juste refusa de m'abandonner le corps de la fille de Lopez, mais il me proposa de faire venir ses néophytes, et de l'enterrer avec toute la pompe chrétienne; je m'y refusai à mon tour. « Les mal-
« heurs et les vertus d'Atala, lui dis-je, ont été
« inconnus des hommes; que sa tombe, creusée
« furtivement par nos mains, partage cette obs-
« curité. » Nous convînmes que nous partirions le lendemain, au lever du soleil, pour enterrer Atala sous l'arche du pont naturel, à l'entrée des Bocages de la mort. Il fut aussi résolu que nous passerions la nuit en prière auprès du corps de cette sainte.

« Vers le soir, nous transportâmes ses précieux restes à une ouverture de la grotte qui donnoit vers le nord. L'ermite les avoit roulés dans une pièce de lin d'Europe, filé par sa mère : c'étoit le seul bien qui lui restât de sa patrie, et depuis long-temps il le destinoit à son propre tombeau. Atala étoit couchée sur un gazon de sensitives des montagnes; ses pieds, sa tête, ses épaules et une partie de son sein étoient découverts. On voyoit dans ses cheveux une fleur de magnolia fanée... celle-là même que j'avois déposée sur le lit de la vierge, pour la rendre féconde. Ses lèvres, comme un bouton de rose cueilli depuis deux matins, sembloient languir et sourire. Dans ses joues d'une blancheur éclatante, on distinguoit quelques veines bleues. Ses beaux yeux étoient fermés, ses pieds modestes étoient joints, et ses mains d'albâtre pressoient sur son cœur un crucifix d'ébène; le scapulaire de ses vœux étoit passé à son cou. Elle paroissoit enchantée par l'Ange de la mélancolie, et par le double sommeil de l'innocence et de la tombe : je n'ai rien vu de plus céleste. Quiconque eût ignoré que cette jeune fille avoit joui de la lumière auroit pu la prendre pour la statue de la Virginité endormie.

« Le religieux ne cessa de prier toute la nuit. J'étois assis en silence au chevet du lit funèbre de mon Atala. Que de fois, durant son sommeil, j'avois supporté sur mes genoux cette tête charmante ! Que de fois je m'étois penché sur elle pour entendre et pour respirer son souffle ! Mais à présent aucun bruit ne sortoit de ce sein immobile, et c'étoit en vain que j'attendois le réveil de la beauté !

« La lune prêta son pâle flambeau à cette veillée funèbre. Elle se leva au milieu de la nuit, comme une blanche vestale qui vient pleurer sur le cercueil d'une compagne. Bientôt elle répandit dans les bois ce grand secret de mélancolie, qu'elle aime à raconter aux vieux chênes et aux rivages antiques des mers. De temps en temps, le religieux plongeoit un rameau fleuri dans une eau consacrée, puis, sécouant la branche humide, il parfumoit la nuit des baumes du ciel. Parfois il répétoit sur un air antique quelques vers d'un vieux poëte nommé *Job;* il disoit :

« J'ai passé comme une fleur ; j'ai séché comme
« l'herbe des champs.

« Pourquoi la lumière a-t-elle été donnée à un

« misérable, et la vie à ceux qui sont dans l'amer-
« tume du cœur? »

« Ainsi chantoit l'ancien des hommes. Sa voix grave et un peu cadencée alloit roulant dans le silence des déserts. Le nom de Dieu et du tombeau sortoit de tous les échos, de tous les torrents, de toutes les forêts. Les roucoulements de la colombe de Virginie, la chute d'un torrent dans la montagne, les tintements de la cloche qui appeloit les voyageurs, se mêloient à ces chants funèbres, et l'on croyoit entendre dans les Bocages de la mort le chœur lointain des décédés, qui répondoit à la voix du solitaire.

« Cependant une barre d'or se forma dans l'orient. Les éperviers crioient sur les rochers, et les martres rentroient dans le creux des ormes : c'étoit le signal du convoi d'Atala. Je chargeai le corps sur mes épaules; l'ermite marchoit devant moi, une bêche à la main. Nous commençâmes à descendre de rochers en rochers; la vieillesse et la mort ralentissoient également nos pas. A la vue du chien qui nous avoit trouvés dans la forêt, et qui maintenant, bondissant de joie, nous traçoit une autre route, je me mis à fondre en larmes. Souvent, la longue chevelure d'Atala, jouet des brises matinales, étendoit son voile d'or sur mes yeux; souvent, pliant sous le fardeau, j'étois obligé de le déposer sur la mousse, et de m'asseoir auprès, pour reprendre des forces. Enfin, nous arrivâmes au lieu marqué par ma douleur; nous descendîmes sous l'arche du pont. O mon fils ! il eût fallu voir un jeune sauvage et un vieil ermite à genoux l'un vis-à-vis de l'autre dans un désert, creusant avec leurs mains un tombeau pour une pauvre fille dont le corps étoit étendu près de là, dans la ravine desséchée d'un torrent.

« Quand notre ouvrage fut achevé, nous transportâmes la beauté dans son lit d'argile. Hélas ! j'avois espéré de préparer une autre couche pour elle ! Prenant alors un peu de poussière dans ma main et gardant un silence effroyable, j'attachai pour la dernière fois mes yeux sur le visage d'Atala. Ensuite je répandis la terre du sommeil sur un front de dix-huit printemps ; je vis graduellement disparoître les traits de ma sœur, et ses graces se cacher sous le rideau de l'éternité ; son sein surmonta quelque temps le sol noirci, comme un lis blanc s'élève du milieu d'une sombre argile : « Lopez, m'écriai-je alors, vois ton fils inhumer « ta fille ! » et j'achevai de couvrir Atala de la terre du sommeil.

« Nous retournâmes à la grotte, et je fis part au missionnaire du projet que j'avois formé de me fixer près de lui. Le saint, qui connoissoit merveilleusement le cœur de l'homme, découvrit ma pensée et la ruse de ma douleur. Il me dit : « Chactas, « fils d'Outalissi, tandis qu'Atala a vécu je vous ai « sollicité moi-même de demeurer auprès de moi ; « mais à présent votre sort est changé, vous vous « devez à votre patrie. Croyez-moi, mon fils, les « douleurs ne sont point éternelles ; il faut tôt ou

« tard qu'elles finissent, parce que le cœur de
« l'homme est fini ; c'est une de nos grandes mi-
« sères : nous ne sommes pas même capables d'être
« long-temps malheureux. Retournez au Mescha-
« cebé : allez consoler votre mère, qui vous pleure
« tous les jours, et qui a besoin de votre appui.
« Faites-vous instruire dans la religion de votre
« Atala, lorsque vous en trouverez l'occasion, et
« souvenez-vous que vous lui avez promis d'être
« vertueux et chrétien. Moi, je veillerai ici sur son
« tombeau. Partez, mon fils. Dieu, l'ame de votre
« sœur et le cœur de votre vieil ami vous suivront. »

« Telles furent les paroles de l'homme du rocher ;
son autorité étoit trop grande, sa sagesse trop profonde, pour ne lui obéir pas. Dès le lendemain, je
quittai mon vénérable hôte, qui, me pressant sur
son cœur, me donna ses derniers conseils, sa dernière bénédiction et ses dernières larmes. Je passai
au tombeau ; je fus surpris d'y trouver une petite
croix qui se montroit au dessus de la mort, comme
on aperçoit encore le mât d'un vaisseau qui a fait
naufrage. Je jugeai que le solitaire étoit venu prier
au tombeau pendant la nuit ; cette marque d'amitié
et de religion fit couler mes pleurs en abondance.
Je fus tenté de rouvrir la fosse, et de voir encore
une fois ma bien-aimée ; une crainte religieuse me
retint. Je m'assis sur la terre fraîchement remuée.
Un coude appuyé sur mes genoux, et la tête soutenue dans ma main, je demeurai enseveli dans la
plus amère rêverie. O René ! c'est là que je fis pour
la première fois des réflexions sérieuses sur la va-

nité de nos jours, et la plus grande vanité de nos projets! Eh, mon enfant! qui ne les a point faites ces réflexions? Je ne suis plus qu'un vieux cerf blanchi par les hivers ; mes ans le disputent à ceux de la corneille : hé bien! malgré tant de jours accumulés sur ma tête, malgré une si longue expérience de la vie, je n'ai point encore rencontré d'homme qui n'eût été trompé dans ses rêves de félicité, point de cœur qui n'entretînt une plaie cachée. Le cœur le plus serein en apparence ressemble au puits naturel de la savane Alachua : la surface en paroît calme et pure ; mais, quand vous regardez au fond du bassin, vous apercevez un large crocodile, que le puits nourrit dans ses eaux.

« Ayant ainsi vu le soleil se lever et se coucher sur ce lieu de douleur, le lendemain, au premier cri de la cigogne, je me préparai à quitter la sépulture sacrée. J'en partis comme de la borne d'où je voulois m'élancer dans la carrière de la vertu. Trois fois j'évoquai l'ame d'Atala ; trois fois le Génie du désert répondit à mes cris sous l'arche funèbre. Je saluai ensuite l'orient, et je découvris au loin, dans les sentiers de la montagne, l'ermite qui se rendoit à la cabane de quelque infortuné. Tombant à genoux et embrassant étroitement la fosse, je m'écriai : « Dors en paix dans cette terre étrangère, « fille trop malheureuse! Pour prix de ton amour, « de ton exil et de ta mort, tu vas être abandonnée, « même de Chactas! » Alors, versant des flots de larmes, je me séparai de la fille de Lopez ; alors je m'arrachai de ces lieux, laissant au pied du monument de la nature un monument plus auguste: l'humble tombeau de la vertu. »

ÉPILOGUE.

Chactas, fils d'Outalissi le Natchez, a fait cette histoire à René l'Européen. Les pères l'ont redite aux enfants, et moi, voyageur aux terres lointaines, j'ai fidèlement rapporté ce que des Indiens m'en ont appris. Je vis dans ce récit le tableau du peuple chasseur et du peuple laboureur, la religion, première législatrice des hommes, les dangers de l'ignorance et de l'enthousiasme religieux, opposés aux lumières, à la charité et au véritable esprit de l'Évangile, les combats des passions et des vertus dans un cœur simple, enfin le triomphe du christianisme sur le sentiment le plus fougueux et la crainte la plus terrible : l'amour et la mort.

Quand un Siminole me raconta cette histoire, je la trouvai fort instructive et parfaitement belle, parce qu'il y mit la fleur du désert, la grace de la cabane, et une simplicité à conter la douleur, que je ne me flatte pas d'avoir conservées. Mais une chose me restoit à savoir. Je demandois ce qu'étoit devenu le père Aubry, et personne ne me le pouvoit dire. Je l'aurois toujours ignoré, si la Providence, qui conduit tout, ne m'avoit découvert ce que je cherchois. Voici comme la chose se passa :

J'avois parcouru les rivages du Meschacebé, qui formoient autrefois la barrière méridionale de la

Nouvelle-France, et j'étois curieux de voir, au nord, l'autre merveille de cet empire, la cataracte de Niagara. J'étois arrivé tout près de cette chute, dans l'ancien pays des Agannonsioni[1], lorsqu'un matin, en traversant une plaine, j'aperçus une femme assise sous un arbre, et tenant un enfant mort sur ses genoux. Je m'approchai doucement de la jeune mère, et je l'entendis qui disoit :

« Si tu étois resté parmi nous, cher enfant,
« comme ta main eût bandé l'arc avec grace ! Ton
« bras eût dompté l'ours en fureur ; et, sur le som-
« met de la montagne, tes pas auroient défié le
« chevreuil à la course. Blanche hermine du rocher,
« si jeune, être allé dans le pays des ames ! Com-
« ment feras-tu pour y vivre ? Ton père n'y est
« point pour t'y nourrir de sa chasse. Tu auras
« froid, et aucun Esprit ne te donnera des peaux
« pour te couvrir. Oh ! il faut que je me hâte de
« t'aller rejoindre, pour te chanter des chansons et
« te présenter mon sein. »

Et la jeune mère chantoit d'une voix tremblante, balançoit l'enfant sur ses genoux, humectoit ses lèvres du lait maternel, et prodiguoit à la mort tous les soins qu'on donne à la vie.

Cette femme vouloit faire sécher le corps de son fils sur les branches d'un arbre, selon la coutume indienne, afin de l'emporter ensuite aux tombeaux

---

[1] Les Iroquois.

de ses pères. Elle dépouilla donc le nouveau-né, et, respirant quelques instants sur sa bouche, elle dit : « Ame de mon fils, ame charmante, ton père t'a « créée jadis sur mes lèvres par un baiser ; hélas ! « les miens n'ont pas le pouvoir de te donner une « seconde naissance. » Ensuite, elle découvrit son sein, et embrassa ses restes glacés, qui se fussent ranimés au feu du cœur maternel, si Dieu ne s'étoit réservé le souffle qui donne la vie.

Elle se leva, et chercha des yeux un arbre sur les branches duquel elle pût exposer son enfant. Elle choisit un érable à fleurs rouges, festonné de guirlandes d'apios, et qui exhaloit les parfums les plus suaves. D'une main elle en abaissa les rameaux inférieurs, de l'autre elle y plaça le corps ; laissant alors échapper la branche, la branche retourna à sa position naturelle, emportant la dépouille de l'innocence, cachée dans un feuillage odorant. Oh que cette coutume indienne est touchante ! Je vous ai vus dans vos campagnes désolées, pompeux monuments des Crassus et des Césars, et je vous préfère encore ces tombeaux aériens du Sauvage, ces mausolées de fleurs et de verdure que parfume l'abeille, que balance le zéphyr, et où le rossignol bâtit son nid et fait entendre sa plaintive mélodie. Si c'est la dépouille d'une jeune fille que la main d'un amant a suspendue à l'arbre de la mort, si ce sont les restes d'un enfant chéri qu'une mère a placés dans la demeure des petits oiseaux, le charme redouble encore. Je m'approchai de celle qui gémissoit au pied de l'érable ; je lui imposai les mains

sur la tête, en poussant les trois cris de douleur. Ensuite, sans lui parler, prenant comme elle un rameau, j'écartai les insectes qui bourdonnoient autour du corps de l'enfant. Mais je me donnai de garde d'effrayer une colombe voisine. L'Indienne lui disoit : « Colombe, si tu n'es pas l'ame de mon
« fils qui s'est envolée, tu es sans doute une mère
« qui cherche quelque chose pour faire un nid.
« Prends de ces cheveux, que je ne laverai plus
« dans l'eau d'esquine ; prends-en pour coucher
« tes petits : puisse le grand Esprit te les con-
« server ! »

Cependant la mère pleuroit de joie en voyant la politesse de l'étranger. Comme nous faisions ceci, un jeune homme approcha : « Fille de Céluta, re-
« tire notre enfant; nous ne séjournerons pas plus
« long-temps ici, et nous partirons au premier so-
« leil. » Je dis alors : « Frère, je te souhaite un ciel
« bleu, beaucoup de chevreuils, un manteau de
« castor, et l'espérance. Tu n'es donc pas de ce dé-
« sert ? — Non, répondit le jeune homme, nous
« sommes des exilés, et nous allons chercher une
« patrie. » En disant cela, le guerrier baissa la tête dans son sein, et avec le bout de son arc il abattoit la tête des fleurs. Je vis qu'il y avoit des larmes au fond de cette histoire, et je me tus. La femme retira son fils des branches de l'arbre, et elle le donna à porter à son époux. Alors je dis : « Vou-
« lez-vous me permettre d'allumer votre feu cette
« nuit ? — Nous n'avons point de cabane, reprit
« le guerrier; si vous voulez nous suivre, nous

« campons au bord de la chute. — Je le veux bien, » répondis-je, et nous partîmes ensemble.

Nous arrivâmes bientôt au bord de la cataracte, qui s'annonçoit par d'affreux mugissements. Elle est formée par la rivière Niagara, qui sort du lac Érié, et se jette dans le lac Ontario; sa hauteur perpendiculaire est de cent quarante-quatre pieds. Depuis le lac Érié jusqu'au Saut, le fleuve accourt par une pente rapide, et, au moment de la chute, c'est moins un fleuve qu'une mer, dont les torrents se pressent à la bouche béante d'un gouffre. La cataracte se divise en deux branches, et se courbe en fer à cheval. Entre les deux chutes s'avance une île creusée en dessous, qui pend avec tous ses arbres sur le chaos des ondes. La masse du fleuve qui se précipite au midi, s'arrondit en un vaste cylindre, puis se déroule en nappe de neige, et brille au soleil de toutes les couleurs; celle qui tombe au levant descend dans une ombre effrayante; on diroit une colonne d'eau du déluge. Mille arcs-en-ciel se courbent et se croisent sur l'abîme. Frappant le roc ébranlé, l'eau rejaillit en tourbillons d'écume, qui s'élèvent au-dessus des forêts, comme les fumées d'un vaste embrasement. Des pins, des noyers sauvages, des rochers taillés en forme de fantômes, décorent la scène. Des aigles entraînés par le courant d'air descendent en tournoyant au fond du gouffre, et des carcajous se suspendent par leurs queues flexibles au bout d'une branche abaissée, pour saisir dans l'abîme les cadavres brisés des élans et des ours.

Tandis qu'avec un plaisir mêlé de terreur je contemplois ce spectacle, l'Indienne et son époux me quittèrent. Je les cherchai en remontant le fleuve au-dessus de la chute, et bientôt je les trouvai dans un endroit convenable à leur deuil. Ils étoient couchés sur l'herbe, avec des vieillards, auprès de quelques ossements humains enveloppés dans des peaux de bêtes. Étonné de tout ce que je voyois depuis quelques heures, je m'assis auprès de la jeune mère, et lui dis : « Qu'est-ce que tout ceci, « ma sœur? » Elle me répondit : « Mon frère, c'est « la terre de la patrie, ce sont les cendres de nos « aïeux, qui nous suivent dans notre exil. — Et « comment, m'écriai-je, avez-vous été réduits à un « tel malheur? » La fille de Céluta repartit : « Nous « sommes les restes des Natchez. Après le massacre « que les François firent de notre nation pour ven- « ger leurs frères, ceux de nos frères qui échap- « pèrent aux vainqueurs trouvèrent un asile chez « les Chikassas nos voisins. Nous y sommes demeu- « rés assez long-temps tranquilles ; mais il y a sept « lunes que les blancs de la Virginie se sont empa- « rés de nos terres, en disant qu'elles leur ont été « données par un roi d'Europe. Nous avons levé « les yeux au ciel, et, chargés des restes de nos « aïeux, nous avons pris notre route à travers le « désert. Je suis accouchée pendant la marche ; et « comme mon lait étoit mauvais, à cause de la dou- « leur, il a fait mourir mon enfant. » En disant cela, la jeune mère essuya ses yeux avec sa chevelure ; je pleurois aussi.

Or, je dis bientôt : « Ma sœur, adorons le grand
« Esprit, tout arrive par son ordre. Nous sommes
« tous voyageurs; nos pères l'ont été comme nous;
« mais il y a un lieu où nous nous reposerons. Si
« je ne craignois d'avoir la langue aussi légère que
« celle d'un blanc, je vous demanderois si vous
« avez entendu parler de Chactas le Natchez? » A
ces mots, l'Indienne me regarda, et me dit : « Qui
« est-ce qui vous a parlé de Chactas le Natchez? »
Je répondis : « C'est la Sagesse. » L'Indienne reprit : « Je vous dirai ce que je sais, parce que vous
« avez éloigné les mouches du corps de mon fils,
« et que vous venez de dire de belles paroles sur le
« grand Esprit. Je suis la fille de la fille de René
« l'Européen, que Chactas avoit adopté. Chactas,
« qui avoit reçu le baptême, et René mon aïeul
« si malheureux, ont péri dans le massacre. —
« L'homme va toujours de douleur en douleur,
« répondis-je en m'inclinant. Vous pourriez donc
« aussi m'apprendre des nouvelles du père Aubry?
« — Il n'a pas été plus heureux que Chactas, dit
« l'Indienne. Les Chéroquois, ennemis des Fran-
« çois, pénétrèrent à sa Mission; ils y furent con-
« duits par le son de la cloche qu'on sonnoit pour
« secourir les voyageurs. Le père Aubry se pouvoit
« sauver; mais il ne voulut pas abandonner ses en-
« fants, et il demeura pour les encourager à mou-
« rir par son exemple. Il fut brûlé avec de grandes
« tortures; jamais on ne put tirer de lui un cri qui
« tournât à la honte de son Dieu, ou au déshon-
« neur de sa patrie. Il ne cessa, durant le supplice,

« de prier pour ses bourreaux, et de compatir au
« sort des victimes. Pour lui arracher une marque
« de foiblesse, les Chéroquois amenèrent à ses
« pieds un sauvage chrétien, qu'ils avoient horri-
« blement mutilé. Mais ils furent bien surpris
« quand ils virent le jeune homme se jeter à ge-
« noux, et baiser les plaies du vieil ermite, qui lui
« crioit : « Mon enfant, nous avons été mis en
« spectacle aux anges et aux hommes. » Les Indiens
« furieux lui plongèrent un fer rouge dans la gorge
« pour l'empêcher de parler. Alors, ne pouvant
« plus consoler les hommes, il expira.

« On dit que les Chéroquois, tout accoutumés
« qu'ils étoient à voir des Sauvages souffrir avec
« constance, ne purent s'empêcher d'avouer qu'il
« y avoit dans l'humble courage du père Aubry
« quelque chose qui leur étoit inconnu, et qui
« surpassoit tous les courages de la terre. Plusieurs
« d'entre eux, frappés de cette mort, se sont faits
« chrétiens.

« Quelques années après, Chactas, à son retour
« de la terre des Blancs, ayant appris les malheurs
« du chef de la prière, partit pour aller recueillir
« ses cendres et celles d'Atala. Il arriva à l'endroit
« où étoit située la Mission, mais il put à peine le
« reconnoître. Le lac s'étoit débordé, et la savane
« étoit changée en un marais; le pont naturel, en
« s'écroulant, avoit enseveli sous ses débris le tom-
« beau d'Atala et les Bocages de la mort. Chactas
« erra long-temps dans ce lieu; il visita la grotte
« du solitaire, qu'il trouva remplie de ronces et de

« framboisiers, et dans laquelle une biche allaitoit
« son faon. Il s'assit sur le rocher de la Veillée de
« la mort, où il ne vit que quelques plumes tom-
« bées de l'aile de l'oiseau de passage. Tandis qu'il
« y pleuroit, le serpent familier du missionnaire
« sortit des broussailles voisines, et vint s'en-
« tortiller à ses pieds. Chactas réchauffa dans son
« sein ce fidèle ami, resté seul au milieu de ces
« ruines. Le fils d'Outalissi a raconté que plu-
« sieurs fois, aux approches de la nuit, il avoit
« cru voir les ombres d'Atala et du père Aubry
« s'élever dans la vapeur du crépuscule. Ces visions
« le remplirent d'une religieuse frayeur et d'une
« joie triste.

« Après avoir cherché vainement le tombeau de
« sa sœur et celui de l'ermite, il étoit près d'aban-
« donner ces lieux, lorsque la biche de la grotte se
« mit à bondir devant lui. Elle s'arrêta au pied de
« la croix de la Mission. Cette croix étoit alors à
« moitié entourée d'eau; son bois étoit rongé de
« mousse, et le pélican du désert aimoit à se per-
« cher sur ses bras vermoulus. Chactas jugea que la
« biche reconnoissante l'avoit conduit au tombeau
« de son hôte. Il creusa sous la roche qui jadis ser-
« voit d'autel, et il y trouva les restes d'un homme
« et d'une femme. Il ne douta point que ce ne fus-
« sent ceux du prêtre et de la vierge, que les anges
« avoient peut-être ensevelis dans ce lieu; il les en-
« veloppa dans des peaux d'ours, et reprit le che-
« min de son pays, emportant ces précieux restes,
« qui résonnoient sur ses épaules comme le carquois

« de la mort. La nuit, il les mettoit sous sa tête, et
« il avoit des songes d'amour et de vertu. O étran-
« ger! tu peux contempler ici cette poussière avec
« celle de Chactas lui-même. »

Comme l'Indienne achevoit de prononcer ces mots, je me levai; je m'approchai des cendres sacrées, et me prosternai devant elles en silence. Puis m'éloignant à grands pas, je m'écriai : « Ainsi
« passe sur la terre tout ce qui fut bon, vertueux,
« sensible! Homme, tu n'es qu'un songe rapide,
« un rêve douloureux; tu n'existes que par le
« malheur; tu n'es quelque chose que par la tris-
« tesse de ton ame et l'éternelle mélancolie de ta
« pensée! »

Ces réflexions m'occupèrent toute la nuit. Le lendemain, au point du jour, mes hôtes me quittèrent. Les jeunes guerriers ouvroient la marche, et les épouses la fermoient; les premiers étoient chargés des saintes reliques; les secondes portoient leurs nouveau-nés : les vieillards cheminoient lentement au milieu, placés entre leurs aïeux et leur postérité, entre les souvenirs et l'espérance, entre la patrie perdue et la patrie à venir. Oh! que de larmes sont répandues lorsqu'on abandonne ainsi la terre natale, lorsque du haut de la colline de l'exil on découvre pour la dernière fois le toit où l'on fut nourri, et le fleuve de la cabane qui continue de couler tristement à travers les champs solitaires de la patrie!

Indiens infortunés que j'ai vus errer dans les déserts du Nouveau-Monde avec les cendres de vos aïeux! vous qui m'aviez donné l'hospitalité malgré votre misère! je ne pourrois vous la rendre aujourd'hui, car j'erre, ainsi que vous, à la merci des hommes; et, moins heureux dans mon exil, je n'ai point emporté les os de mes pères.

FIN D'ATALA.

RENÉ.

RENÉ.

En arrivant chez les Natchez, René avoit été obligé de prendre une épouse, pour se conformer aux mœurs des Indiens; mais il ne vivoit point avec elle. Un penchant mélancolique l'entraînoit au fond des bois; il y passoit seul des journées entières, et sembloit sauvage parmi les Sauvages. Hors Chactas, son père adoptif, et le père Souël, missionnaire au fort Rosalie [1], il avoit renoncé au commerce des hommes. Ces deux vieillards avoient pris beaucoup d'empire sur son cœur : le premier, par une indulgence aimable; l'autre, au contraire, par une extrême sévérité. Depuis la chasse du castor, où le Sachem aveugle raconta ses aventures à René, celui-ci n'avoit jamais voulu parler des siennes. Cependant Chactas et le missionnaire désiroient vivement connoître par quel malheur un Européen bien né avoit été conduit à l'étrange résolution de s'ensevelir dans les déserts de la Louisiane. René avoit toujours donné pour motif de ses refus le peu d'intérêt de son histoire, qui se bornoit, disoit-il, à celle de ses pensées et de ses sentiments. « Quant à l'événement qui m'a déterminé à

---

[1] Colonie françoise aux Natchez.

« passer en Amérique, ajoutoit-il, je le dois ense-
« velir dans un éternel oubli. »

Quelques années s'écoulèrent de la sorte, sans que les deux vieillards lui pussent arracher son secret. Une lettre qu'il reçut d'Europe, par le bureau des Missions étrangères, redoubla tellement sa tristesse, qu'il fuyoit jusqu'à ses vieux amis. Ils n'en furent que plus ardents à le presser de leur ouvrir son cœur; ils y mirent tant de discrétion, de douceur et d'autorité, qu'il fut enfin obligé de les satisfaire. Il prit donc jour avec eux pour leur raconter, non les aventures de sa vie, puisqu'il n'en avoit point éprouvé, mais les sentiments secrets de son ame.

Le 21 de ce mois que les Sauvages appellent *la lune des fleurs,* René se rendit à la cabane de Chactas. Il donna le bras au Sachem, et le conduisit sous un sassafras, au bord du Meschacebé. Le père Souël ne tarda pas à arriver au rendez-vous. L'aurore se levoit : à quelque distance dans la plaine, on apercevoit le village des Natchez, avec son bocage de mûriers, et ses cabanes qui ressemblent à des ruches d'abeilles. La colonie françoise et le fort Rosalie se montroient sur la droite, au bord du fleuve. Des tentes, des maisons à moitié bâties, des forteresses commencées, des défrichements couverts de Nègres, des groupes de Blancs et d'Indiens, présentoient, dans ce petit espace, le contraste des mœurs sociales et des mœurs sauvages. Vers l'orient, au fond de la perspective, le soleil commençoit à paroître entre les sommets brisés des Apalaches, qui se dessinoient comme des caractères d'azur dans les hauteurs dorées du ciel; à l'occident, le Meschacebé rouloit ses ondes dans un silence magnifique, et formoit la bordure du tableau avec une inconcevable grandeur.

Le jeune homme et le missionnaire admirèrent quelque temps cette belle scène, en plaignant le Sachem qui ne pouvoit plus en jouir; ensuite le père Souël et Chactas s'assirent sur le gazon, au pied de l'arbre; René prit sa place au milieu d'eux, et, après un moment de silence, il parla de la sorte à ses vieux amis :

« Je ne puis, en commençant mon récit, me défendre d'un mouvement de honte. La paix de vos cœurs, respectables vieillards, et le calme de la nature autour de moi, me font rougir du trouble et de l'agitation de mon ame.

« Combien vous aurez pitié de moi! Que mes éternelles inquiétudes vous paroîtront misérables! Vous qui avez épuisé tous les chagrins de la vie, que penserez-vous d'un jeune homme sans force et sans vertu, qui trouve en lui-même son tourment, et ne peut guère se plaindre que des maux qu'il se fait à lui-même? Hélas! ne le condamnez pas; il a été trop puni!

« J'ai coûté la vie à ma mère en venant au monde; j'ai été tiré de son sein avec le fer. J'avois un frère, que mon père bénit, parce qu'il voyoit en lui son fils aîné. Pour moi, livré de bonne heure à des mains étrangères, je fus élevé loin du toit paternel.

« Mon humeur étoit impétueuse, mon caractère inégal. Tour à tour bruyant et joyeux, silencieux et triste, je rassemblois autour de moi mes jeunes compagnons ; puis, les abandonnant tout à coup, j'allois m'asseoir à l'écart pour contempler la nue fugitive ou entendre la pluie tomber sur le feuillage.

« Chaque automne, je revenois au château paternel, situé au milieu des forêts, près d'un lac, dans une province reculée.

« Timide et contraint devant mon père, je ne trouvois l'aise et le contentement qu'auprès de ma sœur Amélie. Une douce conformité d'humeur et de goûts m'unissoit étroitement à cette sœur; elle étoit un peu plus âgée que moi. Nous aimions à gravir les coteaux ensemble, à voguer sur le lac, à parcourir les bois à la chute des feuilles : promenades dont le souvenir remplit encore mon ame de délices. O illusions de l'enfance et de la patrie, ne perdez-vous jamais vos douceurs !

« Tantôt nous marchions en silence, prêtant l'oreille au sourd mugissement de l'automne, ou au bruit des feuilles séchées que nous traînions tristement sous nos pas; tantôt, dans nos jeux innocents, nous poursuivions l'hirondelle dans la prairie, l'arc-en-ciel sur les collines pluvieuses; quelquefois aussi nous murmurions des vers que nous inspiroit le spectacle de la nature. Jeune, je cultivois les muses; il n'y a rien de plus poétique, dans la fraîcheur de ses passions, qu'un cœur de seize années. Le matin de la vie est comme le matin du jour, plein de pureté, d'images et d'harmonies.

« Les dimanches et les jours de fête, j'ai souvent entendu dans le grand bois, à travers les arbres, les sons de la cloche lointaine qui appeloit au temple l'homme des champs. Appuyé contre le tronc d'un ormeau, j'écoutois en silence le pieux murmure. Chaque frémissement de l'airain portoit à mon ame naïve l'innocence des mœurs champêtres, le calme de la solitude, le charme de la religion, et la délectable mélancolie des souvenirs de ma première enfance ! Oh ! quel cœur si mal fait n'a tressailli au bruit des cloches de son lieu natal, de ces cloches qui frémirent de joie sur son berceau, qui annoncèrent son avénement à la vie, qui marquèrent le premier battement de son cœur, qui publièrent dans tous les lieux d'alentour la sainte allégresse de son père, les douleurs et les joies encore plus ineffables de sa mère ! Tout se trouve dans les rêveries enchantées où nous plonge le bruit de la cloche natale : religion, famille, patrie, et le berceau et la tombe, et le passé et l'avenir.

« Il est vrai qu'Amélie et moi nous jouissions plus que personne de ces idées graves et tendres, car nous avions tous les deux un peu de tristesse au fond du cœur : nous tenions cela de Dieu ou de notre mère.

« Cependant mon père fut atteint d'une maladie qui le conduisit en peu de jours au tombeau. Il expira dans mes bras. J'appris à connoître la mort sur les lèvres de celui qui m'avoit donné la vie. Cette impression fut grande ; elle dure encore.

C'est la première fois que l'immortalité de l'ame s'est présentée clairement à mes yeux. Je ne pus croire que ce corps inanimé étoit en moi l'auteur de la pensée; je sentis qu'elle me devoit venir d'une autre source; et, dans une sainte douleur qui approchoit de la joie, j'espérai me rejoindre un jour à l'esprit de mon père.

« Un autre phénomène me confirma dans cette haute idée. Les traits paternels avoient pris au cercueil quelque chose de sublime. Pourquoi cet étonnant mystère ne seroit-il pas l'indice de notre immortalité? Pourquoi la mort, qui sait tout, n'auroit-elle pas gravé sur le front de sa victime les secrets d'un autre univers? Pourquoi n'y auroit-il pas dans la tombe quelque grande vision de l'éternité?

« Amélie, accablée de douleur, étoit retirée au fond d'une tour, d'où elle entendit retentir, sous les voûtes du château gothique, le chant des prêtres du convoi, et les sons de la cloche funèbre.

« J'accompagnai mon père à son dernier asile; la terre se referma sur sa dépouille; l'éternité et l'oubli le pressèrent de tout leur poids : le soir même l'indifférent passoit sur sa tombe; hors pour sa fille et pour son fils, c'étoit déjà comme s'il n'avoit jamais été.

« Il fallut quitter le toit paternel, devenu l'héritage de mon frère : je me retirai avec Amélie chez de vieux parents.

« Arrêté à l'entrée des voies trompeuses de la vie, je les considérois l'une après l'autre sans m'y oser engager. Amélie m'entretenoit souvent du bonheur de la vie religieuse; elle me disoit que j'étois le seul lien qui la retînt dans le monde, et ses yeux s'attachoient sur moi avec tristesse.

« Le cœur ému par ces conversations pieuses, je portois souvent mes pas vers un monastère voisin de mon nouveau séjour; un moment même j'eus la tentation d'y cacher ma vie. Heureux ceux qui ont fini leur voyage sans avoir quitté le port, et qui n'ont point, comme moi, traîné d'inutiles jours sur la terre!

« Les Européens, incessamment agités, sont obligés de se bâtir des solitudes. Plus notre cœur est tumultueux et bruyant, plus le calme et le silence nous attirent. Ces hospices de mon pays, ouverts aux malheureux et aux foibles, sont souvent cachés dans des vallons qui portent au cœur le vague sentiment de l'infortune et l'espérance d'un abri; quelquefois aussi on les découvre sur de hauts sites où l'ame religieuse, comme une plante des montagnes, semble s'élever vers le ciel pour lui offrir ses parfums.

« Je vois encore le mélange majestueux des eaux et des bois de cette antique abbaye où je pensai dérober ma vie aux caprices du sort; j'erre encore au déclin du jour dans ces cloîtres retentissants et solitaires. Lorsque la lune éclairoit à demi les piliers des arcades, et dessinoit leur ombre sur le mur opposé, je m'arrêtois à contempler la croix qui marquoit le champ de la mort, et les longues herbes qui croissoient entre les pierres des tombes.

O hommes qui, ayant vécu loin du monde, avez passé du silence de la vie au silence de la mort, de quel dégoût de la terre vos tombeaux ne remplissoient-ils point mon cœur !

« Soit inconstance naturelle, soit préjugé contre la vie monastique, je changeai mes desseins, je me résolus à voyager. Je dis adieu à ma sœur ; elle me serra dans ses bras avec un mouvement qui ressembloit à de la joie, comme si elle eût été heureuse de me quitter ; je ne pus me défendre d'une réflexion amère sur l'inconséquence des amitiés humaines.

« Cependant, plein d'ardeur, je m'élançai seul sur cet orageux océan du monde, dont je ne connoissois ni les ports, ni les écueils. Je visitai d'abord les peuples qui ne sont plus : je m'en allai, m'asseyant sur les débris de Rome et de la Grèce, pays de forte et d'ingénieuse mémoire, où les palais sont ensevelis dans la poudre et les mausolées des rois cachés sous les ronces. Force de la nature, et foiblesse de l'homme ! un brin d'herbe perce souvent le marbre le plus dur de ces tombeaux, que tous ces morts, si puissants, ne soulèveront jamais !

« Quelquefois une haute colonne se montroit seule debout dans un désert, comme une grande pensée s'élève, par intervalle, dans une âme que le temps et le malheur ont dévastée.

« Je méditai sur ces monuments dans tous les accidents et à toutes les heures de la journée. Tantôt ce même soleil qui avoit vu jeter les fondements de ces cités se couchoit majestueusement, à mes yeux, sur leurs ruines; tantôt la lune se levant dans un ciel pur, entre deux urnes cinéraires à moitié brisées, me montroit les pâles tombeaux. Souvent, aux rayons de cet astre qui alimente les rêveries, j'ai cru voir le Génie des souvenirs assis tout pensif à mes côtés.

« Mais je me lassai de fouiller dans des cercueils, où je ne remuois trop souvent qu'une poussière criminelle.

« Je voulus voir si les races vivantes m'offriroient plus de vertus, ou moins de malheurs que les races évanouies. Comme je me promenois un jour dans une grande cité, en passant derrière un palais, dans une cour retirée et déserte, j'aperçus une statue qui indiquoit du doigt un lieu fameux par un sacrifice [1]. Je fus frappé du silence de ces lieux; le vent seul gémissoit autour du marbre tragique. Des manœuvres étoient couchés avec indifférence au pied de la statue, ou tailloient des pierres en sifflant. Je leur demandai ce que signifioit ce monument: les uns purent à peine me le dire, les autres ignoroient la catastrophe qu'il retraçoit. Rien ne m'a plus donné la juste mesure des événements de la vie et du peu que nous sommes. Que sont devenus ces personnages qui firent tant de bruit? Le temps a fait un pas; et la face de la terre a été renouvelée.

« Je recherchai surtout dans mes voyages les artistes et ces hommes divins qui chantent les dieux

---

[1] A Londres, derrière White-Hall, la statue de Charles II.

sur la lyre, et la félicité des peuples qui honorent les lois, la religion et les tombeaux.

« Ces chantres sont de race divine, ils possèdent le seul talent incontestable dont le ciel ait fait présent à la terre. Leur vie est à la fois naïve et sublime; ils célèbrent les dieux avec une bouche d'or, et sont les plus simples des hommes; ils causent comme des immortels ou comme de petits enfants; ils expliquent les lois de l'univers, et ne peuvent comprendre les affaires les plus innocentes de la vie; ils ont des idées merveilleuses de la mort, et meurent sans s'en apercevoir, comme des nouveau-nés.

« Sur les monts de la Calédonie, le dernier barde qu'on ait ouï dans ces déserts me chanta les poëmes dont un héros consoloit jadis sa vieillesse. Nous étions assis sur quatre pierres rongées de mousse; un torrent couloit à nos pieds; le chevreuil paissoit à quelque distance parmi les débris d'une tour, et le vent des mers siffloit sur la bruyère de Cona. Maintenant la religion chrétienne, fille aussi des hautes montagnes, a placé des croix sur les monuments des héros de Morven, et touché la harpe de David au bord du même torrent où Ossian fit gémir la sienne. Aussi pacifique que les divinités de Selma étoient guerrières, elle garde des troupeaux où Fingal livroit des combats, et elle a répandu des anges de paix dans les nuages qu'habitoient des fantômes homicides.

« L'ancienne et riante Italie m'offrit la foule de ses chefs-d'œuvre. Avec quelle sainte et poétique horreur j'errois dans ces vastes édifices consacrés par les arts à la religion ! Quel labyrinthe de colonnes ! Quelle succession d'arches et de voûtes ! Qu'ils sont beaux ces bruits qu'on entend autour des dômes, semblables aux rumeurs des flots dans l'Océan, aux murmures des vents dans les forêts, ou à la voix de Dieu dans son temple ! L'architecte bâtit, pour ainsi dire, les idées du poète, et les fait toucher aux sens.

« Cependant qu'avois-je appris jusqu'alors avec tant de fatigue ? Rien de certain parmi les anciens, rien de beau parmi les modernes. Le passé et le présent sont deux statues incomplètes : l'une a été retirée toute mutilée du débris des âges; l'autre n'a pas encore reçu sa perfection de l'avenir.

« Mais peut-être, mes vieux amis, vous surtout, habitants du désert, êtes-vous étonnés que, dans ce récit de mes voyages, je ne vous aie pas une seule fois entretenus des monuments de la nature ?

« Un jour j'étois monté au sommet de l'Etna, volcan qui brûle au milieu d'une île. Je vis le soleil se lever dans l'immensité de l'horizon au-dessous de moi, la Sicile resserrée comme un point à mes pieds, et la mer déroulée au loin dans les espaces. Dans cette vue perpendiculaire du tableau, les fleuves ne me sembloient plus que des lignes géographiques tracées sur une carte; mais, tandis que d'un côté mon œil apercevoit ces objets, de l'autre il plongeoit dans le cratère de l'Etna, dont je découvrois les entrailles brûlantes, entre les bouffées d'une noire vapeur.

« Un jeune homme plein de passions, assis sur la bouche d'un volcan, et pleurant sur les mortels dont à peine il voyoit à ses pieds les demeures, n'est sans doute, ô vieillards! qu'un objet digne de votre pitié; mais quoi que vous puissiez penser de René, ce tableau vous offre l'image de son caractère et de son existence : c'est ainsi que toute ma vie j'ai eu devant les yeux une création à la fois immense et imperceptible, et un abîme ouvert à mes côtés. »

En prononçant ces derniers mots, René se tut et tomba subitement dans la rêverie. Le père Souël le regardoit avec étonnement, et le vieux Sachem aveugle, qui n'entendoit plus parler le jeune homme, ne savoit que penser de ce silence.

René avoit les yeux attachés sur un groupe d'Indiens qui passoient gaiement dans la plaine. Tout à coup sa physionomie s'attendrit, des larmes coulent de ses yeux; il s'écrie :

« Heureux Sauvages! oh! que ne puis-je jouir de la paix qui vous accompagne toujours! Tandis qu'avec si peu de fruit je parcourois tant de contrées, vous, assis tranquillement sous vos chênes, vous laissiez couler les jours sans les compter. Votre raison n'étoit que vos besoins, et vous arriviez, mieux que moi, au résultat de la sagesse, comme l'enfant, entre les jeux et le sommeil. Si cette mélancolie qui s'engendre de l'excès du bonheur atteignoit quelquefois votre ame, bientôt vous sortiez de cette tristesse passagère, et votre regard levé vers le ciel cherchoit avec attendrissement ce je ne sais quoi inconnu qui prend pitié du pauvre Sauvage. »

Ici la voix de René expira de nouveau, et le jeune homme pencha la tête sur sa poitrine. Chactas, étendant le bras dans l'ombre, et prenant le bras de son fils, lui cria d'un ton ému : « Mon fils! mon cher fils! » A ces accents, le frère d'Amélie revenant à lui, et rougissant de son trouble, pria son père de lui pardonner.

Alors le vieux Sauvage : « Mon jeune ami, les
« mouvements d'un cœur comme le tien ne sau-
« roient être égaux; modère seulement ce caractère
« qui t'a déja fait tant de mal. Si tu souffres plus
« qu'un autre des choses de la vie, il ne faut pas t'en
« étonner; une grande ame doit contenir plus de
« douleurs qu'une petite. Continue ton récit. Tu
« nous as fait parcourir une partie de l'Europe,
« fais-nous connoître ta patrie. Tu sais que j'ai vu
« la France, et quels liens m'y ont attaché; j'aime-
« rai à entendre parler de ce grand Chef [1], qui n'est
« plus, et dont j'ai visité la superbe cabane. Mon
« enfant, je ne vis plus que par la mémoire. Un
« vieillard avec ses souvenirs ressemble au chêne
« décrépit de nos bois : ce chêne ne se décore plus
« de son propre feuillage, mais il couvre quelque-
« fois sa nudité des plantes étrangères qui ont vé-
« gété sur ses antiques rameaux. »

[1] Louis XIV.

Le frère d'Amélie, calmé par ces paroles, reprit ainsi l'histoire de son cœur :

« Hélas ! mon père, je ne pourrai t'entretenir de ce grand siècle dont je n'ai vu que la fin dans mon enfance, et qui n'étoit plus lorsque je rentrai dans ma patrie. Jamais un changement plus étonnant et plus soudain ne s'est opéré chez un peuple. De la hauteur du génie, du respect pour la religion, de la gravité des mœurs, tout étoit subitement descendu à la souplesse de l'esprit, à l'impiété, à la corruption.

« C'étoit donc bien vainement que j'avois espéré retrouver dans mon pays de quoi calmer cette inquiétude, cette ardeur de désir qui me suit partout. L'étude du monde ne m'avoit rien appris, et pourtant je n'avois plus la douceur de l'ignorance.

« Ma sœur, par une conduite inexplicable, sembloit se plaire à augmenter mon ennui ; elle avoit quitté Paris quelques jours avant mon arrivée. Je lui écrivis que je comptois l'aller rejoindre ; elle se hâta de me répondre pour me détourner de ce projet, sous prétexte qu'elle étoit incertaine du lieu où l'appelleroient ses affaires. Quelles tristes réflexions ne fis-je point alors sur l'amitié, que la présence attiédit, que l'absence efface, qui ne résiste point au malheur, et encore moins à la prospérité !

« Je me trouvai bientôt plus isolé dans ma patrie que je ne l'avois été sur une terre étrangère. Je voulus me jeter pendant quelque temps dans un monde qui ne me disoit rien et qui ne m'entendoit pas. Mon ame, qu'aucune passion n'avoit encore usée, cherchoit un objet qui pût l'attacher; mais je m'aperçus que je donnois plus que je ne recevois. Ce n'étoit ni un langage élevé, ni un sentiment profond qu'on demandoit de moi. Je n'étois occupé qu'à rapetisser ma vie, pour la mettre au niveau de la société. Traité partout d'esprit romanesque, honteux du rôle que je jouois, dégoûté de plus en plus des choses et des hommes, je pris le parti de me retirer dans un faubourg pour y vivre totalement ignoré.

« Je trouvai d'abord assez de plaisir dans cette vie obscure et indépendante. Inconnu, je me mêlois à la foule : vaste désert d'hommes !

« Souvent assis dans une église peu fréquentée, je passois des heures entières en méditation. Je voyois de pauvres femmes venir se prosterner devant le Très-Haut, ou des pécheurs s'agenouiller au tribunal de la pénitence. Nul ne sortoit de ces lieux sans un visage plus serein, et les sourdes clameurs qu'on entendoit au-dehors sembloient être les flots des passions et les orages du monde, qui venoient expirer au pied du temple du Seigneur. Grand Dieu, qui vis en secret couler mes larmes dans ces retraites sacrées, tu sais combien de fois je me jetai à tes pieds pour te supplier de me décharger du poids de l'existence, ou de changer en moi le vieil homme ! Ah ! qui n'a senti quelquefois le besoin de se régénérer, de se rajeunir aux eaux du torrent, de retremper son ame à la fontaine de vie? Qui ne se trouve quelquefois accablé du fardeau de sa propre corruption, et incapable de rien faire de grand, de noble, de juste ?

« Quand le soir étoit venu, reprenant le chemin de ma retraite, je m'arrêtois sur les ponts pour voir se coucher le soleil. L'astre, enflammant les vapeurs de la cité, sembloit osciller lentement dans un fluide d'or, comme le pendule de l'horloge des siècles. Je me retirois ensuite avec la nuit, à travers un labyrinthe de rues solitaires. En regardant les lumières qui brilloient dans la demeure des hommes, je me transportois par la pensée au milieu des scènes de douleur et de joie qu'elles éclairoient, et je songeois que sous tant de toits habités je n'avois pas un ami. Au milieu de mes réflexions, l'heure venoit frapper à coups mesurés dans la tour de la cathédrale gothique ; elle alloit se répétant sur tous les tons, et à toutes les distances, d'église en église. Hélas ! chaque heure dans la société ouvre un tombeau, et fait couler des larmes.

« Cette vie, qui m'avoit d'abord enchanté, ne tarda pas à me devenir insupportable. Je me fatiguai de la répétition des mêmes scènes et des mêmes idées. Je me mis à sonder mon cœur, à me demander ce que je désirois. Je ne le savois pas ; mais je crus tout à coup que les bois me seroient délicieux. Me voilà soudain résolu d'achever dans un exil champêtre une carrière à peine commencée, et dans laquelle j'avois déja dévoré des siècles.

« J'embrassai ce projet avec l'ardeur que je mets à tous mes desseins ; je partis précipitamment pour m'ensevelir dans une chaumière, comme j'étois parti autrefois pour faire le tour du monde.

« On m'accuse d'avoir des goûts inconstants, de ne pouvoir jouir long-temps de la même chimère, d'être la proie d'une imagination qui se hâte d'arriver au fond de mes plaisirs, comme si elle étoit accablée de leur durée; on m'accuse de passer toujours le but que je puis atteindre : hélas ! je cherche seulement un bien inconnu dont l'instinct me poursuit. Est-ce ma faute si je trouve partout des bornes, si ce qui est fini n'a pour moi aucune valeur? Cependant je sens que j'aime la monotonie des sentiments de la vie, et si j'avois encore la folie de croire au bonheur, je le chercherois dans l'habitude.

« La solitude absolue, le spectacle de la nature, me plongèrent bientôt dans un état presque impossible à décrire. Sans parents, sans amis, pour ainsi dire, sur la terre, n'ayant point encore aimé, j'étois accablé d'une surabondance de vie. Quelquefois je rougissois subitement, et je sentois couler dans mon cœur comme des ruisseaux d'une lave ardente; quelquefois je poussois des cris involontaires, et la nuit étoit également troublée de mes songes et de mes veilles. Il me manquoit quelque chose pour remplir l'abîme de mon existence : je descendois dans la vallée, je m'élevois sur la montagne, appelant de toute la force de mes désirs l'idéal objet d'une flamme future; je l'embrassois dans les vents; je croyois l'entendre dans les gémissements du fleuve; tout étoit ce fantôme imaginaire, et les astres dans les cieux, et le principe même de vie dans l'univers.

« Toutefois cet état de calme et de trouble, d'indigence et de richesse, n'étoit pas sans quelques charmes : un jour je m'étois amusé à effeuiller une branche de saule sur un ruisseau, et à attacher une idée à chaque feuille que le courant entraînoit. Un roi qui craint de perdre sa couronne par une révolution subite, ne ressent pas des angoisses plus vives que les miennes à chaque accident qui menaçoit les débris de mon rameau. O foiblesse des mortels! O enfance du cœur humain qui ne vieillit jamais! Voilà donc à quel degré de puérilité notre superbe raison peut descendre! Et encore est-il vrai que bien des hommes attachent leur destinée à des choses d'aussi peu de valeur que mes feuilles de saule.

« Mais comment exprimer cette foule de sensations fugitives que j'éprouvois dans mes promenades? Les sons que rendent les passions dans le vide d'un cœur solitaire ressemblent au murmure que les vents et les eaux font entendre dans le silence d'un désert : on en jouit, mais on ne peut les peindre.

« L'automne me surprit au milieu de ces incertitudes : j'entrai avec ravissement dans les mois des tempêtes. Tantôt j'aurois voulu être un de ces guerriers errant au milieu des vents, des nuages et des fantômes; tantôt j'enviois jusqu'au sort du pâtre que je voyois réchauffer ses mains à l'humble feu de broussailles qu'il avoit allumé au coin d'un bois. J'écoutois ses chants mélancoliques, qui me rappeloient que dans tout pays le chant naturel de l'homme est triste, lors même qu'il exprime le bonheur. Notre cœur est un instrument incomplet, une lyre où il manque des cordes, et où nous sommes forcés de rendre les accents de la joie sur le ton consacré aux soupirs.

« Le jour, je m'égarois sur de grandes bruyères terminées par des forêts. Qu'il falloit peu de chose à ma rêverie ! une feuille séchée que le vent chassoit devant moi, une cabane dont la fumée s'élevoit dans la cime dépouillée des arbres, la mousse qui trembloit au souffle du nord sur le tronc d'un chêne, une roche écartée, un étang désert où le jonc flétri murmuroit ! Le clocher solitaire s'élevant au loin dans la vallée a souvent attiré mes regards ; souvent j'ai suivi des yeux les oiseaux de passage qui voloient au-dessus de ma tête. Je me figurois les bords ignorés, les climats lointains où ils se rendent ; j'aurois voulu être sur leurs ailes. Un secret instinct me tourmentoit ; je sentois que je n'étois moi-même qu'un voyageur ; mais une voix du ciel sembloit me dire : « Homme, la saison de ta mi-« gration n'est pas encore venue ; attends que le « vent de la mort se lève, alors tu déploieras ton « vol vers ces régions inconnues que ton cœur « demande. »

« Levez-vous vite, orages désirés, qui devez emporter René dans les espaces d'une autre vie ! Ainsi disant, je marchois à grands pas, le visage enflammé, le vent sifflant dans ma chevelure, ne sentant ni pluie, ni frimas, enchanté, tourmenté, et comme possédé par le démon de mon cœur.

« La nuit, lorsque l'aquilon ébranloit ma chaumière, que les pluies tomboient en torrent sur mon toit, qu'à travers ma fenêtre je voyois la lune sillonner les nuages amoncelés, comme un pâle vaisseau qui laboure les vagues, il me sembloit que la vie redoubloit au fond de mon cœur, que j'aurois la puissance de créer des mondes. Ah! si j'avois pu faire partager à une autre les transports que j'éprouvois ! O Dieu ! si tu m'avois donné une femme selon mes désirs; si, comme à notre premier père, tu m'eusses amené par la main une Eve tirée de moi-même.... Beauté céleste! je me serois prosterné devant toi, puis, te prenant dans mes bras, j'aurois prié l'Éternel de te donner le reste de ma vie !

« Hélas ! j'étois seul, seul sur la terre ! Une langueur secrète s'emparoit de mon corps. Ce dégoût de la vie que j'avois ressenti dès mon enfance revenoit avec une force nouvelle. Bientôt mon cœur ne fournit plus d'aliment à ma pensée, et je ne m'apercevois de mon existence que par un profond sentiment d'ennui.

« Je luttai quelque temps contre mon mal ; mais avec indifférence et sans avoir la ferme résolution de le vaincre. Enfin, ne pouvant trouver de remède à cette étrange blessure de mon cœur, qui n'étoit nulle part et qui étoit partout, je résolus de quitter la vie.

« Prêtre du Très-Haut, qui m'entendez, pardonnez à un malheureux que le ciel avoit presque privé de la raison. J'étois plein de religion, et je raisonnois en impie ; mon cœur aimoit Dieu, et mon esprit le méconnoissoit ; ma conduite, mes discours, mes sentiments, mes pensées, n'étoient que contradiction, ténèbres, mensonges. Mais l'homme sait-il bien toujours ce qu'il veut, est-il toujours sûr de ce qu'il pense ?

« Tout m'échappoit à la fois, l'amitié, le monde, la retraite. J'avois essayé de tout, et tout m'avoit été fatal. Repoussé par la société, abandonné d'Amélie quand la solitude vint à me manquer, que me restoit-il ? C'étoit la dernière planche sur laquelle j'avois espéré me sauver, et je la sentois encore s'enfoncer dans l'abîme !

« Décidé que j'étois à me débarrasser du poids de la vie, je résolus de mettre toute ma raison dans cet acte insensé. Rien ne me pressoit ; je ne fixai point le moment du départ, afin de savourer à longs traits les derniers moments de l'existence, et de recueillir toutes mes forces, à l'exemple d'un ancien, pour sentir mon ame s'échapper.

« Cependant je crus nécessaire de prendre des arrangements concernant ma fortune, et je fus obligé d'écrire à Amélie. Il m'échappa quelques plaintes sur son oubli, et je laissai sans doute percer l'attendrissement qui surmontoit peu à peu mon cœur. Je m'imaginois pourtant avoir bien dissimulé mon secret ; mais ma sœur, accoutumée à lire dans les replis de mon ame, le devina sans peine. Elle fut alarmée du ton de contrainte qui régnoit dans ma lettre, et de mes questions sur des affaires dont je ne m'étois jamais occupé. Au lieu de me répondre, elle me vint tout à coup surprendre.

« Pour bien sentir quelle dut être dans la suite l'amertume de ma douleur, et quels furent mes premiers transports en revoyant Amélie, il faut vous figurer que c'étoit la seule personne au monde que j'eusse aimée, que tous mes sentiments se venoient confondre en elle, avec la douceur des souvenirs de mon enfance. Je reçus donc Amélie dans une sorte d'extase de cœur. Il y avoit si long-temps que je n'avois trouvé quelqu'un qui m'entendît, et devant qui je pusse ouvrir mon ame !

« Amélie se jetant dans mes bras, me dit : « In« grat, tu veux mourir, et ta sœur existe ! Tu « soupçonnes son cœur ! Ne t'explique point, ne « t'excuse point, je sais tout ; j'ai tout compris, « comme si j'avois été avec toi. Est-ce moi que « l'on trompe, moi, qui ai vu naître tes premiers « sentiments ? Voilà ton malheureux caractère, tes « dégoûts, tes injustices. Jure, tandis que je te « presse sur mon cœur, jure que c'est la dernière « fois que tu te livreras à tes folies ; fais le serment « de ne jamais attenter à tes jours. »

« En prononçant ces mots, Amélie me regardoit avec compassion et tendresse, et couvroit mon front de ses baisers ; c'étoit presque une mère, c'étoit quelque chose de plus tendre. Hélas ! mon cœur se rouvrit à toutes les joies ; comme un enfant, je ne demandois qu'à être consolé ; je cédai à l'empire d'Amélie ; elle exigea un serment solennel ; je le fis sans hésiter, ne soupçonnant même pas que désormais je pusse être malheureux.

« Nous fûmes plus d'un mois à nous accoutumer à l'enchantement d'être ensemble. Quand, le matin, au lieu de me trouver seul, j'entendois la voix de ma sœur, j'éprouvois un tressaillement de joie et de bonheur. Amélie avoit reçu de la nature quelque chose de divin ; son ame avoit les mêmes graces innocentes que son corps ; la douceur de ses sentiments étoit infinie ; il n'y avoit rien que de suave et d'un peu rêveur dans son esprit ; on eût dit que son cœur, sa pensée et sa voix soupiroient comme de concert ; elle tenoit de la femme la timidité et l'amour, et de l'ange la pureté et la mélodie.

« Le moment étoit venu où j'allois expier toutes mes inconséquences. Dans mon délire, j'avois été jusqu'à désirer d'éprouver un malheur, pour avoir du moins un objet réel de souffrance : épouvantable souhait que Dieu, dans sa colère, a trop exaucé !

« Que vais-je vous révéler, ô mes amis ! voyez les pleurs qui coulent de mes yeux. Puis-je même.... Il y a quelques jours, rien n'auroit pu m'arracher ce secret.... A présent, tout est fini !

« Toutefois, ô vieillards ! que cette histoire soit à jamais ensevelie dans le silence : souvenez-vous qu'elle n'a été racontée que sous l'arbre du désert.

« L'hiver finissoit lorsque je m'aperçus qu'Amélie perdoit le repos et la santé, qu'elle commençoit à me rendre. Elle maigrissoit ; ses yeux se creusoient, sa démarche étoit languissante, et sa voix troublée. Un jour, je la surpris tout en larmes au pied d'un crucifix. Le monde, la solitude, mon absence, ma présence, la nuit, le jour, tout l'alarmoit. D'involontaires soupirs venoient expirer sur ses lèvres ; tantôt elle soutenoit, sans se fatiguer, une longue course ; tantôt elle se traînoit à peine ; elle prenoit et laissoit son ouvrage, ouvroit un livre sans pouvoir lire, commençoit une phrase qu'elle n'achevoit pas, fondoit tout à coup en pleurs, et se retiroit pour prier.

« En vain je cherchois à découvrir son secret. Quand je l'interrogeois en la pressant dans mes bras, elle me répondoit, avec un sourire, qu'elle étoit comme moi, qu'elle ne savoit pas ce qu'elle avoit.

« Trois mois se passèrent de la sorte, et son état devenoit pire chaque jour. Une correspondance mystérieuse me sembloit être la cause de ses larmes ; car elle paroissoit, ou plus tranquille, ou plus émue, selon les lettres qu'elle recevoit. Enfin, un matin, l'heure à laquelle nous déjeunions ensemble étant passée, je monte à son appartement ; je frappe : on ne me répond point ; j'entr'ouvre la porte : il n'y avoit personne dans la chambre. J'aperçois sur la cheminée un paquet à mon adresse. Je le saisis en tremblant, je l'ouvre, et je lis cette lettre, que je conserve pour m'ôter à l'avenir tout mouvement de joie.

A RENÉ.

« Le ciel m'est témoin, mon frère, que je donne-
« rois mille fois ma vie pour vous épargner un mo-
« ment de peine ; mais, infortunée que je suis, je ne
« puis rien pour votre bonheur. Vous me pardon-
« nerez donc de m'être dérobée de chez vous comme
« une coupable ; je n'aurois jamais pu résister à vos
« prières, et cependant il falloit partir.... Mon
« Dieu, ayez pitié de moi !

« Vous savez, René, que j'ai toujours eu du pen-
« chant pour la vie religieuse ; il est temps que je
« mette à profit les avertissements du ciel. Pourquoi
« ai-je attendu si tard ! Dieu m'en punit. J'étois
« restée pour vous dans le monde.... Pardonnez,
« je suis toute troublée par le chagrin que j'ai de
« vous quitter.

« C'est à présent, mon cher frère, que je sens
« bien la nécessité de ces asiles, contre lesquels je
« vous ai vu souvent vous élever. Il est des mal-
« heurs qui nous séparent pour toujours des hom-
« mes ; que deviendraient alors de pauvres infortu-
« nées !... Je suis persuadée que vous-même, mon
« frère, vous trouveriez le repos dans ces retraites
« de la religion : la terre n'offre rien qui soit digne
« de vous.

« Je ne vous rappellerai point votre serment : je
« connois la fidélité de votre parole. Vous l'avez juré,
« vous vivrez pour moi. Y a-t-il rien de plus misé-

« rable que de songer sans cesse à quitter la vie?
» Pour un homme de votre caractère, il est si aisé
« de mourir ! Croyez-en votre sœur, il est plus
« difficile de vivre.

« Mais, mon frère, sortez au plus vite de la so-
« litude, qui ne vous est pas bonne; cherchez quel-
« que occupation. Je sais que vous riez amèrement
« de cette nécessité où l'on est en France de *prendre*
« *un état*. Ne méprisez pas tant l'expérience et la
« sagesse de nos pères. Il vaut mieux, mon cher
« René, ressembler un peu plus au commun des
« hommes, et avoir un peu moins de malheur.

« Peut-être trouveriez-vous dans le mariage un
« soulagement à vos ennuis. Une femme, des enfants
« occuperoient vos jours. Et quelle est la femme qui
« ne chercheroit pas à vous rendre heureux ! L'ar-
« deur de votre ame, la beauté de votre génie,
« votre air noble et passionné, ce regard fier et
« tendre, tout vous assureroit de son amour et de
« sa fidélité. Ah! avec quelles délices ne te presse-
« roit-elle pas dans ses bras et sur son cœur !
« Comme tous ses regards, toutes ses pensées, se-
« roient attachés sur toi pour prévenir tes moindres
« peines! Elle seroit tout amour, tout innocence
« devant toi; tu croirois retrouver une sœur.

« Je pars pour le couvent de... Ce monastère,
« bâti au bord de la mer, convient à la situation
« de mon ame. La nuit, du fond de ma cellule,
« j'entendrai le murmure des flots qui baignent les
« murs du couvent; je songerai à ces promenades
« que je faisois avec vous au milieu des bois, alors

« que nous croyions retrouver le bruit des mers
« dans la cime agitée des pins. Aimable compagnon
« de mon enfance, est-ce que je ne vous verrai
« plus? A peine plus âgée que vous, je vous balan-
« çois dans votre berceau; souvent nous avons
« dormi ensemble. Ah! si un même tombeau nous
« réunissoit un jour! Mais non : je dois dormir seule
« sous les marbres glacés de ce sanctuaire où repo-
« sent pour jamais ces filles qui n'ont point aimé.

« Je ne sais si vous pourrez lire ces lignes à demi
« effacées par mes larmes. Après tout, mon ami,
« un peu plus tôt, un peu plus tard, n'auroit-il
« pas fallu nous quitter? Qu'ai-je besoin de vous
« entretenir de l'incertitude et du peu de valeur de
« la vie? Vous vous rappelez le jeune M... qui fit
« naufrage à l'Ile-de-France. Quand vous reçûtes
« sa dernière lettre, quelques mois après sa mort,
« sa dépouille terrestre n'existoit même plus, et
« l'instant où vous commenciez son deuil en Eu-
« rope étoit celui où on le finissoit aux Indes.
« Qu'est-ce donc que l'homme, dont la mémoire
« périt si vite? Une partie de ses amis ne peut
« apprendre sa mort, que l'autre n'en soit déja
« consolée! Quoi, cher et trop cher René, mon
« souvenir s'effacera-t-il si promptement de ton
« cœur? O mon frère! si je m'arrache à vous dans
« le temps, c'est pour n'être pas séparée de vous
« dans l'éternité.

« AMÉLIE. »

P. S. « Je joins ici l'acte de la donation de mes

« biens ; j'espère que vous ne refuserez pas cette
« marque de mon amitié. »

« La foudre qui fût tombée à mes pieds ne m'eût pas causé plus d'effroi que cette lettre. Quel secret Amélie me cachoit-elle ? Qui la forçoit si subitement à embrasser la vie religieuse ? Ne m'avoit-elle rattaché à l'existence par le charme de l'amitié, que pour me délaisser tout à coup ? Oh ! pourquoi étoit-elle venue me détourner de mon dessein ! Un mouvement de pitié l'avoit rappelée auprès de moi ; mais bientôt fatiguée d'un pénible devoir elle se hâte de quitter un malheureux qui n'avoit qu'elle sur la terre. On croit avoir tout fait quand on a empêché un homme de mourir ! Telles étoient mes plaintes. Puis, faisant un retour sur moi-même : « Ingrate Amélie, disois-je, si tu avois été à ma place, si, comme moi, tu avois été perdue dans le vide de tes jours, ah ! tu n'aurois pas été abandonnée de ton frère ! »

« Cependant, quand je relisois la lettre, j'y trouvois je ne sais quoi de si triste et de si tendre, que tout mon cœur se fondoit. Tout à coup il me vint une idée qui me donna quelque espérance : je m'imaginai qu'Amélie avoit peut-être conçu une passion pour un homme qu'elle n'osoit avouer. Ce soupçon sembla m'expliquer sa mélancolie, sa correspondance mystérieuse, et le ton passionné qui respiroit dans sa lettre. Je lui écrivis aussitôt pour la supplier de m'ouvrir son cœur.

« Elle ne tarda pas à me répondre, mais sans me

découvrir son secret : elle me mandoit seulement qu'elle avoit obtenu les dispenses du noviciat, et qu'elle alloit prononcer ses vœux.

« Je fus révolté de l'obstination d'Amélie, du mystère de ses paroles, et de son peu de confiance en mon amitié.

« Après avoir hésité un moment sur le parti que j'avois à prendre, je résolus d'aller à B... pour faire un dernier effort auprès de ma sœur. La terre où j'avois été élevé se trouvoit sur la route. Quand j'aperçus les bois où j'avois passé les seuls moments heureux de ma vie, je ne pus retenir mes larmes, et il me fut impossible de résister à la tentation de leur dire un dernier adieu.

« Mon frère aîné avoit vendu l'héritage paternel, et le nouveau propriétaire ne l'habitoit pas. J'arrivai au château par la longue avenue de sapins; je traversai à pied les cours désertes; je m'arrêtai à regarder les fenêtres fermées ou demi-brisées, le chardon qui croissoit au pied des murs, les feuilles qui jonchoient le seuil des portes, et ce perron solitaire où j'avois vu si souvent mon père et ses fidèles serviteurs. Les marches étoient déja couvertes de mousse; le violier jaune croissoit entre leurs pierres déjointes et tremblantes. Un gardien inconnu m'ouvrit brusquement les portes. J'hésitois à franchir le seuil; cet homme s'écria : « Hé « bien ! allez-vous faire comme cette étrangère qui « vint ici il y a quelques jours? Quand ce fut pour « entrer, elle s'évanouit, et je fus obligé de la « reporter à sa voiture. » Il me fut aisé de reconnoître l'*étrangère* qui, comme moi, étoit venue chercher dans ces lieux des pleurs et des souvenirs !

« Couvrant un moment mes yeux de mon mouchoir, j'entrai sous le toit de mes ancêtres. Je parcourus les appartements sonores où l'on n'entendoit que le bruit de mes pas. Les chambres étoient à peine éclairées par la foible lumière qui pénétroit entre les volets fermés : je visitai celle où ma mère avoit perdu la vie en me mettant au monde, celle où se retiroit mon père, celle où j'avois dormi dans mon berceau, celle enfin où l'amitié avoit reçu mes premiers vœux dans le sein d'une sœur. Partout les salles étoient détendues, et l'araignée filoit sa toile dans les couches abandonnées. Je sortis précipitamment de ces lieux, je m'en éloignai à grands pas, sans oser tourner la tête. Qu'ils sont doux, mais qu'ils sont rapides, les moments que les frères et les sœurs passent dans leurs jeunes années, réunis sous l'aile de leurs vieux parents ! La famille de l'homme n'est que d'un jour ; le souffle de Dieu la disperse comme une fumée. A peine le fils connoît-il le père, le père le fils, le frère la sœur, la sœur le frère ! Le chêne voit germer ses glands autour de lui ; il n'en est pas ainsi des enfants des hommes !

« En arrivant à B...., je me fis conduire au couvent ; je demandai à parler à ma sœur. On me dit qu'elle ne recevoit personne. Je lui écrivis : elle me répondit que, sur le point de se consacrer à Dieu, il ne lui étoit pas permis de donner une

pensée au monde; que, si je l'aimois, j'éviterois de l'accabler de ma douleur. Elle ajoutoit : « Cepen-
« dant si votre projet est de paroître à l'autel le
« jour de ma profession, daignez m'y servir de
« père; ce rôle est le seul digne de votre courage,
« le seul qui convienne à notre amitié et à mon
« repos. »

« Cette froide fermeté qu'on opposoit à l'ardeur de mon amitié me jeta dans de violents transports. Tantôt j'étois près de retourner sur mes pas; tantôt je voulois rester, uniquement pour troubler le sacrifice. L'enfer me suscitoit jusqu'à la pensée de me poignarder dans l'église, et de mêler mes derniers soupirs aux vœux qui m'arrachoient ma sœur. La supérieure du couvent me fit prévenir qu'on avoit préparé un banc dans le sanctuaire, et elle m'invitoit à me rendre à la cérémonie, qui devoit avoir lieu dès le lendemain.

« Au lever de l'aube, j'entendis le premier son des cloches.... Vers dix heures, dans une sorte d'agonie, je me traînai au monastère. Rien ne peut plus être tragique quand on a assisté à un pareil spectacle; rien ne peut plus être douloureux quand on y a survécu.

« Un peuple immense remplissoit l'église. On me conduit au banc du sanctuaire; je me précipite à genoux sans presque savoir où j'étois, ni à quoi j'étois résolu. Déja le prêtre attendoit à l'autel; tout à coup la grille mystérieuse s'ouvre, et Amélie s'avance, parée de toutes les pompes du monde. Elle étoit si belle, il y avoit sur son visage quelque chose de si divin, qu'elle excita un mouvement de surprise et d'admiration. Vaincu par la glorieuse douleur de la sainte, abattu par les grandeurs de la religion, tous mes projets de violence s'évanouirent; ma force m'abandonna; je me sentis lié par une main toute-puissante, et, au lieu de blasphêmes et de menaces, je ne trouvai dans mon cœur que de profondes adorations et les gémissements de l'humilité.

« Amélie se place sous un dais. Le sacrifice commence à la lueur des flambeaux, au milieu des fleurs et des parfums, qui devoient rendre l'holocauste agréable. A l'offertoire, le prêtre se dépouilla de ses ornements, ne conserva qu'une tunique de lin, monta en chaire, et, dans un discours simple et pathétique, peignit le bonheur de la vierge qui se consacre au Seigneur. Quand il prononça ces mots : « Elle a paru comme l'encens qui se consume dans « le feu, » un grand calme et des odeurs célestes semblèrent se répandre dans l'auditoire; on se sentit comme à l'abri sous les ailes de la colombe mystique, et l'on eût cru voir les anges descendre sur l'autel et remonter vers les cieux avec des parfums et des couronnes.

« Le prêtre achève son discours, reprend ses vêtements, continue le sacrifice. Amélie, soutenue de deux jeunes religieuses, se met à genoux sur la dernière marche de l'autel. On vient alors me chercher pour remplir les fonctions paternelles. Au bruit de mes pas chancelants dans le sanctuaire, Amélie est prête à défaillir. On me place à côté du prêtre, pour lui présenter les ciseaux. En ce moment, je sens renaître mes transports; ma fureur va éclater, quand Amélie, rappelant son courage, me lance un regard où il y a tant de reproche et de douleur, que j'en suis attéré. La religion triomphe. Ma sœur profite de mon trouble; elle avance hardiment la tête. Sa superbe chevelure tombe de toutes parts sous le fer sacré; une longue robe d'étamine remplace pour elle les ornements du siècle, sans la rendre moins touchante; les ennuis de son front se cachent sous un bandeau de lin; et le voile mystérieux, double symbole de la virginité et de la religion, accompagne sa tête dépouillée. Jamais elle n'avoit paru si belle. L'œil de la pénitente étoit attaché sur la poussière du monde, et son ame étoit dans le ciel.

« Cependant Amélie n'avoit point encore prononcé ses vœux; et pour mourir au monde il falloit qu'elle passât à travers le tombeau. Ma sœur se couche sur le marbre; on étend sur elle un drap mortuaire : quatre flambeaux en marquent les quatre coins. Le prêtre, l'étole au cou, le livre à la main, commence l'Office des morts; de jeunes vierges le continuent. O joies de la religion, que vous êtes grandes, mais que vous êtes terribles! On m'avoit contraint de me placer à genoux près de ce lugubre appareil. Tout à coup un murmure confus sort de dessous le voile sépulcral; je m'incline, et ces paroles épouvantables (que je fus seul à entendre) viennent frapper mon oreille : « Dieu
« de miséricorde, fais que je ne me relève jamais

« de cette couche funèbre, et comble de tes biens
« un frère qui n'a point partagé ma criminelle pas-
« sion ! »

« A ces mots échappés du cercueil, l'affreuse vérité m'éclaire ; ma raison s'égare ; je me laisse tomber sur le linceul de la mort, je presse ma sœur dans mes bras ; je m'écrie : « Chaste épouse
« de Jésus-Christ, reçois mes derniers embrasse-
« ments à travers les glaces du trépas et les profon-
« deurs de l'éternité, qui te séparent déja de ton
« frère ! »

« Ce mouvement, ce cri, ces larmes, troublent la cérémonie : le prêtre s'interrompt, les religieuses ferment la grille, la foule s'agite et se presse vers l'autel ; on m'emporte sans connoissance. Que je sus peu de gré à ceux qui me rappelèrent au jour ! J'appris, en rouvrant les yeux, que le sacrifice étoit consommé, et que ma sœur avoit été saisie d'une fièvre ardente. Elle me faisoit prier de ne plus chercher à la voir. O misère de ma vie ! une sœur craindre de parler à un frère, et un frère craindre de faire entendre sa voix à une sœur ! Je sortis du monastère comme de ce lieu d'expiation où des flammes nous préparent pour la vie céleste, où l'on a tout perdu comme aux enfers, hors l'espérance.

« On peut trouver des forces dans son ame contre un malheur personnel ; mais devenir la cause involontaire du malheur d'un autre, cela est tout-à-fait insupportable. Éclairé sur les maux de ma sœur, je me figurois ce qu'elle avoit dû souffrir. Alors s'expliquèrent pour moi plusieurs choses que je n'avois pu comprendre ; ce mélange de joie et de tristesse qu'Amélie avoit fait paroître au moment de mon départ pour mes voyages, le soin qu'elle prit de m'éviter à mon retour, et cependant cette foiblesse qui l'empêcha si long-temps d'entrer dans un monastère : sans doute la fille malheureuse s'étoit flattée de guérir ! Ses projets de retraite, la dispense du noviciat, la disposition de ses biens en ma faveur, avoient apparemment produit cette correspondance secrète qui servit à me tromper.

« O mes amis ! je sus donc ce que c'étoit que de verser des larmes pour un mal qui n'étoit point imaginaire ! Mes passions, si long-temps indéterminées, se précipitèrent sur cette première proie avec fureur. Je trouvai même une sorte de satisfaction inattendue dans la plénitude de mon chagrin, et je m'aperçus, avec un secret mouvement de joie, que la douleur n'est pas une affection qu'on épuise comme le plaisir.

« J'avois voulu quitter la terre avant l'ordre du Tout-Puissant ; c'étoit un grand crime : Dieu m'avoit envoyé Amélie à la fois pour me sauver et pour me punir. Ainsi, toute pensée coupable, toute action criminelle entraîne après elle des désordres et des malheurs. Amélie me prioit de vivre, et je lui devois bien de ne pas aggraver ses maux. D'ailleurs (chose étrange !) je n'avois plus envie de mourir depuis que j'étois réellement malheureux. Mon chagrin étoit devenu une occupation qui remplissoit tous mes moments : tant mon cœur est naturellement pétri d'ennui et de misère !

« Je pris donc subitement une autre résolution; je me déterminai à quitter l'Europe, et à passer en Amérique.

« On équipoit, dans ce moment même, au port de B...., une flotte pour la Louisiane; je m'arrangeai avec un des capitaines de vaisseau; je fis savoir mon projet à Amélie, et je m'occupai de mon départ.

« Ma sœur avoit touché aux portes de la mort; mais Dieu, qui lui destinoit la première palme des vierges, ne voulut pas la rappeler si vite à lui; son épreuve ici-bas fut prolongée. Descendue une seconde fois dans la pénible carrière de la vie, l'héroïne, courbée sous la croix, s'avança courageusement à l'encontre des douleurs, ne voyant plus que le triomphe dans le combat, et dans l'excès des souffrances, l'excès de la gloire.

« La vente du peu de bien qui me restoit, et que je cédai à mon frère, les longs préparatifs d'un convoi, les vents contraires, me retinrent long-temps dans le port. J'allois chaque matin m'informer des nouvelles d'Amélie, et je revenois toujours avec de nouveaux motifs d'admiration et de larmes.

« J'errois sans cesse autour du monastère, bâti au bord de la mer. J'apercevois souvent à une petite fenêtre grillée qui donnoit sur une plage déserte, une religieuse assise dans une attitude pensive; elle rêvoit à l'aspect de l'océan où apparoissoit quelque vaisseau, cinglant aux extrémités de la terre. Plusieurs fois, à la clarté de la lune, j'ai revu la même religieuse aux barreaux de la même fenêtre : elle contemploit la mer, éclairée par l'astre de la nuit, et sembloit prêter l'oreille au bruit des vagues qui se brisoient tristement sur des grèves solitaires.

« Je crois encore entendre la cloche qui, pendant la nuit, appeloit les religieuses aux veilles et aux prières. Tandis qu'elle tintoit avec lenteur et que les vierges s'avançoient en silence à l'autel du Tout-Puissant, je courois au monastère : là, seul au pied des murs, j'écoutois dans une sainte extase les derniers sons des cantiques, qui se mêloient sous les voûtes du temple au foible bruissement des flots.

« Je ne sais comment toutes ces choses, qui auroient dû nourrir mes peines, en émoussoient au contraire l'aiguillon. Mes larmes avoient moins d'amertume, lorsque je les répandois sur les rochers et parmi les vents. Mon chagrin même, par sa nature extraordinaire, portoit avec lui quelque remède : on jouit de ce qui n'est pas commun, même quand cette chose est un malheur. J'en conçus presque l'espérance que ma sœur deviendroit à son tour moins misérable.

« Une lettre que je reçus d'elle avant mon départ sembla me confirmer dans ces idées. Amélie se plaignoit tendrement de ma douleur, et m'assuroit que le temps diminuoit la sienne. « Je ne désespère pas
« de mon bonheur, me disoit-elle. L'excès même
« du sacrifice, à présent que le sacrifice est con-
« sommé, sert à me rendre quelque paix. La sim-
« plicité de mes compagnes, la pureté de leurs
« vœux, la régularité de leur vie, tout répand du
« baume sur mes jours. Quand j'entends gronder

« les orages, et que l'oiseau de mer vient battre
« des ailes à ma fenêtre, moi, pauvre colombe du
« ciel, je songe au bonheur que j'ai eu de trouver
« un abri contre la tempête. C'est ici la sainte mon-
« tagne; le sommet élevé d'où l'on entend les der-
« nirs bruits de la terre et les premiers concerts du
« ciel; c'est ici que la religion trompe doucement
« une ame sensible : aux plus violentes amours elle
« substitue une sorte de chasteté brûlante où l'a-
« mante et la vierge sont unies; elle épure les sou-
« pirs; elle change en une flamme incorruptible
« une flamme périssable; elle mêle divinement son
« calme et son innocence à ce reste de trouble et
« de volupté d'un cœur qui cherche à se reposer,
« et d'une vie qui se retire. »

« Je ne sais ce que le ciel me réserve, et s'il a voulu m'avertir que les orages accompagneroient partout mes pas. L'ordre étoit donné pour le départ de la flotte; déja plusieurs vaisseaux avoient appareillé au baisser du soleil; je m'étois arrangé pour passer la dernière nuit à terre, afin d'écrire ma lettre d'adieux à Amélie. Vers minuit, tandis que je m'occupe de ce soin, et que je mouille mon papier de mes larmes, le bruit des vents vient frapper mon oreille. J'écoute; et au milieu de la tempête, je distingue les coups de canon d'alarme, mêlés au glas de la cloche monastique. Je vole sur le rivage où tout étoit désert, et où l'on n'entendoit que le rugissement des flots. Je m'assieds sur un rocher. D'un côté s'étendent les vagues étincelantes, de l'autre les murs sombres du monastère se perdent confusément dans les cieux. Une petite lumière paroissoit à la fenêtre grillée. Étoit-ce toi, ô mon Amélie, qui, prosternée au pied du crucifix, priois le Dieu des orages d'épargner ton malheureux frère! La tempête sur les flots, le calme dans ta retraite; des hommes brisés sur des écueils, au pied de l'asile que rien ne peut troubler; l'infini de l'autre côté du mur d'une cellule; les fanaux agités des vaisseaux, le phare immobile du couvent; l'incertitude des destinées du navigateur, la vestale connoissant dans un seul jour tous les jours futurs de sa vie; d'une autre part, une ame telle que la tienne, ô Amélie, orageuse comme l'océan; un naufrage plus affreux que celui du marinier : tout ce tableau est encore profondément gravé dans ma mémoire. Soleil de ce ciel nouveau, maintenant témoin de mes larmes, échos du rivage américain qui répétez les accents de René, ce fut le lendemain de cette nuit terrible qu'appuyé sur le gaillard de mon vaisseau, je vis s'éloigner pour jamais ma terre natale! Je contemplai long-temps sur la côte les derniers balancements des arbres de la patrie, et les faîtes du monastère qui s'abaissoient à l'horizon. »

Comme René achevoit de raconter son histoire, il tira un papier de son sein, et le donna au père Souël; puis, se jetant dans les bras de Chactas, et étouffant ses sanglots, il laissa le temps au missionnaire de parcourir la lettre qu'il venoit de lui remettre.

Elle étoit de la supérieure de.... Elle contenoit le récit des derniers moments de la sœur Amélie de la Miséricorde, morte victime de son zèle et de sa charité, en soignant ses compagnes attaquées d'une maladie contagieuse. Toute la communauté étoit inconsolable, et l'on y regardoit Amélie comme une sainte. La supérieure ajoutoit que depuis trente ans qu'elle étoit à la tête de la maison, elle n'avoit jamais vu de religieuse d'une humeur aussi douce et aussi égale, ni qui fût plus contente d'avoir quitté les tribulations du monde.

Chactas pressoit René dans ses bras, le vieillard pleuroit. « Mon enfant, dit-il à son fils, je voudrois
« que le père Aubry fût ici; il tiroit du fond de son
« cœur je ne sais quelle paix qui, en les calmant,
« ne sembloit cependant point étrangère aux tem-
« pêtes, c'étoit la lune dans une nuit orageuse : les
« nuages errants ne peuvent l'emporter dans leur
« course; pure et inaltérable, elle s'avance tran-
« quille au-dessus d'eux. Hélas! pour moi, tout me
« trouble et m'entraîne! »

Jusqu'alors le père Souël, sans proférer une parole, avoit écouté d'un air austère l'histoire de René. Il portoit en secret un cœur compatissant, mais il montroit au dehors un caractère inflexible; la sensibilité du Sachem le fit sortir du silence :

« Rien, dit-il au frère d'Amélie, rien ne mérite,
« dans cette histoire, la pitié qu'on vous montre
« ici. Je vois un jeune homme entêté de chimères,
« à qui tout déplaît, et qui s'est soustrait aux charges

« de la société pour se livrer à d'inutiles rêveries.
« On n'est point, monsieur, un homme supérieur
« parce qu'on aperçoit le monde sous un jour odieux.
« On ne hait les hommes et la vie que faute de voir
« assez loin. Étendez un peu plus votre regard, et
« vous serez bientôt convaincu que tous ces maux
« dont vous vous plaignez sont de purs néants. Mais
« quelle honte de ne pouvoir songer au seul mal-
« heur réel de votre vie, sans être forcé de rougir!
« Toute la pureté, toute la vertu, toute la religion,
« toutes les couronnes d'une sainte rendent à peine
« tolérable la seule idée de vos chagrins. Votre sœur
« a expié sa faute; mais, s'il faut ici dire ma pen-
« sée, je crains que, par une épouvantable justice,
« un aveu sorti du sein de la tombe n'ait troublé
« votre ame à son tour. Que faites-vous seul au
« fond des forêts où vous consumez vos jours, né-
« gligeant tous vos devoirs? Des saints, me direz-
« vous, se sont ensevelis dans les déserts? Ils y
« étoient avec leurs larmes, et employoient à étein-
« dre leurs passions le temps que vous perdez peut-
« être à allumer les vôtres. Jeune présomptueux
« qui avez cru que l'homme se peut suffire à lui-
« même! La solitude est mauvaise à celui qui n'y
« vit pas avec Dieu; elle redouble les puissances de
« l'ame, en même temps qu'elle leur ôte tout sujet
« pour s'exercer. Quiconque a reçu des forces doit
« les consacrer au service de ses semblables; s'il les
« laisse inutiles, il en est d'abord puni par une
« secrète misère, et tôt ou tard le ciel lui envoie
« un châtiment effroyable. »

Troublé par ces paroles, René releva du sein de Chactas sa tête humiliée. Le Sachem aveugle se prit à sourire; et ce sourire de la bouche, qui ne se marioit plus à celui des yeux, avoit quelque chose de mystérieux et de céleste. « Mon fils, dit le vieil
« amant d'Atala, il nous parle sévèrement; il cor-
« rige et le vieillard et le jeune homme, et il a
« raison. Oui, il faut que tu renonces à cette vie
« extraordinaire qui n'est pleine que de soucis; il
« n'y a de bonheur que dans les voies communes.

« Un jour le Meschacebé, encore assez près de sa
« source, se lassa de n'être qu'un limpide ruisseau.
« Il demande des neiges aux montagnes, des eaux
« aux torrents, des pluies aux tempêtes, il franchit
« ses rives, et désole ses bords charmants. L'or-
« gueilleux ruisseau s'applaudit d'abord de sa puis-
« sance; mais voyant que tout devenoit désert sur
« son passage; qu'il couloit, abandonné dans la
« solitude; que ses eaux étoient toujours troublées,
« il regretta l'humble lit que lui avoit creusé la
« nature, les oiseaux, les fleurs, les arbres et les
« ruisseaux, jadis modestes compagnons de son
« paisible cours. »

Chactas cessa de parler, et l'on entendit la voix du *flammant* qui, retiré dans les roseaux du Meschacebé, annonçoit un orage pour le milieu du jour. Les trois amis reprirent la route de leurs cabanes : René marchoit en silence entre le missionnaire qui prioit Dieu, et le Sachem aveugle qui cherchoit sa route. On dit que, pressé par les deux vieillards, il retourna chez son épouse, mais sans y trouver le bonheur. Il périt peu de temps après avec Chactas et le père Souël, dans le massacre des François et des Natchez à la Louisiane. On montre encore un rocher où il alloit s'asseoir au soleil couchant.

FIN DE RENÉ.

LES AVENTURES

DU

DERNIER ABENCERAGE.

AVERTISSEMENT.

Les Aventures du dernier Abencerage sont écrites depuis à peu près une vingtaine d'années : le portrait que j'ai tracé des Espagnols explique assez pourquoi cette Nouvelle n'a pu être imprimée sous le gouvernement impérial. La résistance des Espagnols à Buonaparte, d'un peuple désarmé à ce conquérant qui avoit vaincu les meilleurs soldats de l'Europe, excitoit alors l'enthousiasme de tous les cœurs susceptibles d'être touchés par les grands dévouements et les nobles sacrifices. Les ruines de Saragosse fumoient encore, et la censure n'auroit pas permis des éloges où elle eût découvert, avec raison, un intérêt caché pour les victimes. La peinture des vieilles mœurs de l'Europe, les souvenirs de la gloire d'un autre temps, et ceux de la cour d'un de nos plus brillants monarques, n'auroient pas été plus agréables à la censure, qui d'ailleurs commençoit à se repentir de m'avoir tant de fois laissé parler de l'ancienne monarchie et de la religion de nos pères : ces morts que j'évoquois sans cesse faisoient trop penser aux vivants.

On place souvent dans les tableaux quelque personnage difforme pour faire ressortir la beauté des autres : dans cette Nouvelle, j'ai voulu peindre trois hommes d'un caractère également élevé, mais ne sortant point de la nature, et conservant, avec des passions, les mœurs et les préjugés même de leurs pays. Le caractère de la femme est aussi dessiné dans les mêmes proportions.

Il faut au moins que le monde chimérique, quand on s'y transporte, nous dédommage du monde réel.

On s'apercevra facilement que cette Nouvelle est l'ouvrage d'un homme qui a senti les chagrins de l'exil, et dont le cœur est tout à sa patrie.

C'est sur les lieux mêmes que j'ai pris, pour ainsi dire, les vues de Grenade, de l'Alhambra, et de cette mosquée transformée en église, qui n'est autre chose que la cathédrale de Cordoue. Ces descriptions sont donc une espèce d'addition à ce passage de l'*Itinéraire* :

« De Cadix, je me rendis à Cordoue : j'admirai la
« mosquée qui fait aujourd'hui la cathédrale de cette
« ville. Je parcourus l'ancienne Bétique, où les poètes
« avoient placé le bonheur. Je remontai jusqu'à Andu-
« jar, et je revins sur mes pas pour voir Grenade.
« L'Alhambra me parut digne d'être regardé même
« après les temples de la Grèce. La vallée de Grenade
« est délicieuse, et ressemble beaucoup à celle de Sparte :
« on conçoit que les Maures regrettent un pareil pays. »
(*Itinéraire*, viiie et dernière partie.)

Il est souvent fait allusion dans cette Nouvelle à l'histoire des Zégris et des Abencerages ; cette histoire est si connue qu'il m'a semblé superflu d'en donner un précis dans cet Avertissement. La Nouvelle d'ailleurs contient les détails suffisants pour l'intelligence du texte.

LES AVENTURES

DU

DERNIER ABENCERAGE.

Lorsque Boabdil, dernier roi de Grenade, fut obligé d'abandonner le royaume de ses pères, il s'arrêta au sommet du mont Padul. De ce lieu élevé on découvroit la mer où l'infortuné monarque alloit s'embarquer pour l'Afrique; on apercevoit aussi Grenade, la Véga et le Xénil, au bord duquel s'élevoient les tentes de Ferdinand et d'Isabelle. A la vue de ce beau pays et des cyprès qui marquoient encore çà et là les tombeaux des musulmans, Boabdil se prit à verser des larmes. La sultane Aïxa, sa mère, qui l'accompagnoit dans son exil avec les grands qui composoient jadis sa cour, lui dit : « Pleure maintenant comme une « femme un royaume que tu n'as pas su défendre « comme un homme. » Ils descendirent de la montagne, et Grenade disparut à leurs yeux pour toujours.

Les Maures d'Espagne, qui partagèrent le sort de leur roi, se dispersèrent en Afrique. Les tribus des Zégris et des Gomèles s'établirent dans le royaume de Fez, dont elles tiroient leur origine. Les Vanégas et les Alabès s'arrêtèrent sur la côte, depuis Oran jusqu'à Alger; enfin les Abencerages se fixèrent dans les environs de Tunis. Ils formèrent, à la vue des ruines de Carthage, une colonie que l'on distingue encore aujourd'hui des Maures d'Afrique par l'élégance de ses mœurs et la douceur de ses lois.

Ces familles portèrent dans leur patrie nouvelle le souvenir de leur ancienne patrie. Le *Paradis de Grenade* vivoit toujours dans leur mémoire; les mères en redisoient le nom aux enfants qui suçoient encore la mamelle. Elles les berçoient avec les romances des Zégris et des Abencerages. Tous les cinq jours on prioit dans la mosquée, en se tournant vers Grenade. On invoquoit Allah, afin qu'il rendît à ses élus cette terre de délices. En vain le pays des Lotophages offroit aux exilés ses fruits, ses eaux, sa verdure, son brillant soleil; loin des *Tours vermeilles*[1], il n'y avoit ni fruits agréables, ni fontaines limpides, ni fraîche verdure, ni soleil digne d'être regardé. Si l'on montroit à quelque banni les plaines de la Bagrada, il secouoit la tête, et s'écrioit en soupirant : « Grenade! ».

Les Abencerages surtout conservoient le plus tendre et le plus fidèle souvenir de la patrie. Ils avoient quitté avec un mortel regret le théâtre de leur gloire, et les bords qu'ils firent si souvent

---

[1] Tours du palais de Grenade.

retentir de ce cri d'armes : « Honneur et Amour. »
Ne pouvant plus lever la lance dans les déserts, ni
se couvrir du casque dans une colonie de laboureurs, ils s'étoient consacrés à l'étude des simples,
profession estimée, chez les Arabes, à l'égal du
métier des armes. Ainsi cette race de guerriers qui
jadis faisoit des blessures, s'occupoit maintenant
de l'art de les guérir. En cela, elle avoit retenu
quelque chose de son premier génie, car les chevaliers pansoient souvent eux-mêmes les plaies de
l'ennemi qu'ils avoient abattu.

La cabane de cette famille, qui jadis eut des palais, n'étoit point placée dans le hameau des autres
exilés, au pied de la montagne du Mamelife; elle
étoit bâtie parmi les débris mêmes de Carthage,
au bord de la mer, dans l'endroit où saint Louis
mourut sur la cendre, et où l'on voit aujourd'hui
un ermitage mahométan. Aux murailles de la cabane étoient attachés des boucliers de peau de
lion, qui portoient empreintes sur un champ d'azur
deux figures de Sauvages brisant une ville avec
une massue. Autour de cette devise on lisoit ces
mots : « *C'est peu de chose!* » armes et devise des
Abencerages. Des lances ornées de pennons blancs
et bleus, des alburnos, des casaques de satin tail-
ladé, étoient rangés auprès des boucliers, et brilloient au milieu des cimeterres et des poignards.
On voyoit encore suspendus çà et là des gantelets,
des mors enrichis de pierreries, de larges étriers
d'argent, de longues épées dont le fourreau avoit
été brodé par les mains des princesses; et des épe-

rons d'or que les Yseult, les Genièvre, les Oriane, chaussèrent jadis à de vaillants chevaliers.

Sur des tables, au pied de ces trophées de la gloire, étoient posés des trophées d'une vie pacifique : c'étoient des plantes cueillies sur les sommets de l'Atlas et dans le désert de Zaara ; plusieurs même avoient été apportées de la plaine de Grenade. Les unes étoient propres à soulager les maux du corps ; les autres devoient étendre leur pouvoir jusque sur les chagrins de l'ame. Les Abencerages estimoient surtout celles qui servoient à calmer les vains regrets, à dissiper les folles illusions et ces espérances de bonheur toujours naissantes, toujours déçues. Malheureusement ces simples avoient des vertus opposées, et souvent le parfum d'une fleur de la patrie étoit comme une espèce de poison pour les illustres bannis.

Vingt-quatre ans s'étoient écoulés depuis la prise de Grenade. Dans ce court espace de temps, quatorze Abencerages avoient péri par l'influence d'un nouveau climat, par les accidents d'une vie errante, et surtout par le chagrin, qui mine sourdement les forces de l'homme. Un seul rejeton étoit tout l'espoir de cette maison fameuse. Aben-Hamet portoit le nom de cet Abencerage qui fut accusé par les Zégris d'avoir séduit la sultane Alfaïma. Il réunissoit en lui la beauté, la valeur, la courtoisie, la générosité de ses ancêtres, avec ce doux éclat et cette légère expression de tristesse que donne le malheur noblement supporté. Il n'avoit que vingt-deux ans lorsqu'il perdit son père ; il résolut alors de faire un pélerinage au pays de ses aïeux, afin de satisfaire au besoin de son cœur, et d'accomplir un dessein qu'il cacha soigneusement à sa mère.

Il s'embarqua à l'échelle de Tunis ; un vent favorable le conduit à Carthagène ; il descend du navire, et prend aussitôt la route de Grenade : il s'annonçoit comme un médecin arabe qui venoit herboriser parmi les rochers de la Sierra-Nevada. Une mule paisible le portoit lentement dans le pays où les Abencerages voloient jadis sur de belliqueux coursiers : un guide marchoit en avant, conduisant deux autres mules ornées de sonnettes et de touffes de laine de diverses couleurs. Aben-Hamet traversa les grandes bruyères et les bois de palmiers du royaume de Murcie : à la vieillesse de ces palmiers, il jugea qu'ils devoient avoir été plantés par ses pères, et son cœur fut pénétré de regrets. Là s'élevoit une tour où veilloit la sentinelle au temps de la guerre des Maures et des Chrétiens ; ici se montroit une ruine dont l'architecture annonçoit une origine mauresque ; autre sujet de douleur pour l'Abencerage ! Il descendoit de sa mule, et, sous prétexte de chercher des plantes, il se cachoit un moment dans ces débris pour donner un libre cours à ses larmes. Il reprenoit ensuite sa route ; en rêvant au bruit des sonnettes de la caravane et au chant monotone de son guide. Celui-ci n'interrompoit sa longue romance que pour encourager ses mules, en leur donnant le nom de *belles* et de *valeureuses*, ou pour les gourmander, en les appelant *paresseuses* et *obstinées*.

Des troupeaux de moutons qu'un berger conduisoit comme une armée dans des plaines jaunes et incultes, quelques voyageurs solitaires, loin de répandre la vie sur le chemin, ne servoient qu'à le faire paroître plus triste et plus désert. Ces voyageurs portoient tous une épée à la ceinture : ils étoient enveloppés dans un manteau, et un large chapeau rabattu leur couvroit à demi le visage. Ils saluoient en passant Aben-Hamet, qui ne distinguoit dans ce noble salut que le nom de *Dieu*, de *Seigneur* et de *Chevalier*. Le soir, à la *venta*, l'Abencerage prenoit sa place au milieu des étrangers, sans être importuné de leur curiosité indiscrète. On ne lui parloit point, on ne le questionnoit point; son turban, sa robe, ses armes, n'excitoient aucun mouvement. Puisque Allah avoit voulu que les Maures d'Espagne perdissent leur belle patrie, Aben-Hamet ne pouvoit s'empêcher d'en estimer les graves conquérants.

Des émotions encore plus vives attendoient l'Abencerage au terme de sa course. Grenade est bâtie au pied de la Sierra-Nevada, sur deux hautes collines que sépare une profonde vallée. Les maisons placées sur la pente des coteaux, dans l'enfoncement de la vallée, donnent à la ville l'air et la forme d'une grenade entr'ouverte, d'où lui est venu son nom. Deux rivières, le Xénil et le Douro, dont l'une roule des paillettes d'or, et l'autre des sables d'argent, lavent le pied des collines, se réunissent et serpentent ensuite au milieu d'une plaine charmante, appelée la Véga. Cette plaine, que domine Grenade, est couverte de vignes, de grenadiers, de figuiers, de mûriers, d'orangers; elle est entourée par des montagnes d'une forme et d'une couleur admirables. Un ciel enchanté, un air pur et délicieux, portent dans l'ame une langueur secrète dont le voyageur qui ne fait que passer a même de la peine à se défendre. On sent que, dans ce pays, les tendres passions auroient promptement étouffé les passions héroïques, si l'amour, pour être véritable, n'avoit pas toujours besoin d'être accompagné de la gloire.

Lorsque Aben-Hamet découvrit le faîte des premiers édifices de Grenade, le cœur lui battit avec tant de violence qu'il fut obligé d'arrêter sa mule. Il croisa les bras sur sa poitrine, et, les yeux attachés sur la ville sacrée, il resta muet et immobile. Le guide s'arrêta à son tour, et, comme tous les sentiments élevés sont aisément compris d'un Espagnol, il parut touché et devina que le Maure revoyoit son ancienne patrie. L'Abencerage rompit enfin le silence.

« Guide, s'écria-t-il, sois heureux ! ne me cache
« point la vérité, car le calme régnoit dans les flots
« le jour de ta naissance, et la lune entroit dans
« son croissant. Quelles sont ces tours qui brillent
« comme des étoiles au-dessus d'une verte forêt? »

« C'est l'Alhambra, » répond le guide.

« Et cet autre château, sur cette autre colline? » dit Aben-Hamet.

« C'est le Généralife, répliqua l'Espagnol. Il y a
« dans ce château un jardin planté de myrtes où

« l'on prétend qu'Abencerage fut surpris avec la
« sultane Alfaïma. Plus loin vous voyez l'Albaïzyn,
« et plus près de nous les Tours vermeilles. »

Chaque mot du guide perçoit le cœur d'Aben-Hamet. Qu'il est cruel d'avoir recours à des étrangers pour apprendre à connoître les monuments de ses pères, et de se faire raconter par des indifférents l'histoire de sa famille et de ses amis! Le guide, mettant fin aux réflexions d'Aben-Hamet, s'écria : « Marchons, seigneur Maure ; marchons,
« Dieu l'a voulu! Prenez courage. François Ier n'est-
« il pas aujourd'hui même prisonnier dans notre
« Madrid? Dieu l'a voulu. » Il ôta son chapeau, fit un grand signe de croix, et frappa ses mules. L'Abencerage, pressant la sienne à son tour, s'écria :
« C'étoit écrit; [1] » et ils descendirent vers Grenade.

Ils passèrent près du gros frêne célèbre par le combat de Muça et du grand-maître de Calatrava, sous le dernier roi de Grenade. Ils firent le tour de la promenade Alameïda, et pénétrèrent dans la cité par la porte d'Elvire. Ils remontèrent le Rambla et arrivèrent bientôt sur une place qu'environnoient de toutes parts des maisons d'architecture moresque. Un kan étoit ouvert sur cette place pour les Maures d'Afrique, que le commerce de soies de la Véga attiroit en foule à Grenade. Ce fut là que le guide conduisit Aben-Hamet.

L'Abencerage étoit trop agité pour goûter un

---

[1] Expression que les musulmans ont sans cesse à la bouche, et qu'ils appliquent à la plupart des événements de la vie.

peu de repos dans sa nouvelle demeure ; la patrie le tourmentoit. Ne pouvant résister aux sentiments qui troubloient son cœur, il sortit au milieu de la nuit pour errer dans les rues de Grenade. Il essayoit de reconnoître avec ses yeux ou ses mains quelques uns des monuments que les vieillards lui avoient si souvent décrits. Peut-être que ce haut édifice dont il entrevoyoit les murs à travers les ténèbres étoit autrefois la demeure des Abencerages ; peut-être étoit-ce sur cette place solitaire que se donnoient ces fêtes qui portèrent la gloire de Grenade jusqu'aux nues. Là passoient les quadrilles superbement vêtus de brocards ; là s'avançoient les galères chargées d'armes et de fleurs, les dragons qui lançoient des feux et qui recéloient dans leurs flancs d'illustres guerriers ; ingénieuses inventions du plaisir et de la galanterie.

Mais, hélas ! au lieu du son des anafins, du bruit des trompettes et des chants d'amour, un silence profond régnoit autour d'Aben-Hamet. Cette ville muette avoit changé d'habitants, et les vainqueurs reposoient sur la couche des vaincus. « Ils dorment « donc, ces fiers Espagnols, s'écrioit le jeune Maure « indigné, sous ces toits dont ils ont exilé mes aïeux ! « Et moi, Abencerage, je veille inconnu, solitaire, « délaissé, à la porte du palais de mes pères ! »

Aben-Hamet réfléchissoit alors sur les destinées humaines, sur les vicissitudes de la fortune, sur la chute des empires, sur cette Grenade enfin, surprise par ses ennemis au milieu des plaisirs, et changeant tout à coup ses guirlandes de fleurs contre des chaînes; il lui sembloit voir ses citoyens abandonnant leurs foyers en habits de fête, comme des convives qui, dans le désordre de leur parure, sont tout à coup chassés de la salle du festin par un incendie.

Toutes ces images, toutes ces pensées, se pressoient dans l'ame d'Aben-Hamet; plein de douleur et de regret, il songeoit surtout à exécuter le projet qui l'avoit amené à Grenade : le jour le surprit. L'Abencerage s'étoit égaré : il se trouvoit loin du kan, dans un faubourg écarté de la ville. Tout dormoit; aucun bruit ne troubloit le silence des rues; les portes et les fenêtres des maisons étoient fermées : seulement la voix du coq proclamoit dans l'habitation du pauvre le retour des peines et des travaux.

Après avoir erré long-temps sans pouvoir retrouver sa route, Aben-Hamet entendit une porte s'ouvrir. Il vit sortir une jeune femme, vêtue à peu près comme ces reines gothiques sculptées sur les monuments de nos anciennes abbayes. Son corset noir, garni de jais, serroit sa taille élégante; son jupon court, étroit et sans plis, découvroit une jambe fine et un pied charmant; une mantille également noire étoit jetée sur sa tête : elle tenoit avec sa main gauche cette mantille croisée et fermée comme une guimpe au-dessous de son menton, de sorte que l'on n'apercevoit de tout son visage que ses grands yeux et sa bouche de rose. Une duègne accompagnoit ses pas; un page portoit devant elle un livre d'église; deux varlets, parés de ses couleurs, suivoient à quelque distance la belle inconnue : elle se rendoit à la prière matinale, que les tintements d'une cloche annonçoient dans un monastère voisin.

Aben-Hamet crut voir l'ange Israfil ou la plus jeune des houris. L'Espagnole, non moins surprise, regardoit l'Abencerage, dont le turban, la robe et les armes embellissoient encore la noble figure. Revenue de son premier étonnement, elle fit signe à l'étranger de s'approcher avec une grace et une liberté particulières aux femmes de ce pays. « Sei-
« gneur Maure, lui dit-elle, vous paroissez nouvel-
« lement arrivé à Grenade : vous seriez-vous égaré ? »

« Sultane des fleurs, répondit Aben-Hamet, dé-
« lices des yeux des hommes, ô esclave chrétienne,
« plus belle que les vierges de la Géorgie, tu l'as
« deviné ! je suis étranger dans cette ville : perdu
« au milieu de ces palais, je n'ai pu retrouver le
« kan des Maures. Que Mahomet touche ton cœur
« et récompense ton hospitalité ! »

« Les Maures sont renommés pour leur galante-
« rie, reprit l'Espagnole avec le plus doux sourire ;
« mais je ne suis ni sultane des fleurs, ni esclave,
« ni contente d'être recommandée à Mahomet.
« Suivez-moi, seigneur chevalier, je vais vous re-
« conduire au kan des Maures. »

Elle marcha légèrement devant l'Abencerage, le mena jusqu'à la porte du kan, le lui montra de la main, passa derrière un palais et disparut.

A quoi tient donc le repos de la vie ! La patrie n'occupe plus seule et tout entière l'ame d'Aben-

Hamet : Grenade a cessé d'être pour lui déserte, abandonnée, veuve, solitaire ; elle est plus chère que jamais à son cœur, mais c'est un prestige nouveau qui embellit ses ruines ; au souvenir des aïeux se mêle à présent un autre charme. Aben-Hamet a découvert le cimetière où reposent les cendres des Abencerages ; mais en priant, mais en se prosternant, mais en versant des larmes filiales, il songe que la jeune Espagnole a passé quelquefois sur ces tombeaux, et il ne trouve plus ses ancêtres si malheureux.

C'est en vain qu'il ne veut s'occuper que de son pélerinage au pays de ses pères ; c'est en vain qu'il parcourt les coteaux du Douro et du Xénil, pour y recueillir des plantes au lever de l'aurore : la fleur qu'il cherche maintenant, c'est la belle chrétienne. Que d'inutiles efforts il a déja tentés pour retrouver le palais de son enchanteresse ! Que de fois il a essayé de repasser par les chemins que lui fit parcourir son divin guide ! Que de fois il a cru reconnoître le son de cette cloche, le chant de ce coq qu'il entendit près de la demeure de l'Espagnole ! Trompé par des bruits pareils, il court aussitôt de ce côté, et le palais magique ne s'offre point à ses regards ! Souvent encore le vêtement uniforme des femmes de Grenade lui donnoit un moment d'espoir : de loin toutes les chrétiennes ressembloient à la maîtresse de son cœur ; de près, pas une n'avoit sa beauté ou sa grace. Aben-Hamet avoit enfin parcouru les églises pour découvrir l'étrangère ; il avoit même pénétré jusqu'à la tombe de Ferdinand et d'Isabelle; mais c'étoit aussi le plus grand sacrifice qu'il eût jusqu'alors fait à l'amour.

Un jour il herborisoit dans la vallée du Douro. Le coteau du midi soutenoit sur sa pente fleurie les murailles de l'Alhambra et les jardins du Généralife; la colline du nord étoit décorée par l'Albaïzyn, par de riants vergers, et par des grottes qu'habitoit un peuple nombreux. A l'extrémité occidentale de la vallée on découvroit les clochers de Grenade qui s'élevoient en groupe du milieu des chênes-verts et des cyprès. A l'autre extrémité, vers l'orient, l'œil rencontroit sur des pointes de rochers, des couvents, des ermitages, quelques ruines de l'ancienne Illibérie, et dans le lointain les sommets de la Sierra-Nevada. Le Douro rouloit au milieu du vallon, et présentoit le long de son cours de frais moulins, de bruyantes cascades, les arches brisées d'un aqueduc romain, et les restes d'un pont du temps des Maures.

Aben-Hamet n'étoit plus ni assez infortuné, ni assez heureux, pour bien goûter le charme de la solitude : il parcouroit avec distraction et indifférence ces bords enchantés. En marchant à l'aventure, il suivit une allée d'arbres qui circuloit sur la pente du coteau de l'Albaïzyn. Une maison de campagne, environnée d'un bocage d'orangers, s'offrit bientôt à ses yeux : en approchant du bocage, il entendit les sons d'une voix et d'une guitare. Entre la voix, les traits et les regards d'une femme, il y a des rapports qui ne trompent jamais un homme que l'amour possède. « C'est ma houri! » dit Aben-

Hamet; et il écoute, le cœur palpitant : au nom des Abencerages plusieurs fois répété, son cœur bat encore plus vite. L'inconnue chantoit une romance castillane qui retraçoit l'histoire des Abencerages et des Zégris. Aben-Hamet ne peut plus résister à son émotion; il s'élance à travers une haie de myrtes, et tombe au milieu d'une troupe de jeunes femmes effrayées qui fuient en poussant des cris. L'Espagnole, qui venoit de chanter et qui tenoit encore la guitare, s'écrie : « C'est le seigneur Maure! » Et elle rappelle ses compagnes : « Favo-
« rite des Génies, dit l'Abencerage, je te cherchois
« comme l'Arabe cherche une source dans l'ardeur
« du midi; j'ai entendu les sons de ta guitare, tu
« célébrois les héros de mon pays, je t'ai devinée
« à la beauté de tes accents, et j'apporte à tes pieds
« le cœur d'Aben-Hamet.

« Et moi, répondit dona Blanca, c'étoit en pen-
« sant à vous que je redisois la romance des Aben-
« cerages. Depuis que je vous ai vu, je me suis
« figuré que ces chevaliers Maures vous ressem-
« bloient. »

Une légère rougeur monta au front de Blanca en prononçant ces mots. Aben-Hamet se sentit prêt à tomber aux genoux de la jeune chrétienne, à lui déclarer qu'il étoit le dernier Abencerage; mais un reste de prudence le retint; il craignit que son nom, trop fameux à Grenade, ne donnât des inquiétudes au gouverneur. La guerre des Morisques étoit à peine terminée, et la présence d'un Abencerage dans ce moment pouvoit inspirer aux Espagnols de justes craintes. Ce n'est pas qu'Aben-Hamet s'effrayât d'aucun péril ; mais il frémissoit à la pensée d'être obligé de s'éloigner pour jamais de la fille de don Rodrigue.

Dona Blanca descendoit d'une famille qui tiroit son origine du Cid de Bivar et de Chimène, fille du comte Gomez de Gormas. La postérité du vainqueur de Valence-la-Belle tomba, par l'ingratitude de la cour de Castille, dans une extrême pauvreté ; on crut même pendant plusieurs siècles qu'elle s'étoit éteinte, tant elle devint obscure. Mais, vers le temps de la conquête de Grenade, un dernier rejeton de la race des Bivar, l'aïeul de Blanca, se fit reconnoître moins encore à ses titres qu'à l'éclat de sa valeur. Après l'expulsion des infidèles, Ferdinand donna au descendant du Cid les biens de plusieurs familles maures, et le créa duc de Santa-Fé. Le nouveau duc fixa sa demeure à Grenade, et mourut jeune encore, laissant un fils unique déja marié, don Rodrigue, père de Blanca.

Dona Thérésa de Xérès, femme de don Rodrigue, mit au jour un fils qui reçut à sa naissance le nom de Rodrigue, comme tous ses aïeux, mais que l'on appela don Carlos, pour le distinguer de son père. Les grands événements que don Carlos eut sous les yeux dès sa plus tendre jeunesse, les périls auxquels il fut exposé presque au sortir de l'enfance, ne firent que rendre plus grave et plus rigide un caractère naturellement porté à l'austérité. Don Carlos comptoit à peine quatorze ans lorsqu'il suivit Cortez au Mexique : il avoit supporté tous les dangers, il avoit été témoin de toutes les horreurs de cette étonnante aventure ; il avoit assisté à la chute du dernier roi d'un monde jusqu'alors inconnu. Trois ans après cette catastrophe, don Carlos s'étoit trouvé en Europe à la bataille de Pavie, comme pour voir l'honneur et la vaillance couronnés succomber sous les coups de la fortune. L'aspect d'un nouvel univers, de longs voyages sur des mers non encore parcourues, le spectacle des révolutions et des vicissitudes du sort, avoient fortement ébranlé l'imagination religieuse et mélancolique de don Carlos : il étoit entré dans l'ordre chevaleresque de Calatrava, et, renonçant au mariage malgré les prières de don Rodrigue, il destinoit tous ses biens à sa sœur.

Blanca de Bivar, sœur unique de don Carlos, et beaucoup plus jeune que lui, étoit l'idole de son père : elle avoit perdu sa mère, et elle entroit dans sa dix-huitième année lorsque Aben-Hamet parut à Grenade. Tout étoit séduction dans cette femme enchanteresse ; sa voix étoit ravissante, sa danse plus légère que le zéphyr : tantôt elle se plaisoit à guider un char comme Armide, tantôt elle voloit sur le dos du plus rapide coursier d'Andalousie, comme ces Fées charmantes qui apparoissoient à Tristan et à Galaor dans les forêts. Athènes l'eût prise pour Aspasie, et Paris pour Diane de Poitiers qui commençoit à briller à la cour. Mais, avec les charmes d'une Françoise, elle avoit les passions d'une Espagnole, et sa coquetterie naturelle n'ôtoit rien à la sûreté, à la constance, à la force, à l'élévation des sentiments de son cœur.

Aux cris qu'avoient poussés les jeunes Espagnoles lorsque Aben-Hamet s'étoit élancé dans le bocage, don Rodrigue étoit accouru. « Mon père, dit Blanca, « voilà le seigneur Maure dont je vous ai parlé. Il « m'a entendu chanter, il m'a reconnue; il est en- « tré dans le jardin pour me remercier de lui avoir « enseigné sa route. »

Le duc de Santa-Fé reçut l'Abencerage avec la politesse grave et pourtant naïve des Espagnols. On ne remarque chez cette nation aucun de ces airs serviles, aucun de ces tours de phrase qui annoncent l'abjection des pensées et la dégradation de l'ame. La langue du grand seigneur et du paysan est la même, le salut le même, les compliments, les habitudes, les usages, sont les mêmes. Autant la confiance et la générosité de ce peuple envers les étrangers sont sans bornes, autant sa vengeance est terrible quand on le trahit. D'un courage héroïque, d'une patience à toute épreuve, incapable de céder à la mauvaise fortune, il faut qu'il la dompte ou qu'il en soit écrasé. Il a peu de ce qu'on appelle esprit; mais les passions exaltées lui tiennent lieu de cette lumière qui vient de la finesse et de l'abondance des idées. Un Espagnol qui passe le jour sans parler, qui n'a rien vu, qui ne se soucie de rien voir, qui n'a rien lu, rien étudié, rien comparé, trouvera dans la grandeur de ses résolutions les ressources nécessaires au moment de l'adversité.

C'étoit le jour de la naissance de don Rodrigue,

et Blanca donnoit à son père une *tertullia*, ou petite fête, dans cette charmante solitude. Le duc de Santa-Fé invita Aben-Hamet à s'asseoir au milieu des jeunes femmes, qui s'amusoient du turban et de la robe de l'étranger. On apporta des carreaux de velours, et l'Abencerage se reposa sur ces carreaux à la façon des Maures. On lui fit des questions sur son pays et sur ses aventures : il y répondit avec esprit et gaieté. Il parloit le castillan le plus pur ; on auroit pu le prendre pour un Espagnol, s'il n'eût presque toujours dit *toi* au lieu de *vous*. Ce mot avoit quelque chose de si doux dans sa bouche, que Blanca ne pouvoit se défendre d'un secret dépit lorsqu'il s'adressoit à l'une de ses compagnes.

De nombreux serviteurs parurent : ils portoient le chocolat, les pâtes de fruits et les petits pains de sucre de Malaga, blancs comme la neige, poreux et légers comme des éponges. Après le *refresco*, on pria Blanca d'exécuter une de ces danses de caractère, où elle surpassoit les plus habiles Guitanas. Elle fut obligée de céder aux vœux de ses amies. Aben-Hamet avoit gardé le silence ; mais ses regards suppliants parloient au défaut de sa bouche. Blanca choisit une Zambra, danse expressive que les Espagnols ont empruntée des Maures.

Une des jeunes femmes commence à jouer sur la guitare l'air de la danse étrangère. La fille de don Rodrigue ôte son voile, et attache à ses mains blanches des castagnettes de bois d'ébène. Ses cheveux noirs tombent en boucles sur son cou d'albâtre ; sa bouche et ses yeux sourient de concert ; son teint est animé par le mouvement de son cœur. Tout à coup elle fait retentir le bruyant ébène, frappe trois fois la mesure, entonne le chant de la Zambra, et, mêlant sa voix au son de la guitare, elle part comme un éclair.

Quelle variété dans ses pas ! quelle élégance dans ses attitudes ! Tantôt elle lève ses bras avec vivacité, tantôt elle les laisse retomber avec mollesse. Quelquefois elle s'élance comme enivrée de plaisir, et se retire comme accablée de douleur. Elle tourne la tête, semble appeler quelqu'un d'invisible, tend modestement une joue vermeille au baiser d'un nouvel époux, fuit honteuse, revient brillante et consolée, marche d'un pas noble et presque guerrier, puis voltige de nouveau sur le gazon. L'harmonie de ses pas, de ses chants, et des sons de sa guitare étoit parfaite. La voix de Blanca, légèrement voilée, avoit cette sorte d'accent qui remue les passions jusqu'au fond de l'ame. La musique espagnole, composée de soupirs et de mouvements vifs, de refrains tristes, de chants subitement arrêtés, offre un singulier mélange de gaieté et de mélancolie. Cette musique et cette danse fixèrent sans retour le destin du dernier Abencerage : elles auroient suffi pour troubler un cœur moins malade que le sien.

On retourna le soir à Grenade par la vallée du Douro. Don Rodrigue, charmé des manières nobles et polies d'Aben-Hamet, ne voulut point se séparer de lui qu'il ne lui eût promis de venir souvent amuser Blanca des merveilleux récits de l'Orient. Le Maure, au comble de ses vœux, accepta l'invitation du duc de Santa-Fé ; et dès le lendemain il se rendit au palais où respiroit celle qu'il aimoit plus que la lumière du jour.

Blanca se trouva bientôt engagée dans une passion profonde par l'impossibilité même où elle crut être d'éprouver jamais cette passion. Aimer un infidèle, un Maure, un inconnu, lui paroissoit une chose si étrange, qu'elle ne prit aucune précaution contre le mal qui commençoit à se glisser dans ses veines ; mais aussitôt qu'elle en reconnut les atteintes, elle accepta ce mal en véritable Espagnole. Les périls et les chagrins qu'elle prévit ne la firent point reculer au bord de l'abîme, ni délibérer long-temps avec son cœur. Elle se dit : « Qu'Aben-« Hamet soit chrétien, qu'il m'aime, et je le suis au « bout de la terre. »

L'Abencerage ressentoit de son côté toute la puissance d'une passion irrésistible : il ne vivoit plus que pour Blanca. Il ne s'occupoit plus des projets qui l'avoient amené à Grenade ; il lui étoit facile d'obtenir les éclaircissements qu'il étoit venu chercher, mais tout autre intérêt que celui de son amour s'étoit évanoui à ses yeux. Il redoutoit même des lumières qui auroient pu apporter des changements dans sa vie. Il ne demandoit rien, il ne vouloit rien connoître ; il se disoit : « Que Blanca soit musul-« mane, qu'elle m'aime, et je la sers jusqu'à mon « dernier soupir. »

Aben-Hamet et Blanca, ainsi fixés dans leur résolution, n'attendoient que le moment de se découvrir leurs sentiments. On étoit alors dans les plus beaux jours de l'année. « Vous n'avez point encore
« vu l'Alhambra, dit la fille du duc de Santa-Fé à
« l'Abencerage. Si j'en crois quelques paroles qui
« vous sont échappées, votre famille est originaire
« de Grenade. Peut-être serez-vous bien aise de
« visiter le palais de vos anciens rois? Je veux moi-
« même ce soir vous servir de guide. »

Aben-Hamet jura par le prophète que jamais promenade ne pouvoit lui être plus agréable.

L'heure fixée pour le pélerinage de l'Alhambra étant arrivée, la fille de don Rodrigue monta sur une haquenée blanche accoutumée à gravir les rochers comme un chevreuil. Aben-Hamet accompagnoit la brillante Espagnole sur un cheval andalou équipé à la manière des Turcs. Dans la course rapide du jeune Maure, sa robe de pourpre s'enfloit derrière lui, son sabre recourbé retentissoit sur la selle élevée, et le vent agitoit l'aigrette dont son turban étoit surmonté. Le peuple, charmé de sa bonne grace, disoit en le regardant passer : « C'est
« un prince infidèle que dona Blanca va con-
« vertir. »

Ils suivirent d'abord une longue rue qui portoit encore le nom d'une illustre famille maure; cette rue aboutissoit à l'enceinte extérieure de l'Alhambra. Ils traversèrent ensuite un bois d'ormeaux, arrivèrent à une fontaine, et se trouvèrent bientôt devant l'enceinte intérieure du palais de Boabdil.

Dans une muraille flanquée de tours et surmontée de créneaux, s'ouvroit une porte appelée *la Porte du Jugement*. Ils franchirent cette première porte, et s'avancèrent par un chemin étroit qui serpentoit entre de hauts murs et des masures à demi ruinées. Ce chemin les conduisit à la place des Algibes, près de laquelle Charles-Quint faisoit alors élever un palais. De là, tournant vers le nord, ils s'arrêtèrent dans une cour déserte, au pied d'un mur sans ornements et dégradé par les âges. Aben-Hamet, sautant légèrement à terre, offrit la main à Blanca pour descendre de sa mule. Les serviteurs frappèrent à une porte abandonnée, dont l'herbe cachoit le seuil : la porte s'ouvrit, et laissa voir tout à coup les réduits secrets de l'Alhambra.

Tous les charmes, tous les regrets de la patrie, mêlés aux prestiges de l'amour, saisirent le cœur du dernier Abencerage. Immobile et muet, il plongeoit des regards étonnés dans cette habitation des Génies ; il croyoit être transporté à l'entrée d'un de ces palais dont on lit la description dans les contes arabes. De légères galeries, des canaux de marbre blanc bordés de citronniers et d'orangers en fleur, des fontaines, des cours solitaires, s'offroient de toutes parts aux yeux d'Aben-Hamet, et, à travers les voûtes allongées des portiques, il apercevoit d'autres labyrinthes et de nouveaux enchantements. L'azur du plus beau ciel se montroit entre des colonnes qui soutenoient une chaîne d'arceaux gothiques. Les murs, chargés d'arabesques, imitoient à la vue ces étoffes de l'Orient, que brode dans l'ennui du harem le caprice d'une femme esclave. Quelque chose de voluptueux, de religieux et de guerrier, sembloit respirer dans ce magique édifice; espèce de cloître de l'amour, retraite mystérieuse où les rois maures goûtoient tous les plaisirs, et oublioient tous les devoirs de la vie.

Après quelques instants de surprise et de silence, les deux amants entrèrent dans ce séjour de la puissance évanouie et des félicités passées. Ils firent d'abord le tour de la salle des Mésucar, au milieu du parfum des fleurs et de la fraîcheur des eaux. Ils pénétrèrent ensuite dans la cour des Lions. L'émotion d'Aben-Hamet augmentoit à chaque pas. « Si tu ne remplissois mon ame de délices, dit-il à « Blanca, avec quel chagrin me verrois-je obligé « de te demander, à toi Espagnole, l'histoire de ces « demeures! Ah! ces lieux sont faits pour servir de « retraite au bonheur, et moi!... »

Aben-Hamet aperçut le nom de Boabdil enchâssé dans des mosaïques. « O mon roi, s'écria-t-il, qu'es- « tu devenu? Où te trouverai-je dans ton Alhambra « désert? » Et les larmes de la fidélité, de la loyauté et de l'honneur couvroient les yeux du jeune Maure. « Vos anciens maîtres, dit Blanca, ou plutôt les rois « de vos pères, étoient des ingrats. » — « Qu'im- « porte? repartit l'Abencerage; ils ont été mal- « heureux! »

Comme il prononçoit ces mots, Blanca le conduisit dans un cabinet qui sembloit être le sanctuaire même du temple de l'Amour. Rien n'égaloit

l'élégance de cet asile : la voûte entière, peinte d'azur et d'or, et composée d'arabesques découpées à jour, laissoit passer la lumière comme à travers un tissu de fleurs. Une fontaine jaillissoit au milieu de l'édifice, et ses eaux, retombant en rosée, étoient recueillies dans une conque d'albâtre. « Aben-Ha-
« met, dit la fille du duc de Santa-Fé, regardez
« bien cette fontaine : elle reçut les têtes défigurées
« des Abencerages. Vous voyez encore sur le mar-
« bre la tache du sang des infortunés que Boabdil
« sacrifia à ses soupçons. C'est ainsi qu'on traite
« dans votre pays les hommes qui séduisent les
« femmes crédules. »

Aben-Hamet n'écoutoit plus Blanca ; il s'étoit prosterné, et baisoit avec respect la trace du sang de ses ancêtres. Il se relève et s'écrie : « O Blanca !
« je jure, par le sang de ces chevaliers, de t'aimer
« avec la constance, la fidélité et l'ardeur d'un
« Abencerage. »

« Vous m'aimez donc? » repartit Blanca en joignant ses deux belles mains et levant ses regards au ciel. « Mais songez-vous que vous êtes un infi-
« dèle, un Maure, un ennemi, et que je suis chré-
« tienne et Espagnole? »

« O saint prophète, dit Aben-Hamet, soyez té-
« moin de mes serments!.... » Blanca l'interrompant : « Quelle foi voulez-vous que j'ajoute aux
« serments d'un persécuteur de mon Dieu? Savez-
« vous si je vous aime? Qui vous a donné l'assu-
« rance de me tenir un pareil langage? »

Aben-Hamet consterné répondit : « Il est vrai,

« je ne suis que ton esclave ; tu ne m'as pas choisi
« pour ton chevalier. »

« Maure, dit Blanca, laisse là la ruse ; tu as vu
« dans mes regards que je t'aimois ; ma folie pour
« toi passe toute mesure ; sois chrétien, et rien ne
« pourra m'empêcher d'être à toi. Mais si la fille du
« duc de Santa-Fé ose te parler avec cette franchise,
« tu peux juger par cela même qu'elle saura se
« vaincre, et que jamais un ennemi des chrétiens
« n'aura aucun droit sur elle. »

Aben-Hamet, dans un transport de passion,
saisit les mains de Blanca, les posa sur son turban,
et ensuite sur son cœur. « Allah est puissant, s'é-
« cria-t-il, et Aben-Hamet est heureux ! O Maho-
« met ! que cette chrétienne connoisse ta loi, et
« rien ne pourra.... » — « Tu blasphèmes, dit
« Blanca : sortons d'ici. »

Elle s'appuya sur le bras du Maure, et s'approcha de la fontaine des Douze-Lions, qui donne son
nom à l'une des cours de l'Alhambra : « Étranger,
« dit la naïve Espagnole, quand je regarde ta robe,
« ton turban, tes armes, et que je songe à nos
« amours, je crois voir l'ombre du bel Abencerage
« se promenant dans cette retraite abandonnée avec
« l'infortunée Alfaïma. Explique-moi l'inscription
« arabe gravée sur le marbre de cette fontaine. »

Aben-Hamet lut ces mots : [1]

La belle princesse qui se promène couverte de

---

[1] Cette inscription existe avec quelques autres. Il est inutile de répéter que j'ai fait cette description de l'Alhambra sur les lieux mêmes.

*perles dans son jardin, en augmente si prodi-
gieusement la beauté...* : le reste de l'inscription
étoit effacé.

« C'est pour toi qu'elle a été faite, cette inscrip-
« tion, dit Aben-Hamet. Sultane aimée, ces palais
« n'ont jamais été aussi beaux dans leur jeunesse,
« qu'ils le sont aujourd'hui dans leurs ruines. Écoute
« le bruit des fontaines dont la mousse a détourné
« les eaux; regarde les jardins qui se montrent à
« travers ces arcades à demi tombées; contemple
« l'astre du jour qui se couche par-delà tous ces
« portiques : qu'il est doux d'errer avec toi dans
« ces lieux ! Tes paroles embaument ces retraites,
« comme les roses de l'hymen. Avec quel charme
« je reconnois dans ton langage quelques accents
« de la langue de mes pères! le seul frémissement
« de ta robe sur ces marbres me fait tressaillir.
« L'air n'est parfumé que parce qu'il a touché ta
« chevelure. Tu es belle comme le Génie de ma pa-
« trie au milieu de ces débris. Mais Aben-Hamet
« peut-il espérer de fixer ton cœur? Qu'est-il au-
« près de toi? Il a parcouru les montagnes avec son
« père; il connoît les plantes du désert.... hélas!
« il n'en est pas une seule qui pût le guérir de la
« blessure que tu lui as faite! il porte des armes,
« mais il n'est point chevalier. Je me disois autre-
« fois : L'eau de la mer qui dort à l'abri dans le
« creux du rocher est tranquille et muette, tandis
« que tout auprès la grande mer est agitée et
« bruyante. Aben-Hamet! ainsi sera ta vie, silen-

« cieuse, paisible, ignorée dans un coin de terre
« inconnu, tandis que la cour du sultan est boule-
« versée par les orages. Je me disois cela, jeune
« chrétienne, et tu m'as prouvé que la tempête
« peut aussi troubler la goutte d'eau dans le creux
« du rocher. »

Blanca écoutoit avec ravissement ce langage nouveau pour elle, et dont le tour oriental sembloit si bien convenir à la demeure des Fées, qu'elle parcouroit avec son amant. L'amour pénétroit dans son cœur de toutes parts; elle sentoit chanceler ses genoux; elle étoit obligée de s'appuyer plus fortement sur le bras de son guide. Aben-Hamet soutenoit le doux fardeau, et répétoit en marchant : « Ah! que ne suis-je un brillant Abencerage! »

« Tu me plairois moins, dit Blanca, car je se-
« rois plus tourmentée; reste obscur et vis pour
« moi. Souvent un chevalier célèbre oublie l'amour
« pour la renommée. »

« Tu n'aurois pas ce danger à craindre, » répliqua vivement Aben-Hamet.

« Et comment m'aimerois-tu donc, si tu étois
« un Abencerage? » dit la descendante de Chimène.

« Je t'aimerois, répondit le Maure, plus que la
« gloire et moins que l'honneur. »

Le soleil étoit descendu sous l'horizon pendant la promenade des deux amants. Ils avoient parcouru tout l'Alhambra. Quels souvenirs offerts à la pensée d'Aben-Hamet! Ici, la sultane recevoit par des soupiraux la fumée des parfums qu'on brûloit au-dessous d'elle. Là, dans cet asile écarté, elle se paroit de tous les atours de l'Orient. Et c'étoit Blanca, c'étoit une femme adorée qui racontoit ces détails au beau jeune homme qu'elle idolâtroit.

La lune, en se levant, répandit sa clarté douteuse dans les sanctuaires abandonnés, et dans les parvis déserts de l'Alhambra. Ses blancs rayons dessinoient sur le gazon des parterres, sur les murs des salles, la dentelle d'une architecture aérienne, les cintres des cloîtres, l'ombre mobile des eaux jaillissantes, et celle des arbustes balancés par le zéphyr. Le rossignol chantoit dans un cyprès qui perçoit les dômes d'une mosquée en ruine, et les échos répétoient ses plaintes. Aben-Hamet écrivit, au clair de la lune, le nom de Blanca sur le marbre de la salle des Deux-Sœurs : il traça ce nom en caractères arabes, afin que le voyageur eût un mystère de plus à deviner dans ce palais des mystères.

« Maure, ces lieux sont cruels, dit Blanca ; quit-
« tons ces lieux. Le destin de ma vie est fixé pour
« jamais. Retiens bien ces mots : Musulman, je suis
« ton amante sans espoir ; chrétien, je suis ton
« épouse fortunée. »

Aben-Hamet répondit : « Chrétienne, je suis ton
« esclave désolé ; musulmane, je suis ton époux
« glorieux. »

Et ces nobles amants sortirent de ce dangereux palais.

La passion de Blanca s'augmenta de jour en jour, et celle d'Aben-Hamet s'accrut avec la même violence. Il étoit si enchanté d'être aimé pour lui seul, de ne devoir à aucune cause étrangère les sentiments qu'il inspiroit, qu'il ne révéla point le secret de sa naissance à la fille du duc de Santa-Fé : il se faisoit un plaisir délicat de lui apprendre qu'il portoit un nom illustre, le jour même où elle consentiroit à lui donner sa main. Mais il fut tout à coup rappelé à Tunis : sa mère, atteinte d'un mal sans remède, vouloit embrasser son fils et le bénir avant d'abandonner la vie. Aben-Hamet se présente au palais de Blanca. « Sultane, lui dit-il, ma mère « va mourir. Elle me demande pour lui fermer les « yeux. Me conserveras-tu ton amour? »

« Tu me quittes, répondit Blanca pâlissante. Te « reverrai-je jamais? »

« Viens, dit Aben-Hamet. Je veux exiger de toi « un serment, et t'en faire un que la mort seule « pourra briser. Suis-moi. »

Ils sortent; ils arrivent à un cimetière qui fut jadis celui des Maures. On voyoit encore çà et là de petites colonnes funèbres autour desquelles le sculpteur figura jadis un turban ; mais les chrétiens avoient depuis remplacé ce turban par une croix. Aben-Hamet conduisit Blanca au pied de ces colonnes.

« Blanca, dit-il, mes ancêtres reposent ici; je « jure par leurs cendres de t'aimer jusqu'au jour « où l'ange du jugement m'appellera au tribunal « d'Allah. Je te promets de ne jamais engager mon « cœur à une autre femme, et de te prendre pour « épouse aussitôt que tu connoîtras la sainte lu-

« mière du prophète. Chaque année, à cette épo-
« que, je reviendrai à Grenade pour voir si tu
« m'as gardé ta foi et si tu veux renoncer à tes
« erreurs. »

« Et moi, dit Blanca en larmes, je t'attendrai
« tous les ans; je te conserverai jusqu'à mon der-
« nier soupir la foi que je t'ai jurée, et je te rece-
« vrai pour époux lorsque le Dieu des chrétiens,
« plus puissant que ton amante, aura touché ton
« cœur infidèle. »

Aben-Hamet part; les vents l'emportent aux bords africains : sa mère venoit d'expirer. Il la pleure, il embrasse son cercueil. Les mois s'écoulent : tantôt errant parmi les ruines de Carthage, tantôt assis sur le tombeau de saint Louis, l'Abencerage exilé appelle le jour qui doit le ramener à Grenade. Ce jour se lève enfin : Aben-Hamet monte sur un vaisseau et fait tourner la proue vers Malaga. Avec quel transport, avec quelle joie mêlée de crainte il aperçut les premiers promontoires de l'Espagne! Blanca l'attend-elle sur ces bords? Se souvient-elle encore d'un pauvre Arabe qui ne cessa de l'adorer sous le palmier du désert?

La fille du duc de Santa-Fé n'étoit point infidèle à ses serments. Elle avoit prié son père de la conduire à Malaga. Du haut des montagnes qui bordoient la côte inhabitée, elle suivoit des yeux les vaisseaux lointains et les voiles fugitives. Pendant la tempête, elle contemploit avec effroi la mer soulevée par les vents : elle aimoit alors à se perdre dans les nuages, à s'exposer dans les passages dangereux, à se sentir baignée par les mêmes vagues, enlevée par le même tourbillon, qui menaçoient les jours d'Aben-Hamet. Quand elle voyoit la mouette plaintive raser les flots avec ses grandes ailes recourbées, et voler vers les rivages de l'Afrique, elle la chargeoit de toutes ces paroles d'amour, de tous ces vœux insensés, qui sortent d'un cœur que la passion dévore.

Un jour qu'elle erroit sur les grèves, elle aperçut une longue barque dont la proue élevée, le mât penché et la voile latine annonçoient l'élégant génie des Maures. Blanca court au port, et voit bientôt entrer le vaisseau barbaresque qui faisoit écumer l'onde sous la rapidité de sa course. Un Maure, couvert de superbes habits, se tenoit debout sur la proue. Derrière lui deux esclaves noirs arrêtoient par le frein un cheval arabe, dont les naseaux fumants et les crins épars annonçoient à la fois son naturel ardent, et la frayeur que lui inspiroit le bruit des vagues. La barque arrive, abaisse ses voiles, touche au môle, présente le flanc : le Maure s'élance sur la rive, qui retentit du son de ses armes. Les esclaves font sortir le coursier tigré comme un léopard, qui hennit et bondit de joie en retrouvant la terre. D'autres esclaves descendent doucement une corbeille où reposoit une gazelle couchée parmi des feuilles de palmier. Ses jambes fines étoient attachées et ployées sous elle, de peur qu'elles ne se fussent brisées dans les mouvements du vaisseau; elle portoit un collier de grains d'aloës; et sur une plaque d'or qui servoit à rejoindre les deux bouts du collier, étoient gravés en arabe un nom et un talisman.

Blanca reconnoît Aben-Hamet : elle n'ose se trahir aux yeux de la foule; elle se retire, et envoie Dorothée, une de ses femmes, avertir l'Abencerage qu'elle l'attend au palais des Maures. Aben-Hamet présentoit dans ce moment au gouverneur son firman écrit en lettres d'azur, sur un vélin précieux et renfermé dans un fourreau de soie. Dorothée s'approche et conduit l'heureux Abencerage aux pieds de Blanca. Quels transports en se retrouvant tous deux fidèles! Quel bonheur de se revoir, après avoir été si long-temps séparés! Quels nouveaux sermens de s'aimer toujours!

Les deux esclaves noirs amènent le cheval numide, qui, au lieu de selle, n'avoit sur le dos qu'une peau de lion, rattachée par une zone de pourpre. On apporte ensuite la gazelle. « Sultane, « dit Aben-Hamet, c'est un chevreuil de mon « pays, presque aussi léger que toi. » Blanca détache elle-même l'animal charmant qui sembloit la remercier en jetant sur elle les regards les plus doux. Pendant l'absence de l'Abencerage, la fille du duc de Santa-Fé avoit étudié l'arabe : elle lut avec des yeux attendris son propre nom sur le collier de la gazelle. Celle-ci, rendue à la liberté, se soutenoit à peine sur ses pieds si long-temps enchaînés; elle se couchoit à terre, et appuyoit sa tête sur les genoux de sa maîtresse. Blanca lui présentoit des dattes nouvelles, et caressoit cette chevrette du désert, dont la peau fine avoit retenu l'odeur du bois d'aloës et de la rose de Tunis.

L'Abencerage, le duc de Santa-Fé et sa fille partirent ensemble pour Grenade. Les jours du couple heureux s'écoulèrent comme ceux de l'année précédente : mêmes promenades, même regret à la vue de la patrie, même amour ou plutôt amour toujours croissant, toujours partagé; mais aussi même attachement dans les deux amants à la religion de leurs pères. « Sois chrétien, » disoit Blanca; « Sois musulmane, » disoit Aben-Hamet, et ils se séparèrent encore une fois sans avoir succombé à la passion qui les entraînoit l'un vers l'autre.

Aben-Hamet reparut la troisième année, comme ces oiseaux voyageurs que l'amour ramène au printemps dans nos climats. Il ne trouva point Blanca au rivage, mais une lettre de cette femme adorée apprit au fidèle Arabe le départ du duc de Santa-Fé pour Madrid, et l'arrivée de don Carlos à Grenade. Don Carlos étoit accompagné d'un prisonnier françois, ami du frère de Blanca. Le Maure sentit son cœur se serrer à la lecture de cette lettre. Il partit de Malaga pour Grenade avec les plus tristes pressentiments. Les montagnes lui parurent d'une solitude effrayante, et il tourna plusieurs fois la tête pour regarder la mer qu'il venoit de traverser.

Blanca, pendant l'absence de son père, n'avoit pu quitter un frère qu'elle aimoit, un frère qui vouloit en sa faveur se dépouiller de tous ses biens, et qu'elle revoyoit après sept années d'absence. Don Carlos avoit tout le courage et toute la fierté de sa nation : terrible comme les conquérants du Nouveau-Monde, parmi lesquels il avoit fait ses premières armes ; religieux comme les chevaliers espagnols vainqueurs des Maures, il nourrissoit dans son cœur contre les infidèles la haine qu'il avoit héritée du sang du Cid.

Thomas de Lautrec, de l'illustre maison de Foix, où la beauté dans les femmes et la valeur dans les hommes passoient pour un don héréditaire, étoit frère cadet de la comtesse de Foix, et du brave et malheureux Odet de Foix, seigneur de Lautrec. A l'âge de dix-huit ans, Thomas avoit été armé chevalier par Bayard, dans cette retraite qui coûta la vie au Chevalier sans peur et sans reproche. Quelque temps après, Thomas fut percé de coups et fait prisonnier à Pavie, en défendant le roi chevalier qui perdit tout alors, *fors l'honneur.*

Don Carlos de Bivar, témoin de la vaillance de Lautrec, avoit fait prendre soin des blessures du jeune François, et bientôt il s'établit entre eux une de ces amitiés héroïques, dont l'estime et la vertu sont les fondements. François Ier étoit retourné en France ; mais Charles-Quint retint les autres prisonniers. Lautrec avoit eu l'honneur de partager la captivité de son roi, et de coucher à ses pieds dans la prison. Resté en Espagne après le départ du monarque, il avoit été remis sur sa parole à don Carlos, qui venoit de l'amener à Grenade.

Lorsque Aben-Hamet se présenta au palais de don Rodrigue, et fut introduit dans la salle où se trouvoit la fille du duc de Santa-Fé, il sentit des tourments jusqu'alors inconnus pour lui. Aux pieds de doña Blanca étoit assis un jeune homme qui la regardoit en silence, dans une espèce de ravissement. Ce jeune homme portoit un haut-de-chausses de buffle, et un pourpoint de même couleur, serré par un ceinturon d'où pendoit une épée aux fleurs de lis. Un manteau de soie étoit jeté sur ses épaules, et sa tête étoit couverte d'un chapeau à petits bords, ombragé de plumes : une fraise de dentelle, rabattue sur sa poitrine, laissoit voir son cou découvert. Deux moustaches noires comme l'ébène donnoient à son visage naturellement doux un air mâle et guerrier. De larges bottes, qui tomboient et se replioient sur ses pieds, portoient l'éperon d'or, marque de la chevalerie.

A quelque distance, un autre chevalier se tenoit debout appuyé sur la croix de fer de sa longue épée : il étoit vêtu comme l'autre chevalier; mais il paroissoit plus âgé. Son air austère, bien qu'ardent et passionné, inspiroit le respect et la crainte. La croix rouge de Calatrava étoit brodée sur son pourpoint, avec cette devise : *Pour elle et pour mon roi.*

Un cri involontaire s'échappa de la bouche de Blanca lorsqu'elle aperçut Aben-Hamet. « Cheva-
« liers, dit-elle aussitôt, voici l'infidèle dont je vous
« ai tant parlé; craignez qu'il ne remporte la vic-
« toire. Les Abencerages étoient faits comme lui,
« et nul ne les surpassoit en loyauté, courage et
« galanterie. »

Don Carlos s'avança au-devant d'Aben-Hamet.
« Seigneur Maure, dit-il, mon père et ma sœur
« m'ont appris votre nom; on vous croit d'une race
« noble et brave; vous-même, vous êtes distingué
« par votre courtoisie. Bientôt Charles-Quint, mon
« maître, doit porter la guerre à Tunis, et nous
« nous verrons, j'espère, au champ d'honneur. »

Aben-Hamet posa la main sur son sein, s'assit à terre sans répondre, et resta les yeux attachés sur Blanca et sur Lautrec. Celui-ci admiroit, avec la curiosité de son pays, la robe superbe, les armes brillantes, la beauté du Maure; Blanca ne paroissoit point embarrassée; toute son ame étoit dans ses yeux : la sincère Espagnole n'essayoit point de cacher le secret de son cœur. Après quelques moments de silence, Aben-Hamet se leva, s'inclina devant la fille de don Rodrigue, et se retira. Étonné du maintien du Maure et des regards de Blanca, Lautrec sortit avec un soupçon qui se changea bientôt en certitude.

Don Carlos resta seul avec sa sœur. « Blanca,
« lui dit-il, expliquez-vous. D'où naît le trouble
« que vous a causé la vue de cet étranger? »

« Mon frère, répondit Blanca, j'aime Aben-
« Hamet! et s'il veut se faire chrétien, ma main
« est à lui. »

« Quoi! s'écria don Carlos, vous aimez Aben-
« Hamet! la fille des Bivar aime un Maure, un
« infidèle, un ennemi que nous avons chassé de ces
« palais! »

« Don Carlos, répliqua Blanca, j'aime Aben-

« Hamet; Aben-Hamet m'aime; depuis trois ans il
« renonce à moi plutôt que de renoncer à la reli-
« gion de ses pères. Noblesse, honneur, chevalerie,
« sont en lui; jusqu'à mon dernier soupir je l'ado-
« rerai. »

Don Carlos étoit digne de sentir ce que la résolution d'Aben-Hamet avoit de généreux, quoiqu'il déplorât l'aveuglement de cet infidèle. « Infortunée
« Blanca, dit-il, où te conduira cet amour ? J'avois
« espéré que Lautrec, mon ami, deviendroit mon
« frère. »

« Tu t'étois trompé, répondit Blanca : je ne puis
« aimer cet étranger. Quant à mes sentiments pour
« Aben-Hamet, je n'en dois compte à personne.
« Garde tes serments de chevalerie comme je gar-
« derai mes serments d'amour. Sache seulement,
« pour te consoler, que jamais Blanca ne sera l'é-
« pouse d'un infidèle. »

« Notre famille disparoîtra donc de la terre ! »
s'écria don Carlos.

« C'est à toi de la faire revivre, dit Blanca.
« Qu'importe d'ailleurs des fils que tu ne verras
« point, et qui dégénèreront de ta vertu ? Don
« Carlos, je sens que nous sommes les derniers de
« notre race; nous sortons trop de l'ordre com-
« mun pour que notre sang fleurisse après nous :
« le Cid fut notre aïeul, il sera notre postérité. »
Blanca sortit.

Don Carlos vole chez l'Abencerage. « Maure,
« lui dit-il, renonce à ma sœur ou accepte le
« combat. »

« Es-tu chargé par ta sœur, répondit Aben-
« Hamet, de me redemander les serments qu'elle
« m'a faits! »

« Non, répliqua don Carlos; elle t'aime plus
« que jamais. »

« Ah! digne frère de Blanca! s'écria Aben-Hamet
« en l'interrompant, je dois tenir tout mon bon-
« heur de ton sang! O fortuné Aben-Hamet! O
« heureux jour! je croyois Blanca infidèle pour ce
« chevalier françois... »

« Et c'est là ton malheur, s'écria à son tour don
« Carlos hors de lui; Lautrec est mon ami; sans
« toi il seroit mon frère. Rends-moi raison des
« larmes que tu fais verser à ma famille. »

« Je le veux bien, répondit Aben-Hamet; mais
« né d'une race qui peut-être a combattu la tienne,
« je ne suis pourtant point chevalier. Je ne vois ici
« personne pour me conférer l'ordre qui te per-
« mettra de te mesurer avec moi sans descendre de
« ton rang. »

Don Carlos, frappé de la réflexion du Maure, le
regarda avec un mélange d'admiration et de fureur.
Puis tout à coup : « C'est moi qui t'armerai cheva-
« lier! tu en es digne. »

Aben-Hamet fléchit le genou devant don Carlos,
qui lui donne l'accolade, en lui frappant trois fois
l'épaule du plat de son épée; ensuite don Carlos
lui ceint cette même épée que l'Abencerage va peut-
être lui plonger dans la poitrine : tel étoit l'antique
honneur.

Tous deux s'élancent sur leurs coursiers, sortent

des murs de Grenade, et volent à la fontaine du Pin. Les duels des Maures et des Chrétiens avoient depuis long-temps rendu cette source célèbre. C'étoit là que Malique Alabès s'étoit battu contre Ponce de Léon, et que le grand-maître de Calatrava avoit donné la mort au valeureux Abayados. On voyoit encore les débris des armes de ce chevalier maure suspendus aux branches du pin, et l'on apercevoit sur l'écorce de l'arbre quelques lettres d'une inscription funèbre. Don Carlos montra de la main la tombe d'Abayados à l'Abencerage : « Imite, lui cria-t-il, ce brave infidèle ; et « reçois le baptême et la mort de ma main. »

« La mort peut-être, répondit Aben-Hamet : « mais vive Allah et le prophète! »

Ils prirent aussitôt du champ, et coururent l'un sur l'autre avec furie. Ils n'avoient que leurs épées : Aben-Hamet étoit moins habile dans les combats que don Carlos, mais la bonté de ses armes, trempées à Damas, et la légèreté de son cheval arabe, lui donnoient encore l'avantage sur son ennemi. Il lança son coursier comme les Maures, et avec son large étrier tranchant, il coupa la jambe droite du cheval de don Carlos au-dessous du genou. Le cheval blessé s'abattit, et don Carlos, démonté par ce coup heureux, marche sur Aben-Hamet l'épée haute. Aben-Hamet saute à terre et reçoit don Carlos avec intrépidité. Il pare les premiers coups de l'Espagnol, qui brise son épée sur le fer de Damas. Trompé deux fois par la fortune, don Carlos verse des pleurs de rage, et crie à son ennemi :

« Frappe, Maure, frappe; don Carlos désarmé te
« défie, toi et toute ta race infidèle. »

« Tu pouvois me tuer, répond l'Abencerage,
« mais je n'ai jamais songé à te faire la moindre
« blessure : j'ai voulu seulement te prouver que
« j'étois digne d'être ton frère, et t'empêcher de
« me mépriser. »

Dans cet instant on aperçoit un nuage de poussière : Lautrec et Blanca pressoient deux cavales de Fez plus légères que les vents. Ils arrivent à la fontaine du Pin et voient le combat suspendu.

« Je suis vaincu, dit don Carlos; ce chevalier m'a
« donné la vie. Lautrec, vous serez peut-être plus
« heureux que moi. »

« Mes blessures, dit Lautrec d'une voix noble et
« gracieuse, me permettent de refuser le combat
« contre ce chevalier courtois. Je ne veux point,
« ajouta-t-il en rougissant, connoître le sujet de
« votre querelle, et pénétrer un secret qui porte-
« roit peut-être la mort dans mon sein. Bientôt
« mon absence fera renaître la paix parmi vous, à
« moins que Blanca ne m'ordonne de rester à ses
« pieds. »

« Chevalier, dit Blanca, vous demeurerez auprès
« de mon frère, vous me regarderez comme votre
« sœur. Tous les cœurs qui sont ici éprouvent des
« chagrins; vous apprendrez de nous à supporter
« les maux de la vie. »

Blanca voulut contraindre les trois chevaliers à se donner la main; tous les trois s'y refusèrent :
« Je hais Aben-Hamet! » s'écria don Carlos. — « Je

« l'envie, » dit Lautrec. — « Et moi, dit l'Aben-
« cerage, j'estime don Carlos, et je plains Lautrec ;
« mais je ne saurois les aimer. »

« Voyons-nous toujours, dit Blanca, et tôt ou
« tard l'amitié suivra l'estime. Que l'événement
« fatal qui nous rassemble ici soit à jamais ignoré
« de Grenade »

Aben-Hamet devint, dès ce moment, mille fois
plus cher à la fille du duc de Santa-Fé : l'amour
aime la vaillance ; il ne manquoit plus rien à l'Abencerage, puisqu'il étoit brave, et que don Carlos lui
devoit la vie. Aben-Hamet, par le conseil de Blanca,
s'abstint, pendant quelques jours, de se présenter
au palais, afin de laisser se calmer la colère de don
Carlos. Un mélange de sentiments doux et amers
remplissoit l'ame de l'Abencerage : si d'un côté
l'assurance d'être aimé avec tant de fidélité et d'ardeur étoit pour lui une source inépuisable de délices, d'un autre côté la certitude de n'être jamais
heureux sans renoncer à la religion de ses pères ac-
cabloit le courage d'Aben-Hamet. Déja plusieurs années s'étoient écoulées sans apporter de remède à
ses maux : verroit-il ainsi s'écouler le reste de sa
vie ?

Il étoit plongé dans un abîme de réflexions les
plus sérieuses et les plus tendres, lorsqu'un soir
il entendit sonner cette prière chrétienne qui annonce la fin du jour. Il lui vint en pensée d'entrer
dans le temple du Dieu de Blanca, et de demander
des conseils au Maître de la nature.

Il sort, il arrive à la porte d'une ancienne mosquée convertie en église par les fidèles. Le cœur saisi de tristesse et de religion, il pénètre dans le temple qui fut autrefois celui de son Dieu et de sa patrie. La prière venoit de finir : il n'y avoit plus personne dans l'église. Une sainte obscurité régnoit à travers une multitude de colonnes qui ressembloient aux troncs des arbres d'une forêt régulièrement plantée. L'architecture légère des Arabes s'étoit mariée à l'architecture gothique, et, sans rien perdre de son élégance, elle avoit pris une gravité plus convenable aux méditations. Quelques lampes éclairoient à peine les enfoncements des voûtes; mais à la clarté de plusieurs cierges allumés, on voyoit encore briller l'autel du sanctuaire : il étinceloit d'or et de pierreries. Les Espagnols mettent toute leur gloire à se dépouiller de leurs richesses pour en parer les objets de leur culte, et l'image du Dieu vivant placée au milieu des voiles de dentelles, des couronnes de perles et des gerbes de rubis, est adorée par un peuple à demi nu.

On ne remarquoit aucun siége au milieu de la vaste enceinte : un pavé de marbre qui recouvroit des cercueils servoit aux grands comme aux petits, pour se prosterner devant le Seigneur. Aben-Hamet s'avançoit lentement dans les nefs désertes qui retentissoient du seul bruit de ses pas. Son esprit étoit partagé entre les souvenirs que cet ancien édifice de la religion des Maures retraçoit à sa mémoire, et les sentiments que la religion des chrétiens faisoit naître dans son cœur. Il entrevit au pied d'une colonne, une figure immobile, qu'il prit d'abord pour

une statue sur un tombeau ; il s'en approche ; il distingue un jeune chevalier à genoux, le front respectueusement incliné et les deux bras croisés sur sa poitrine. Ce chevalier ne fit aucun mouvement au bruit des pas d'Aben-Hamet ; aucune distraction, aucun signe extérieur de vie ne troubla sa profonde prière. Son épée étoit couchée à terre devant lui, et son chapeau, chargé de plumes, étoit posé sur le marbre à ses côtés : il avoit l'air d'être fixé dans cette attitude par l'effet d'un enchantement. C'étoit Lautrec : « Ah ! dit l'Abencerage en lui-même, ce
« jeune et beau François demande au ciel quelque
« faveur signalée ; ce guerrier, déja célèbre par son
« courage, répand ici son cœur devant le souverain
« du ciel, comme le plus humble et le plus obscur
« des hommes. Prions donc aussi le Dieu des che-
« valiers et de la gloire. »

Aben-Hamet alloit se précipiter sur le marbre, lorsqu'il aperçut, à la lueur d'une lampe, des caractères arabes et un verset du Coran, qui paroissoient sous un plâtre à demi tombé. Les remords rentrent dans son cœur, et il se hâte de quitter l'édifice où il a pensé devenir infidèle à sa religion et à sa patrie.

Le cimetière qui environnoit cette ancienne mosquée étoit une espèce de jardin planté d'orangers, de cyprès, de palmiers, et arrosé par deux fontaines ; un cloître régnoit à l'entour. Aben-Hamet, en passant sous un des portiques, aperçut une femme prête à entrer dans l'église. Quoiqu'elle fût enveloppée d'un voile, l'Abencerage reconnut la

fille du duc de Santa-Fé; il l'arrête et lui dit :
« Viens-tu chercher Lautrec dans ce temple? »

« Laisse là ces vulgaires jalousies, répondit
« Blanca; si je ne t'aimois plus, je te le dirois; je
« dédaignerois de te tromper. Je viens ici prier
« pour toi; toi seul es maintenant l'objet de mes
« vœux : j'oublie mon ame pour la tienne. Il ne
« falloit pas m'enivrer du poison de ton amour, ou
« il falloit consentir à servir le Dieu que je sers.
« Tu troubles toute ma famille, mon frère te hait;
« mon père est accablé de chagrin, parce que je
« refuse de choisir un époux. Ne t'aperçois-tu pas
« que ma santé s'altère? Vois cet asile de la mort;
« il est enchanté! Je m'y reposerai bientôt, si tu
« ne te hâtes de recevoir ma foi au pied de l'autel
« des chrétiens. Les combats que j'éprouve minent
« peu à peu ma vie; la passion que tu m'inspires
« ne soutiendra pas toujours ma frêle existence :
« songe, ô Maure, pour te parler ton langage, que
« le feu qui allume le flambeau est aussi le feu qui
« le consume. »

Blanca entre dans l'église, et laisse Aben-Hamet accablé de ces dernières paroles.

C'en est fait : l'Abencerage est vaincu; il va renoncer aux erreurs de son culte; assez long-temps il a combattu. La crainte de voir Blanca mourir l'emporte sur tout autre sentiment dans le cœur d'Aben-Hamet. Après tout, se disoit-il, le Dieu des chrétiens est peut-être le Dieu véritable? Ce Dieu est toujours le Dieu des nobles ames, puisqu'il est celui de Blanca, de don Carlos et de Lautrec.

Dans cette pensée, Aben-Hamet attendit avec impatience le lendemain pour faire connoître sa résolution à Blanca, et changer une vie de tristesse et de larmes en une vie de joie et de bonheur. Il ne put se rendre au palais du duc de Santa-Fé que le soir. Il apprit que Blanca étoit allée avec son frère au Généralife, où Lautrec donnoit une fête. Aben-Hamet, agité de nouveaux soupçons, vole sur les traces de Blanca. Lautrec rougit en voyant paroître l'Abencerage; quant à don Carlos, il reçut le Maure avec une froide politesse, mais à travers laquelle perçoit l'estime.

Lautrec avoit fait servir les plus beaux fruits de l'Espagne et de l'Afrique dans une des salles du Généralife, appelée la salle des Chevaliers. Tout autour de cette salle étoient suspendus les portraits des princes et des chevaliers vainqueurs des Maures, Pélasge, le Cid, Gonzalve de Cordoue. L'épée du dernier roi de Grenade étoit attachée au dessous de ces portraits. Aben-Hamet renferma sa douleur en lui-même, et dit seulement comme le lion, en regardant ces tableaux : « Nous ne savons pas peindre. »

Le généreux Lautrec, qui voyoit les yeux de l'Abencerage se tourner malgré lui vers l'épée de Boabdil, lui dit : « Chevalier Maure, si j'avois
« prévu que vous m'eussiez fait l'honneur de venir
« à cette fête, je ne vous aurois pas reçu ici. On
« perd tous les jours une épée, et j'ai vu le plus
« vaillant des rois remettre la sienne à son heureux
« ennemi. »

« Ah ! s'écria le Maure en se couvrant le visage

« d'un pan de sa robe, on peut la perdre comme
« François Ier; mais comme Boabdil?... »

La nuit vint; on apporta des flambeaux; la conversation changea de cours. On pria don Carlos de raconter la découverte du Mexique. Il parla de ce monde inconnu avec l'éloquence pompeuse naturelle à la nation espagnole. Il dit les malheurs de Montézume, les mœurs des Américains, les prodiges de la valeur castillane, et même les cruautés de ses compatriotes, qui ne lui sembloient mériter ni blâme ni louange. Ces récits enchantoient Aben-Hamet, dont la passion pour les histoires merveilleuses trahissoit le sang arabe. Il fit à son tour le tableau de l'empire ottoman, nouvellement assis sur les ruines de Constantinople, non sans donner des regrets au premier empire de Mahomet; temps heureux où le commandeur des croyants voyoit briller autour de lui Zobéide, Fleur de Beauté, Force des Cœurs, Tourmente, et ce généreux Ganem, esclave par amour. Quant à Lautrec, il peignit la cour galante de François Ier, les arts renaissant du sein de la barbarie, l'honneur, la loyauté, la chevalerie des anciens temps, unis à la politesse des siècles civilisés, les tourelles gothiques ornées des ordres de la Grèce, et les dames gauloises rehaussant la richesse de leurs atours par l'élégance athénienne.

Après ces discours, Lautrec, qui vouloit amuser la divinité de cette fête, prit une guitare, et chanta cette romance qu'il avoit composée sur un air des montagnes de son pays :

Combien j'ai douce souvenance [1]
Du joli lieu de ma naissance !
Ma sœur, qu'ils étoient beaux les jours
    De France !
O mon pays, sois mes amours
    Toujours !

Te souvient-il que notre mère,
Au foyer de notre chaumière,
Nous pressoit sur son cœur joyeux,
    Ma chère ;
Et nous baisions ses blancs cheveux
    Tous deux.

Ma sœur, te souvient-il encore
Du château que baignoit la Dore ?
Et de cette tant vieille tour
    Du Maure,
Où l'airain sonnoit le retour
    Du jour ?

Te souvient-il du lac tranquille
Qu'effleuroit l'hirondelle agile,
Du vent qui courboit le roseau
    Mobile,
Et du soleil couchant sur l'eau,
    Si beau ?

Oh ! qui me rendra mon Hélène,
Et ma montagne, et le grand chêne ?
Leur souvenir fait tous les jours
    Ma peine :
Mon pays sera mes amours
    Toujours !

---

[1] Cette romance est déja connue du public. J'en avois composé les paroles pour un air des montagnes d'Auvergne, remarquable par sa douceur et sa simplicité.

Lautrec, en achevant le dernier couplet, essuya avec son gant une larme que lui arrachoit le souvenir du gentil pays de France. Les regrets du beau prisonnier furent vivement sentis par Aben-Hamet, qui déploroit comme Lautrec la perte de sa patrie. Sollicité de prendre à son tour la guitare, il s'en excusa, en disant qu'il ne savoit qu'une romance, et qu'elle seroit peu agréable à des chrétiens.

« Si ce sont des infidèles qui gémissent de nos « victoires, repartit dédaigneusement don Carlos, « vous pouvez chanter ; les larmes sont permises « aux vaincus. »

« Oui, dit Blanca, et c'est pour cela que nos « pères, soumis autrefois au joug des Maures, nous « ont laissé tant de complaintes. »

Aben-Hamet chanta donc cette ballade, qu'il avoit apprise d'un poëte de la tribu des Abencerages [1] :

>Le roi don Juan,
>Un jour chevauchant,

---

[1] En traversant un pays montagneux entre Algésiras et Cadix, je m'arrêtai dans une *venta* située au milieu d'un bois. Je n'y trouvai qu'un petit garçon de quatorze à quinze ans, et une petite fille à peu près du même âge, frère et sœur, qui tressoient auprès du feu des nattes de jonc. Ils chantoient une romance dont je ne comprenois pas les paroles, mais dont l'air étoit simple et naïf. Il faisoit un temps affreux ; je restai deux heures à la *venta*. Mes jeunes hôtes répétèrent si long-temps les couplets de leur romance, qu'il me fut aisé d'en apprendre l'air par cœur. C'est sur cet air que j'ai composé la romance de l'Abencerage. Peut-être étoit-il question d'Aben-Hamet dans la chanson de mes deux petits Espagnols. Au reste, le dialogue de Grenade et du roi de Léon est imité d'une romance espagnole.

Vit sur la montagne
Grenade d'Espagne;
Il lui dit soudain :
  Cité mignonne,
  Mon cœur te donne
  Avec ma main.

Je t'épouserai,
Puis apporterai
En dons à ta ville,
Cordoue et Séville.
Superbes atours
  Et perle fine
  Je te destine
  Pour nos amours.

Grenade répond :
Grand roi de Léon,
Au Maure liée,
Je suis mariée.
Garde tes présents :
  J'ai pour parure,
  Riche ceinture
  Et beaux enfants.

Ainsi tu disois;
Ainsi tu mentois;
O mortelle injure!
Grenade est parjure!
Un chrétien maudit,
  D'Abencerage
  Tient l'héritage :
  C'étoit écrit!

Jamais le chameau
N'apporte au tombeau

Près de la piscine,
L'Haggi de Médine.
Un chrétien maudit,
  D'Abencerage
  Tient l'héritage :
  C'étoit écrit !

O bel Alhambra !
O palais d'Allah !
Cité des fontaines !
Fleuve aux vertes plaines !
Un chrétien maudit,
  D'Abencerage
  Tient l'héritage :
  C'étoit écrit !

La naïveté de ces plaintes avoit touché jusqu'au superbe don Carlos, malgré les imprécations prononcées contre les chrétiens. Il auroit bien désiré qu'on le dispensât de chanter lui-même ; mais par courtoisie pour Lautrec il crut devoir céder à ses prières. Aben-Hamet donna la guitare au frère de Blanca, qui célébra les exploits du Cid son illustre aïeul :

Prêt à partir pour la rive africaine [1],
Le Cid armé, tout brillant de valeur,
Sur sa guitare, au pied de sa Chimène,
Chantoit ces vers que lui dictoit l'honneur :

---

[1] Tout le monde connoît l'air des *Folies d'Espagne*. Cet air étoit sans paroles, du moins il n'y avoit point de paroles qui en rendissent le caractère grave, religieux et chevaleresque. J'ai essayé d'exprimer ce caractère dans la romance du Cid. Cette romance s'étant répandue dans le public sans mon aveu ; des maîtres cé-

Chimène a dit : Va combattre le Maure ;
De ce combat surtout reviens vainqueur.
Oui, je croirai que Rodrigue m'adore
S'il fait céder son amour à l'honneur.

Donnez, donnez et mon casque et ma lance !
Je veux montrer que Rodrigue a du cœur :
Dans les combats signalant sa vaillance,
Son cri sera pour sa dame et l'honneur.

Maure vanté par ta galanterie,
De tes accents mon noble chant vainqueur,
D'Espagne un jour deviendra la folie,
Car il peindra l'amour avec l'honneur.

Dans le vallon de notre Andalousie,
Les vieux chrétiens conteront ma valeur :
Il préféra, diront-ils, à la vie,
Son Dieu, son roi, sa Chimène et l'honneur.

Don Carlos avoit paru si fier en chantant ces paroles d'une voix mâle et sonore, qu'on l'auroit pris pour le Cid lui-même. Lautrec partageoit l'enthousiasme guerrier de son ami ; mais l'Abencerage avoit pâli au nom du Cid.

lèbres m'ont fait l'honneur de l'embellir de leur musique. Mais comme je l'avois expressément composée pour l'air des *Folies d'Espagne*, il y a un couplet qui devient un vrai galimatias, s'il ne se rapporte à mon intention primitive :

.... Mon noble chant vainqueur,
D'Espagne un jour deviendra *la folie,* etc.

Enfin ces trois romances n'ont quelque mérite qu'autant qu'elles sont chantées sur trois vieux airs véritablement nationaux ; elles amènent d'ailleurs le dénouement.

« Ce chevalier, dit-il, que les chrétiens appellent
« la Fleur des batailles, porte parmi nous le nom
« de cruel. Si sa générosité avoit égalé sa valeur!... »

« Sa générosité, repartit vivement don Carlos
« interrompant Aben-Hamet, surpassoit encore
« son courage, et il n'y a que des Maures qui puis-
« sent calomnier le héros à qui ma famille doit le
« jour. »

« Que dis-tu? s'écria Aben-Hamet s'élançant du
« siége où il étoit à demi couché : tu comptes le Cid
« parmi tes aïeux? »

« Son sang coule dans mes veines, répliqua don
« Carlos, et je me reconnois de ce noble sang à
« la haine qui brûle dans mon cœur contre les
« ennemis de mon Dieu. »

« Ainsi, dit Aben-Hamet regardant Blanca,
« vous êtes de la maison de ces Bivar qui, après
« la conquête de Grenade, envahirent les foyers
« des malheureux Abencerages et donnèrent la
« mort à un vieux chevalier de ce nom qui voulut
« défendre le tombeau de ses aïeux! »

« Maure! s'écria don Carlos enflammé de colère,
« sache que je ne me laisse point interroger. Si je
« possède aujourd'hui la dépouille des Abencerages,
« mes ancêtres l'ont acquise au prix de leur sang,
« et ils ne la doivent qu'à leur épée. »

« Encore un mot, dit Aben-Hamet toujours plus
« ému : nous avons ignoré dans notre exil que les
« Bivar eussent porté le titre de Santa-Fé, c'est ce
« qui a causé mon erreur. »

« Ce fut, répondit don Carlos, à ce même Bivar,

« vainqueur des Abencerages, que ce titre fut con-
« féré par Ferdinand-le-Catholique. »

La tête d'Aben-Hamet se pencha dans son sein :
il resta debout au milieu de don Carlos, de Lautrec
et de Blanca étonnés. Deux torrents de larmes cou-
lèrent de ses yeux sur le poignard attaché à sa ceinture. « Pardonnez, dit-il; les hommes, je le sais,
« ne doivent pas répandre des larmes : désormais
« les miennes ne couleront plus au dehors, quoi-
« qu'il me reste beaucoup à pleurer ; écoutez-moi :

« Blanca, mon amour pour toi égale l'ardeur des
« vents brûlants de l'Arabie. J'étois vaincu ; je ne
« pouvois plus vivre sans toi. Hier, la vue de ce
« chevalier françois en prières, tes paroles dans
« le cimetière du temple, m'avoient fait prendre
« la résolution de connoître ton Dieu, et de t'offrir
« ma foi. »

Un mouvement de joie de Blanca, et de surprise
de don Carlos interrompit Aben-Hamet ; Lautrec
cacha son visage dans ses deux mains. Le Maure
devina sa pensée, et secouant la tête avec un sourire déchirant : « Chevalier, dit-il, ne perds pas
« toute espérance ; et toi, Blanca, pleure à jamais
« sur le dernier Abencerage ! »

Blanca, don Carlos, Lautrec, lèvent tous trois
les mains au ciel, et s'écrient : « Le dernier Aben-
« cerage ! »

Le silence règne ; la crainte, l'espoir, la haine,
l'amour, l'étonnement, la jalousie, agitent tous les

cœurs ; Blanca tombe bientôt à genoux. « Dieu de
« bonté ! dit-elle, tu justifies mon choix, je ne
« pouvois aimer que le descendant des héros. »

« Ma sœur, s'écria don Carlos irrité, songez
« donc que vous êtes ici devant Lautrec ! »

« Don Carlos, dit Aben-Hamet, suspends ta co-
« lère ; c'est à moi à vous rendre le repos. » Alors
s'adressant à Blanca, qui s'étoit assise de nouveau :

« Houri du ciel, Génie de l'amour et de la beauté,
« Aben-Hamet sera ton esclave jusqu'à son dernier
« soupir ; mais connois toute l'étendue de son mal-
« heur. Le vieillard immolé par ton aïeul en défen-
« dant ses foyers étoit le père de mon père ; apprends
« encore un secret que je t'ai caché, ou plutôt que
« tu m'avois fait oublier. Lorsque je vins la pre-
« mière fois visiter cette triste patrie, j'avois sur-
« tout pour dessein de chercher quelque fils des
« Bivar, qui pût me rendre compte du sang que
« ses pères avoient versé. »

« Eh bien ! » dit Blanca d'une voix douloureuse,
mais soutenue par l'accent d'une grande ame,
« quelle est ta résolution ? »

« La seule qui soit digne de toi, répondit Aben-
« Hamet : te rendre tes serments, satisfaire par
« mon éternelle absence et par ma mort, à ce que
« nous devons l'un et l'autre à l'inimitié de nos
« dieux, de nos patries et de nos familles. Si jamais
« mon image s'effaçoit de ton cœur, si le temps,
« qui détruit tout, emportoit de ta mémoire le
« souvenir d'Abencerage... ce chevalier françois...
« Tu dois ce sacrifice à ton frère. »

Lautrec se lève avec impétuosité, se jette dans les bras du Maure. « Aben-Hamet ! s'écrie-t-il, ne « crois pas me vaincre en générosité : je suis Fran- « çois ; Bayard m'arma chevalier ; j'ai versé mon « sang pour mon roi ; je serai, comme mon parrain « et comme mon prince, sans peur et sans reproche. « Si tu restes parmi nous, je supplie don Carlos de « t'accorder la main de sa sœur ; si tu quittes Gre- « nade, jamais un mot de mon amour ne troublera « ton amante. Tu n'emporteras point dans ton « exil la funeste idée que Lautrec, insensible à ta « vertu, cherche à profiter de ton malheur. »

Et le jeune chevalier pressoit le Maure sur son sein avec la chaleur et la vivacité d'un François.

« Chevaliers, dit don Carlos à son tour, je n'at- « tendois pas moins de vos illustres races. Aben- « Hamet, à quelle marque puis-je vous reconnoître « pour le dernier Abencerage ? »

« A ma conduite, » répondit Aben-Hamet.

« Je l'admire, dit l'Espagnol ; mais, avant de « m'expliquer, montrez-moi quelque signe de votre « naissance. »

Aben-Hamet tira de son sein l'anneau héréditaire des Abencerages qu'il portoit suspendu à une chaîne d'or.

A ce signe, don Carlos tendit la main au malheureux Aben-Hamet. « Sire chevalier, dit-il, je « vous tiens pour prud'homme et véritable fils de « rois. Vous m'honorez par vos projets sur ma fa- « mille, j'accepte le combat que vous étiez venu « secrètement chercher. Si je suis vaincu, tous

« mes biens, autrefois tous les vôtres, vous seront
« fidèlement remis. Si vous renoncez au projet de
« combattre : acceptez à votre tour ce que je vous
« offre : soyez chrétien et recevez la main de ma
« sœur, que Lautrec a demandée pour vous. »

La tentation étoit grande; mais elle n'étoit pas au-dessus des forces d'Aben-Hamet. Si l'amour dans toute sa puissance parloit au cœur de l'Abencerage, d'une autre part il ne pensoit qu'avec épouvante à l'idée d'unir le sang des persécuteurs au sang des persécutés. Il croyoit voir l'ombre de son aïeul sortir du tombeau, et lui reprocher cette alliance sacrilége. Transpercé de douleur, Aben-Hamet s'écrie : « Ah! faut-il que je rencontre ici
« tant d'ames sublimes, tant de caractères géné-
« reux, pour mieux sentir ce que je perds! Que
« Blanca prononce; qu'elle dise ce qu'il faut que
« je fasse pour être plus digne de son amour! »

Blanca s'écrie : « Retourne au désert! » et elle s'évanouit.

Aben-Hamet se prosterna, adora Blanca encore plus que le ciel, et sortit sans prononcer une seule parole. Dès la nuit même, il partit pour Malaga, et s'embarqua sur un vaisseau qui devoit toucher à Oran. Il trouva campée près de cette ville la caravane qui tous les trois ans sort de Maroc, traverse l'Afrique, se rend en Égypte, et rejoint dans l'Yémen la caravane de la Mecque. Aben-Hamet se mit au nombre des pélerins.

Blanca, dont les jours furent d'abord menacés, revint à la vie. Lautrec, fidèle à la parole qu'il avoit donnée à l'Abencerage, s'éloigna, et jamais un mot de son amour ou de sa douleur ne troubla la mélancolie de la fille du duc de Santa-Fé. Chaque année Blanca alloit errer sur les montagnes de Malaga, à l'époque où son amant avoit coutume de revenir d'Afrique; elle s'asseyoit sur les rochers, regardoit la mer, les vaisseaux lointains, et retournoit ensuite à Grenade : elle passoit le reste de ses jours parmi les ruines de l'Alhambra. Elle ne se plaignoit point; elle ne pleuroit point; elle ne parloit jamais d'Aben-Hamet : un étranger l'auroit crue heureuse. Elle resta seule de sa famille. Son père mourut de chagrin, et don Carlos fut tué dans un duel où Lautrec lui servit de second. On n'a jamais su quelle fut la destinée d'Aben-Hamet.

Lorsqu'on sort de Tunis, par la porte qui conduit aux ruines de Carthage, on trouve un cimetière : sous un palmier, dans un coin de ce cimetière, on m'a montré un tombeau qu'on appelle *le tombeau du dernier Abencerage*. Il n'a rien de remarquable; la pierre sépulcrale en est tout unie : seulement, d'après une coutume des Maures, on a creusé au milieu de cette pierre un léger enfoncement avec le ciseau. L'eau de la pluie se rassemble au fond de cette coupe funèbre, et sert, dans un climat brûlant, à désaltérer l'oiseau du ciel.

FIN DU DERNIER ABENCERAGE.

POËMES

TRADUITS DU GALLIQUE EN ANGLOIS,

PAR JOHN SMITH.

PRÉFACE.

Le succès des poëmes d'Ossian en Angleterre fit naître une foule d'imitateurs de Macpherson. De toutes parts on prétendit découvrir des poésies erses ou galliques; trésors enfouis que l'on déterroit, comme ceux de quelques mines de la Cornouaille, oubliées depuis le temps des Carthaginois. Les pays de Galles et d'Irlande rivalisèrent de patriotisme avec l'Écosse ; toute la littérature se divisa : les uns soutenoient avec Blair que les poëmes d'Ossian étoient originaux; les autres prétendoient avec Johnson qu'Ossian n'étoit autre que Macpherson. On se porta des défis ; on demanda des preuves matérielles : il fut impossible de les donner, car les textes imprimés des chants du fils de Fingal ne sont que des traductions galliques des prétendues traductions angloises d'Ossian.

Lorsqu'en 1793 la révolution me jeta en Angleterre, j'étois grand partisan du Barde écossois : j'aurois, la lance au poing, soutenu son existence envers et contre tous, comme celle du vieil Homère. Je lus avec avidité une foule de poëmes inconnus en France, lesquels, mis en lumière par divers auteurs, étoient indubitablement, à mes yeux, du père d'Oscar, tout aussi bien que les manuscrits runiques de Macpherson. Dans l'ardeur de mon admiration et de mon zèle, tout malade et tout occupé que j'étois [1], je traduisis quelques productions *ossianiques* de John Smith. Smith n'est pas l'inventeur

---

[1] *Voyez* la préface de l'*Essai historique*, OEuvres complètes.

du genre; il n'a pas la noblesse et la verve épique de Macpherson; mais peut-être son talent a-t-il quelque chose de plus élégant et de plus tendre. Au reste, ce pseudonyme, en voulant peindre des hommes barbares et des mœurs sauvages, trahit à tout moment, dans ses images et dans ses pensées, les mœurs et la civilisation des temps modernes.

J'avois traduit Smith presque en entier : je ne donne que les trois poëmes de *Dargo*, de *Duthona* et de *Gaul*. C'est pour l'art une bonne étude que celle de ces auteurs, ou de ces langues, qui commencent la phrase par tous les bouts, par tous les mots, depuis le verbe jusqu'à la conjonction, et qui vous obligent à conserver la clarté du sens, au milieu des inversions les plus audacieuses. J'ai fait disparoître les redites et les obscurités du texte anglois : ces chants qui sortent les uns des autres, ces histoires qui se placent comme des parenthèses dans des histoires, ces lacunes supposées d'un manuscrit inventé, peuvent avoir leur mérite chez nos voisins; mais nous voulons en France des choses *qui se conçoivent bien et qui s'énoncent clairement*. Notre langue a horreur de ce qui est confus, notre esprit repousse ce qu'il ne comprend pas tout d'abord. Quant à moi, je l'avoue, le vague et le ténébreux me sont antipathiques : un nominatif qui se perd, des relatifs qui s'embarrassent, des amphibologies qui se forment, me désolent. Je suis persuadé qu'on peut toujours dégager une pensée des mots qui la voilent, à moins que cette pensée ne soit un lieu commun guindé dans des nuages : l'auteur qui a la conscience de ce lieu commun n'ose le faire descendre du milieu des vapeurs, de crainte qu'il ne s'évanouisse.

Je répète ici ce que j'ai dit ailleurs : je ne crois plus à l'authenticité des ouvrages d'Ossian, je n'ai plus aussi

PRÉFACE.

pour eux le même enthousiasme : j'écoute cependant encore la harpe du Barde, comme on écouteroit une voix, monotone il est vrai, mais douce et plaintive. Macpherson a ajouté aux *chants des Muses* une note jusqu'à lui inconnue; c'est assez pour le faire vivre. *OEdipe et Antigone* sont les types d'Ossian et de Malvina, déja reproduits dans *le Roi Léar*. Les débris des tours de Morven, frappés des rayons de l'astre de la nuit, ont leur charme; mais combien est plus touchante dans ses ruines la Grèce éclairée, pour ainsi dire, de sa gloire passée !

DARGO.

POËME.

CHANT PREMIER.

Dargo est appuyé contre un arbre solitaire ; il écoute le vent qui murmure tristement dans le feuillage : l'ombre de Crimoïna se lève sur les flots azurés du lac. Les chevreuils l'aperçoivent sans en être effrayés, et passent avec lenteur sur la colline ; aucun chasseur ne trouble leur paix, car Dargo est triste, et les ardents compagnons de ses chasses aboient inutilement à ses côtés. Et moi aussi, ô Dargo, je sens tes infortunes. Les larmes tremblent dans mes yeux comme la rosée sur l'herbe des prairies, quand je me souviens de tes malheurs.

Comhal étoit assis au lieu où les daims paissent maintenant sur sa tombe : un chêne sans feuillage et trois pierres grisâtres rongées par la mousse des ans marquent les cendres du héros. Les guerriers de Comhal étoient rangés autour de lui : penchés sur leurs boucliers, ils écoutoient la chanson du barde. Tout à coup ils tournent les yeux vers la mer : un nuage paroît parmi les vagues lointaines ; nous reconnoissons le vaisseau d'Inisfail ; au haut de ses mâts est suspendu le signal de détresse. « Déployez mes voiles ! s'écrie Comhal ; volons pour « secourir nos amis ! »

La nuit nous surprit sur l'abîme. Les vagues enfloient leur sein écumant et les vents mugissoient dans nos voiles : la nuit de la tempête est sombre, mais une île déserte est voisine, et ses bras se courbent comme mon arc lorsque j'envoie la mort à l'ennemi. Nous abordons à cette île ; là nous attendons le retour de la lumière ; là les matelots rêvent aux dangers qui ne sont plus.

Nous sommes dans la baie de Botha. L'oiseau des morts crie ; une voix triste sort du fond d'une caverne. « C'est l'ombre de Dargo qui gémit, dit « Comhal ; de Dargo que nous avons perdu en re- « venant des guerres de Lochlin. »

« Les vagues confondoient leurs sommets blan-
« chis parmi les nuages, et leurs flancs bleuâtres
« s'élevoient entre nous et la terre. Dargo monte
« au haut du mât pour découvrir Morven ; mais il
« ne voit point Morven. Les cuirs humides glissent
« dans ses mains ; il tombe et s'ensevelit dans les
« flots ; un tourbillon chasse au loin nos navires ;
« notre chef échappe à nos yeux. Nous chantâmes
« un chant à sa gloire ; nous invitâmes les ombres
« de ses pères à le recevoir dans leur palais de
« nuages ; ils n'écoutèrent point nos vœux. L'om-

« bre de Dargo habite encore les rochers : elle n'est
« point errante sur les blondes collines, dans les
« détours verdoyants des vallées. Chante, ô Ullin !
« les louanges du héros ; il reconnoîtra ta voix, et
« se réjouira au bruit de sa renommée. »

Ainsi parle Comhal, et le barde saisit sa harpe :
« Paix à ton ombre, toi qui as soutenu quelque-
« fois seul les efforts de toute une armée ! paix à
« ton ombre, ô Dargo! Que ton sommeil soit
« profond, enfant de la caverne, sur un rivage
« étranger ! ».

A peine Ullin a-t-il cessé ses chants, qu'une voix
se fait entendre : « M'ordonnes-tu de demeurer
« sur ces roches désertes, ô barde de Comhal? les
« guerriers de Morven abandonnent-ils leurs amis
« dans l'infortune ? » Ainsi disoit Dargo lui-même
en descendant de la colline.

Galchos, ancien ami de Dargo, reconnoît sa voix ;
il y répond par les cris joyeux dont jadis il appeloit
son ami à la poursuite des hôtes des forêts : il est
déjà dans les bras de Dargo ; les étoiles virent entre
les nuages brisés le bonheur des deux guerriers.
Dargo se présente à Comhal. « Tu vis ! s'écria
« Comhal ; comment échappas-tu à l'Océan lors-
« qu'il roula ses flots sur ta tête ? »

— « La vague, répondit Dargo, me jeta sur ces
« bords. Depuis ce temps, la lune a vu sept fois
« s'éteindre et sept fois se rallumer sa lumière ; mais
« sept années ne sont pas plus longues sur la cime
« rembrunie de Morven. Toujours assis sur le ro-
« cher, en murmurant les chants de nos bardes, je

« prêtois l'oreille ou au bruit des vagues, ou au
« cri de l'oiseau qui planoit sur leurs déserts, en
« jetant des voix plaintives. Ce temps marcha peu;
« car lents sont les pas du soleil, et paresseuse la
« lumière de la lune sur cette rive solitaire. »

Dargo s'interrompit tout à coup. « Pourquoi,
« reprit-il en regardant Comhal, pourquoi ces lar-
« mes silencieuses? pourquoi ces regards attendris?
« Ah! ils ne sont pas pour le récit de mes peines,
« ils sont pour la mort d'Évella! oui, je le sais,
« Évella n'est plus; j'ai vu son ombre glisser dans
« la vapeur abaissée, lorsque l'astre des nuits bril-
« loit à travers le voile d'une légère ondée sur la
« surface unie de la mer. J'ai vu mon amour, mais
« son visage étoit pâle; des gouttes humides tom-
« boient de ses beaux cheveux, comme si elle eût
« sorti du sein de l'Océan; le cours de ses larmes
« étoit tracé sur ses joues. J'ai reconnu Évella, j'ai
« pressenti son malheur. En vain j'ai appelé mon
« amante; les ombres des vierges de Morven me
« l'ont ravie, elles chantoient autour d'elle : leurs
« voix ressembloient aux derniers soupirs du vent
« dans un soir d'automne, lorsque la nuit descend
« par degrés dans la vallée de Cona, et que de foi-
« bles murmures se font entendre parmi les roseaux
« qui bordent les ondes. Évella suivit les gracieux
« fantômes; mais elle me jeta un regard douloureux
« sur mon rocher. La suave musique cessa, la belle
« vision s'évanouit. Depuis ce temps, je n'ai cessé
« de pleurer au lever du soleil, de pleurer au cou-
« cher du soleil. Quand te reverrai-je, Évella? Dis-

« moi, Comhal, quelle fut la destinée de la fille de
« Morven ? »

— « Évella apprit ton malheur, répondit Comhal.
« Durant trois soleils, elle reposa sa tête inclinée
« sur son bras d'albâtre ; au quatrième soleil elle
« descendit sur le rivage de la mer et chercha le
« corps de Dargo. Les filles de Morven la virent du
« sommet de la colline ; elles essuyèrent leurs larmes
« avec les boucles de leur chevelure. Elles s'avancè-
« rent en silence pour consoler Évella ; mais elles
« la trouvèrent affaissée comme un monceau de
« neige, et belle encore comme un cygne du ri-
« vage. Les filles de Morven pleurèrent, et les
« bardes firent entendre des chants. Puisses-tu, ô
« Dargo! vivre comme Évella dans la renommée !
« puisse ainsi durer notre mémoire, quand nous
« nous enfoncerons dans la tombe! »

Ainsi dit Comhal. Mais nous apercevons une
grande lumière dans Inisfail ; nous découvrons le
signal qui annonce le danger du roi. Aussitôt nous
nous précipitons dans nos vaisseaux ; Dargo est avec
nous, nous quittons l'île déserte ; nous nous hâtons
pour disperser les ennemis d'Inisfail.

Les vents de Morven viennent à notre aide, ils
remplissent le sein de nos voiles ; les mariniers se
courbent et se redressent sur la rame qui brise, en
écumant, la tête sombre et mobile des flots. Chaque
héros a les yeux fixés sur le rivage : toutes les ames
sont déja dans le champ du carnage ; mais l'on est
encore à quelque distance d'Inisfail. Dargo seul ne
ressent point la joie du péril ; ses yeux sont baissés,

son front est appuyé sur son bras qui repose sur le bord d'un bouclier. Comhal observe la tristesse de ce chef, il fait un signe à Ullin, afin que le chant du barde réveille le cœur de Dargo. Ullin chante au bruit des vaisseaux qui sillonnent les vagues.

« Colda vivoit aux jours de Trenmor. Il poursui-
« voit les daims autour de la baie d'Étha : les ro-
« chers couverts de forêts répondoient à ses cris, et
« les fils légers de la montagne tombèrent. Mélina
« l'aperçut d'un autre rivage : elle veut traverser
« la baie sur un esquif bondissant. Un tourbillon
« descend du ciel et renverse la nef; Mélina s'at-
« tache à la carène. « Je meurs! s'écrie-t-elle :
« Colda, mon guerrier, viens à mon secours! »

— « La nuit déploya ses ombres : plus foiblement
« alors la voix murmura des plaintes; plus foible-
« ment encore elle fut répétée par les échos du
« rivage ; elle s'évanouit enfin dans les ténèbres.
« Colda trouva Mélina à demi ensevelie dans le sa-
« ble; il éleva pour elle la pierre du tombeau sous
« un chêne auprès d'un torrent : le chasseur aime
« ce lieu solitaire; il s'y repose à l'ombre quand
« le soleil brûle la plaine. Colda fut long-temps
« triste; il s'égaroit seul à travers les bois des co-
« teaux d'Étha; chaque nuit, les oiseaux des mers
« écoutoient ses soupirs : mais l'ennemi vint, et
« le bouclier de Trenmor retentit; Colda saisit sa
« lance, et fut vainqueur. La joie reparut peu à peu
« sur son visage comme le soleil sur la bruyère
« quand la tempête est passée. »

— « Le souvenir de ce chef, dit Dargo, revit
« dans ma mémoire, mais comme les foibles traces
« d'un songe depuis long-temps évanoui. Colda
« conduisit souvent les pas de mon enfance au chêne
« d'Étha; les larmes tomboient de ses yeux en
« s'avançant sur les grèves abandonnées. Je lui de-
« mandois pourquoi il pleuroit; il me répondoit :
« C'est ici que dort Mélina. O Colda ! je me suis
« reposé sur sa tombe et sur la tienne ! Puisse ma
« renommée me survivre, de même que ta gloire
« est restée après toi, lorsque je serai errant dans
« les nuages avec la belle Evella ! »

— « Oui, ton nom demeurera parmi les hommes,
« dit Comhal; mais nous touchons au rivage. Vois-tu
« ces boucliers roulant comme la lune à travers le
« brouillard? Leurs bosses reluisent aux rayons du
« matin. Les guerriers d'Inisfail sont là ; le roi re-
« garde par la fenêtre de son palais ; il aperçoit un
« nuage grisâtre. Des larmes tombent sur la pierre
« de la fenêtre. Nos voiles sont le nuage grisâtre ; le
« roi les a reconnus ; la joie éclate dans ses yeux ; il
« s'écrie : Voici Comhal ! »

Les chefs de Lochlin ont aussi reconnu les guerriers de Morven, qui viennent au secours d'Inisfail. Leur armée se courbe, et s'avance à la rencontre de ces guerriers. Armor la conduit : il s'élève au-dessus des héros comme le chef rougeâtre au-dessus des troupeaux de biches dans les bois de Morven. Comhal s'écrie : « Ceignez vos épées ; rappelez les
« jours de votre gloire, et les anciennes batailles de
« Morven. Dargo, présente ton large bouclier;

« Carril, que ton glaive rapide jette encore des
« ondes de lumière ; lève cette lance, ô Connal !
« qui si souvent joncha la terre de morts ; et toi,
« Ullin, que ta voix nous anime aux combats
« sanglants. »

Nous fondons sur l'ennemi ; il étoit immobile
comme le chêne de Malaor que ne peut ébranler la
tempête. Inisfail nous vit, et se précipita dans la
vallée pour se joindre à nous. Lochlin plie sous les
coups de l'orage ; ses branches arrachées couvrent
les champs. Armor combattit le chef d'Inisfail ;
mais la lance du roi cloua le bouclier d'Armor à sa
poitrine. Lochlin, Morven et Inisfail pleurèrent la
mort du jeune chef sitôt abattu. Son barde entonna
le chant de la tombe :

« Ta taille, ô Armor ! étoit celle du pin. L'aile de
« l'aigle marin n'égaloit pas la rapidité de ta course ;
« ton bras descendoit sur les guerriers comme le
« tourbillon de Loda, et mortelle étoit ton épée
« comme les brouillards du Légo.

« Pourquoi, ô mon héros ! es-tu tombé dans ta
« jeunesse ? comment apprendre à ton père qu'il n'a
« plus de fils ? comment dire à Crimoïna qu'elle n'a
« plus d'amant ? Je vois ton père courbé sous le
« poids des années : sa main est incertaine sur le
« bâton qui l'appuie ; sa tête, qu'ombragent encore
« quelques cheveux gris, vacille comme la feuille
« du tremble. Chaque nuage éloigné trompe ses dé-
« biles regards lorsqu'ils cherchent ton navire sur
« les flots.

CHANT I.

« Comme un rayon de soleil sur la fougère des-
« séchée, l'espérance brille sur le front du vieillard.
« Quand le vénérable guerrier, s'adressant aux en-
« fants qui jouent autour de lui, leur dit : « Ne
« vois-je pas le vaisseau de mon fils? » Les enfants
« regardent aussitôt la mer bleuâtre, et ils répon-
« dent au vieillard : « Nous n'apercevons qu'une
« vapeur passagère. »

— « Crimoïna, tu souris dans le songe du matin,
« tu crois recevoir ton amant dans toute sa beauté;
« tes lèvres l'appellent par des mots à demi formés;
« tes bras s'entr'ouvrent et s'avancent pour le pres-
« ser contre ton sein : ah! Crimoïna, ce n'est qu'un
« songe!

« Armor est tombé, il ne reverra plus sa terre
« natale; il dort dans la poussière d'Inisfail.

« Crimoïna, tu sortiras de ton sommeil : mais
« quand Armor se réveillera-t-il?

« Quand le son du cor fera-t-il tressaillir le jeune
« chasseur? quand le choc des boucliers l'appellera-
« t-il au combat? Enfants des forêts, Armor est
« couché; n'attendez pas qu'il se lève. Fils de la
« lance, la bataille rugira sans Armor.

« Ta taille étoit comme celle du chêne, ô chef
« de Lochlin! l'aile de l'aigle marin étoit moins
« rapide que ta course; ton bras descendoit sur
« les guerriers comme le tourbillon de Loda, et
« mortelle étoit ton épée comme les brouillards
« du Légo. »

Ainsi chantoit le barde. La tombe d'Armor

s'élève; les guerriers de Lochlin fuient; leurs vaisseaux, repassant les mers, pèsent sur l'abîme : par intervalles, on entendoit la chanson des bardes étrangers; leurs accents étoient tristes.

CHANT II.

L'histoire des temps qui ne sont plus est pour le barde un trait de lumière; c'est le rayon de soleil qui court légèrement sur les bruyères, mais rayon bientôt effacé, car les pas de l'ombre le poursuivent; ils le joignent sur la montagne : le consolant rayon a disparu. Ainsi le souvenir de Dargo brille rapidement dans mon ame, de nouveau bientôt obscurcie.

Après la bataille où tomba le vaillant Armor, Morven passa la nuit dans les tours grisâtres d'Inisfail; par intervalles une plainte lointaine frappoit nos oreilles. « Bardes, dit Comhal, Ullin, et vous, « Salma, cherchez l'enfant des hommes qui gémit. » Nous sortons, nous trouvons Crimoïna assise sur le tombeau d'Armor; elle avoit suivi en secret son amant aux champs d'Inisfail. Après la bataille, elle se fit un lit de douleur de la dernière couche de son héros : nous l'enlevâmes de ce lieu funeste. Nos larmes descendoient en silence : l'infortune de cette femme étoit grande, et nous n'avions que des soupirs. Nous transportâmes Crimoïna dans la salle des fêtes. La tristesse, comme une obscure vapeur, se répandit sur tous les visages. Ullin saisit sa harpe; il en tira des sons mélodieux : ses doigts erroient sur l'instrument; une douce et religieuse mélancolie sembloit s'échapper des cordes tremblantes. La musique attendrit les ames : elle endort le chagrin dans les cœurs agités. Ils chantoient :

« Quelle ombre se penche ainsi sur sa nue vaporeuse ! La profonde blessure est encore dans sa poitrine ; le chevreuil aérien est à ses côtés. Qui peut-elle être, cette ombre, si ce n'est celle du beau Morglan ?

« Morglan vint avec l'ennemi de Morven. Son amante l'accompagnoit, la fille de Sora, Minona à la main blanche, à la longue chevelure. Morglan poursuivit les daims sur la colline ; Minona demeure sous le chêne. L'épais brouillard descend ; la nuit arrive avec tous ses nuages ; le torrent rugit, les ombres crient le long de ses rives profondes. Minona regarde autour d'elle : elle croit entrevoir un chevreuil à travers le brouillard, et pose sur l'arc sa main de neige. La corde est tendue, la flèche vole. Ah ! que n'a-t-elle erré loin du but ! La flèche s'est enfoncée dans le jeune sein de Morglan.

« Nous élevâmes la tombe du héros sur la colline ; nous plaçâmes la flèche et le bois d'un chevreuil dans l'étroite demeure. Là fut aussi couché le dogue de Morglan, pour poursuivre devant l'ombre du chasseur les cerfs dans les nuages. « Minona vouloit dormir auprès de son amant ; nous la transportâmes au palais de ses pères ; long-temps elle y parut triste. Les rapides années emportent la douleur : à présent Minona se ré-

« jouit avec les filles de Sora, bien qu'elle soupire
« quelquefois encore. »

Ainsi chantoit le barde. L'aube peignit de sa lumière d'albâtre les rochers d'Inisfail : « Ullin, dit
« Comhal, conduis sur ton vaisseau Crimoïna à sa
« patrie ; qu'au milieu de ses compagnes elle puisse
« encore se lever comme la lune, lorsqu'elle montre
« sa tête au-dessus des nuages, et qu'elle sourit aux
« vallées silencieuses. »

— « Béni soit, dit Crimoïna, le chef de Morven ;
« l'ami du foible dans les jours du danger. Mais
« que feroit Crimoïna aux champs de ses pères, où
« chaque rocher, chaque arbre, chaque ruisseau
« réveilleroit ses chagrins assoupis ? Les jeunes filles
« me diroient : « Où est ton Armor ? » Vous pour-
« rez le dire, ô jeunes filles ! mais je ne vous en-
« tendrai pas. J'irai vivre dans une terre éloignée ;
« j'achèverai mes jours avec les vierges de Morven :
« leur cœur, comme celui de leur roi, s'ouvre aux
« pleurs des infortunés. »

Nous emmenâmes Crimoïna avec nous dans notre patrie. Nous joignîmes sa main à celle de Dargo ; mais la fille étrangère ne souriait plus : elle confioit souvent des soupirs au cours d'une onde ignorée. Crimoïna, tes heures furent rapides : les cordes de ta harpe sont humides quand le barde soupire ton histoire.

Un jour, comme nous poursuivions les daims sur les bruyères de Morven ; les vaisseaux de Lochlin apparurent avec leurs voiles blanches et leurs mâts

élevés. Nous crûmes qu'ils venoient réclamer Crimoïna. « Je ne combattrai pas pour elle, dit Con-
« nas, un de nos chefs, avant que je ne sache si cette
« étrangère aime notre race. Perçons le sanglier ;
« teignons avec son sang la robe de Dargo ; nous
« porterons Dargo au palais : Crimoïna déplorera-
« t-elle sa perte? »

O malheur! nous écoutons l'avis de Connas!
Nous terrassons le sanglier écumant ; Connas le
frappe de son épée. Nous enveloppons Dargo dans
une robe ensanglantée, nous le portons sur nos
épaules à Crimoïna. Connas marchoit devant nous
avec la dépouille du sanglier : « J'ai tué le monstre,
« disoit-il ; mais auparavant sa dent mortelle a percé
« ton amant, ô Crimoïna ! »

Crimoïna écouta ces paroles de mort : silencieuse
et pâle, elle reste immobile comme les colonnes de
glace que l'hiver fixe au sommet du Mora. Elle demande sa harpe ; elle la fait résonner à la louange
du héros qu'elle croyoit expiré. Dargo vouloit se
lever ; nous l'en empêchâmes jusqu'à la fin de la
chanson, car la voix de Crimoïna étoit douce comme
la voix du cygne blessé, lorsque ses compagnons
nagent tristement autour de lui.

« Penchez-vous, disoit Crimoïna, sur le bord de
« vos nuages, ô vous, ancêtres de Dargo ! et trans-
« portez votre fils au palais de votre repos. Et vous,
« filles des champs aériens de Trenmor, préparez la
« robe de vapeur transparente et colorée. Dargo,
« pourquoi m'avois-tu fait oublier Armor? Pour-
« quoi t'aimois-je tant? Pourquoi étois-je tant

« aimée ? Nous étions deux fleurs qui croissoient
« ensemble dans les fentes du rocher ; nos têtes
« humides de rosée sourioient aux rayons du soleil.
« Ces fleurs avoient pris racine dans le roc aride.
« Les vierges de Morven disoient : « Elles sont soli-
« taires, mais elles sont charmantes. » Le daim dans
« sa course s'élançoit par-dessus ces fleurs, et le che-
« vreuil épargnoit leurs tiges délicates.

« Le soleil de Morven est couché pour moi. Il
« brilla pour moi, ce soleil, dans la nuit de mes
« premiers malheurs, au défaut du soleil de ma pa-
« trie : mais il vient de disparoître à son tour ; il me
« laisse dans une ombre éternelle.

« Dargo, pourquoi t'es-tu retiré si vite ? Pour-
« quoi ce cœur brûlant s'est-il glacé ? Ta voix mé-
« lodieuse est-elle muette ? Ta main, qui naguère
« manioit la lance à la tête des guerriers, ne peut
« plus rien tenir ; tes pieds légers qui ce matin
« encore devançoient ceux de tes compagnons,
« sont à présent immobiles comme la terre qu'ils
« effleuroient.

« Partout sur les mers, au sommet des collines,
« dans les profondes vallées, j'ai suivi ta course.
« En vain mon père espéra mon retour ; en vain
« ma mère pleura mon absence : leurs yeux mesu-
« rèrent souvent l'étendue des flots ; souvent les
« rochers répétèrent leurs cris. Parents, amis, je
« fus sourde à votre voix ! toutes mes pensées
« étoient pour Dargo ; je l'aimois de toute la force
« de mes souvenirs pour Armor. Dargo, l'autre
« nuit, j'ai goûté le sommeil à tes côtés sur la

« bruyère. N'est-il pas de place cette nuit dans ta
« nouvelle couche? Ta Crimoïna veut reposer au-
« près de toi, dormir pour toujours à tes côtés. »

Le chant de Crimoïna alloit en s'affoiblissant à mesure qu'il approchoit de sa fin; par degrés s'éteignoit la voix de l'étrangère : l'instrument échappa aux bras d'albâtre de la fille de Lochlin; Dargo se lève : il étoit trop tard! l'ame de Crimoïna avoit fui sur les sons de la harpe. Dargo creusa la tombe de son épouse auprès de celle d'Évella, et prépara pour lui-même la pierre du sommeil.

Dix étés ont brûlé la plaine, dix hivers ont dépouillé les bois; durant ces longues années, l'enfant du malheur, Dargo, a vécu dans la caverne; il n'aime que les accents de la tristesse. Souvent je chante au chef infortuné des airs mélancoliques dans le calme du midi, lorsque Crimoïna se penche sur le bord de sa nue pour écouter les soupirs du barde.

FIN DU POËME DE DARGO.

DUTHONA.

DUTHONA.

POËME.

« Pourquoi, ô mers! élevez-vous votre voix parmi les rochers de Morven? Vent du midi, pourquoi épuises-tu ta rage sur mes collines? Est-ce pour retenir ma voile loin des rivages de l'ennemi, pour arrêter le cours de ma gloire? Mais, ô mers! vos flots mugissent en vain; vent du midi, tu peux souffler, mais tu n'empêcheras point les vaisseaux de Fingal de voler à la contrée lointaine de Dorla : ta fureur se calmera, et la surface azurée de l'Océan deviendra tranquille et brillante. Oui, le bruit de la tempête cessera, mais la mémoire de Fingal ne périra point. »

Ainsi parla le roi, et ses guerriers se rangèrent autour de lui. Le vent siffle dans les cheveux touffus de Dumolach; Leth se penche sur son bouclier d'airain, tout ridé de mille cicatrices; Molo agite dans les airs sa lance étincelante; la joie de la bataille est dans les yeux de Gormalon.

Nous cinglons à travers l'écume houleuse de l'Océan : les baleines effrayées plongent au fond de l'abîme, les îles fuient; elles s'abaissent tour à tour derrière nous sous l'onde, et Duthona sort peu à peu devant nous du sein des flots. Les vagues roulantes et élevées, nous en dérobent de temps en temps la vue. « C'est la terre de Connar, dit Fingal, « le pays de l'ami de mon peuple. »

La nuit descend; le ciel est ténébreux; le pilote cherche en vain de ses regards l'étoile qui nous guide; il l'entrevoit quelquefois à travers le voile déchiré d'un nuage : mais l'ouverture se referme, et le flambeau de notre route se cache. « Les pas « de la nuit sur l'abîme, dit Fingal, sont menaçants; « que notre vaisseau se repose au rivage jusqu'au « retour de la lumière. »

Nous entrons dans la baie de Duthona. Quelle Ombre terrible se tient sur le rocher, en s'appuyant sur un pin? Son bouclier est un nuage; derrière ce bouclier passe la lune errante. L'Ombre a pour lance une colonne de brouillard d'un bleu sombre, surmontée d'une étoile sanglante; un météore lui sert d'épée; les vents, dans leurs jeux, élèvent la chevelure du Fantôme comme une fumée; deux flammes qui sortent de deux cavernes creusées dans les nuages sont les yeux menaçants de cet enfant de la nuit. Souvent Fingal a vu se manifester ainsi le signe de la bataille; mais qui pourroit y croire dans la patrie de Connar, ami du peuple de Fingal?

Le roi monte sur le rocher; le glaive de Luno jette dans sa main des ondes de lumières; Carrill marche derrière le roi. Le Fantôme aperçoit Fingal, et sur l'aile d'un tourbillon s'envole; le héros le poursuit du geste et de la voix. Cette voix est entendue sur les collines de Duthona, qui s'agitent avec tous leurs rochers et tous leurs arbres; le peuple tressaille, se réveille en rêvant le péril, et les feux d'alarme sont allumés de toute part.

« Levez-vous, dit le roi revenant parmi ses guer-
« riers, levez-vous : que chacun endosse son ar-
« mure et place devant lui son bouclier. Il nous
« faut combattre. Nos amis nous vont attaquer au
« milieu de la nuit ; Fingal ne leur dira pas son
« nom, car nos ennemis s'écrieroient ensuite :
« Les guerriers de Morven furent effrayés ! ils dirent
« leur nom pour éviter le combat ! » Que chacun
« endosse son armure et place devant lui son bou-
« clier ; mais que nos lances errent loin du but,
« que nos flèches soient emportées par les vents. A
« la lumière du matin, nos amis nous reconnoî-
« tront, et la joie sera grande dans Duthona. »

Nous rencontrâmes la colonne mouvante et sombre des guerriers de Duthona. Comme la grêle échappée des flancs de l'orage, leurs flèches tombent sur nos boucliers ; ils nous environnent comme un rocher entouré par les flots. Fingal vit que son peuple alloit périr ou qu'il seroit forcé de combattre : il descendit de la colline ainsi qu'une ombre qui se plaît à rouler avec les tempêtes. La lune, dans ce moment, leva sa tête au-dessus de la montagne, et réfléchit sa lumière sur l'épée de Luno ; l'épée étincelle dans la main du roi, comme un pilier de glace pendant l'hiver, à la chute devenue muette du Lara. Duthona vit la flamme et n'en put supporter la splendeur ; ses guerriers se retirèrent comme les ténèbres devant le jour ; ils s'enfoncèrent dans un bois.

Avançant à leur suite, nous nous arrêtâmes au bord d'un profond ruisseau qui couloit devant nous à travers la bruyère. Son lit se creusoit entre deux rivages semés de fougères et ombragés de quelques bouleaux vieillis. Là, nous nous entretînmes du récit des combats et des actions des premiers héros. Carrill redit les faits du temps passé, Ossian célébra la gloire de Connar : sa harpe ne put oublier la tendre beauté de Minla.

Les chants cessèrent, une brise murmura le long du ruisseau ; elle nous apporta les soupirs de l'infortune : ils étoient doux comme la voix des ombres au milieu d'un bois solitaire, quand elles passent sur la tombe des morts.

« Allez, Ossian, dit le roi ; quelque guerrier lan-
« guit sur son bouclier ; qu'il soit apporté à Fingal :
« s'il est blessé, qu'on applique les herbes de la
« montagne sur sa plaie. Aucun nuage ne doit
« obscurcir notre joie dans la terre de Duthona. »

Je marchai guidé par la chanson du malheur.

« Triste et abandonnée est ma demeure, disoit
« la chanson ; aucune voix ne s'y fait entendre, si
« ce n'est celle de la chouette. Nul barde ne charme
« la longueur de mes nuits ; les ténèbres et la lu-
« mière sont égales pour moi. Le soleil ne luit point
« dans ma caverne ; je ne vois point flotter la che-
« velure dorée du matin, ni couler les flots de
« pourpre que verse l'astre du jour à son cou-
« chant. Mes yeux ne suivent point la lune à tra-
« vers les pâles nuages ; je ne vois point ses rayons
« trembler à travers les arbres dans les ondes du

« ruisseau; ils ne visitent point la caverne de
« Connar.

« Ah! que ne suis-je tombé dans la tempête de
« Dorla! ma renommée ne se seroit pas évanouie
« comme le silencieux rayon de l'automne qui court
« sur les champs jaunis, entre les ombres et les
« brouillards. Les enfants sous le chêne ont senti
« un moment la chaleur du rayon et l'ont bénie;
« mais il passe : les enfants poursuivent leurs jeux,
« et le rayon est oublié.

« Oubliez-moi aussi, enfants de mon peuple, si
« vous n'êtes pas tombés comme moi, si Dorla, qui
« a envahi Duthona, n'a point soufflé sur vous dans
« votre jeunesse, comme l'haleine d'une gelée tar-
« dive sur les bourgeons du printemps. Que n'ai-je
« autrefois trouvé la mort à vos yeux, quand je
« marchai avec Fingal au-devant des forces de
« Swaran! Le roi eût élevé ma tombe. Ossian eût
« chanté ma gloire, les bardes des futures années,
« en s'asseyant autour du foyer, eussent dit à l'ou-
« verture de la fête : « Écoutez la chanson de
« Connar. »

« A présent, enchaîné dans cette caverne, je
« mourrai tout entier : ma tombe ne sera point
« connue; le voyageur écartera sous ses pas, avec
« la pointe de sa lance, une herbe longue et flétrie;
« il découvrira une pierre poudreuse : « Qui dort
« dans cette étroite demeure? » demandera-t-il à
« l'enfant de la vallée; et l'enfant de la vallée lui
« répondra : « Son nom n'est point dans la chan-
« son. »

— « Ton nom sera dans la chanson, m'écriai-je;
« tu ne seras point oublié par Ossian. Sors de la
« caverne où t'a caché la destinée, et viens lever
« encore la lance dans la bataille. Viens, Fingal
« sera auprès de toi; il te vengera. Viens, les op-
« presseurs de Duthona sècheront à ton aspect
« comme la fougère atteinte par la bise : ton nom
« refleurira comme le chêne qui ombrage les salles
« de tes fêtes, quand, après les rigueurs de l'hiver,
« il se rajeunit au printemps. »

Connar prit la voix d'Ossian pour celle d'une
ombre : « Ta voix m'est agréable, enfant de la nuit,
« dit-il, car les fantômes n'effraient point mon
« ame; ta voix est douce à Connar abandonné.
« Converse avec moi dans la caverne; notre entre-
« tien sera de la tombe et de la demeure aérienne
« des héros. Nous ne parlerons point de Duthona;
« nous serons silencieux sur ma gloire, elle s'est
« évanouie. Mes amis aussi sont loin : ils dorment
« sur leurs boucliers; mon souvenir ne trouble
« point leur repos. Ah ! qu'ils continuent de som-
« meiller en paix!

« Ombre amie, ma demeure sera bientôt avec la
« tienne. Nous visiterons ensemble les enfants du
« malheur dans leur caverne; nous leur ferons ou-
« blier leurs chagrins dans les illusions des songes ;
« nous les conduirons en pensée dans les champs
« de leur renommée : ils croiront briller dans les
« combats; leur tunique d'esclave s'allongera en
« robe ondoyante ; leurs prisons souterraines de-
« viendront les nobles salles de Fingal ; le murmure

« du vent sera pour eux et pour nous la mélodie
« des harpes, le frissonnement des gazons devien-
« dra le soupir des vierges. Ombre amie, en atten-
« dant que je m'unisse à toi dans les nuages, des-
« cends souvent à la caverne de Connar! Fan-
« tôme de la nuit, ta voix est charmante à mon
« cœur! »

Je me plonge dans la caverne de Connar; je coupe les liens dont les guerriers de Dorla avoient entouré les mains du chef; je conduis le roi délivré à Fingal; leurs visages brillèrent de joie au milieu de leurs cheveux gris, car Fingal et Connar se souviennent de leurs jeunes années, de ces premiers jours de la vie où ils tendoient ensemble leurs arcs au bord du torrent. « Connar, dit Fingal, qui a
« pu confiner l'ami de Morven dans la caverne?
« Puissant devoit être son bras; inévitable son
« épée! »

— « Dorla, répondit Connar, apprit que la force
« de mon bras s'étoit évanouie dans la vieillesse. Il
« attaqua mes salles pendant la nuit, lorsque j'étois
« seul avec ma fille Niala, et que mes guerriers
« étoient absents. Je combattis : le nombre pré-
« valut. Dorla est resté dans Duthona, et mes peu-
« ples sont dispersés dans leurs vallons ignorés. »

Fingal entendit les paroles de Connar; il fronce le sourcil; les rides de son front sont comme les nuages qui couvent la tempête. Il agite dans sa main sa lance mortelle et regarde l'épée de Luno.

« Il n'est pas temps de reposer, s'écrie-t-il, quand
« celui qui dépouilla mon ami est si près. Les guer-

« riers de Dorla sont nombreux ; ils nous ont atta-
« qués cette nuit, et nous avons cru, en les res-
« pectant, que c'étoient les bataillons de Connar.
« Ossian et Gormalon, avancez le long du rivage.
« Dumolach et Leth, volez aux salles de Connar,
« et si vous y trouvez Niala, étendez devant elle vos
« boucliers protecteurs. Molo, observe l'ennemi,
« afin qu'il ne puisse livrer ses voiles au vent sans
« combattre. Et toi, Carrill, où es-tu? Barde aux
« douces chansons, reste auprès du chef de Duthona
« avec ta harpe : sa mélodie est un rayon de lumière
« qui se glisse au milieu de l'orage. »

Carrill vint avec sa harpe : les sons de cette harpe étoient légers comme le mouvement des ombres glissant dans un air pur sur les rivages de Lara. Coulez en silence, ruisseaux de la nuit, que nous entendions la chanson du barde.

« Au bord des torrents de Lara se penche un
« chêne qui laisse tomber de ses feuilles, sur le cou-
« rant d'eau, les pleurs de la rosée. Là, on voit errer
« deux ombres lorsque le soleil illumine la plaine
« et que le silence est dans Morven : l'une est ton
« ombre, vénérable Uval; l'autre est celle de ta
« fille, la belle chasseresse. Les jeunes guerriers de
« Lara poursuivoient les chevreuils ; ils célébroient
« la fête dans la cabane lointaine du désert. Colgar
« les découvrit, et parut subitement à Lara comme
« le torrent qui fond du haut d'une montagne,
« quand l'ondée est encore sur les hauts sommets,
« et n'a point descendu dans la vallée. — Fille
« d'Uval, dit Colgar, il te faut me suivre ; j'enchaî-

« nerai ici ton père, car il frapperoit sur le bou-
« clier, et les jeunes guerriers pourroient entendre
« le son dans la solitude. »

— « Colgar, je ne t'aime pas, dit la fille d'Uval;
« laisse-moi avec mon père : ses yeux sont tristes,
« ses cheveux blanchis. »

« Colgar est sourd à la prière; la fille d'Uval est
« obligée de le suivre, mais ses pas sont tardifs.
« Un chevreuil bondit auprès de Colgar; ses flancs
« bruns se montrent à travers les vertes bruyères.
— « Colgar, dit la fille d'Uval, prête-moi ton arc;
« j'ai appris à percer le chevreuil. » Colgar crut la
« beauté déja consolée, et, plein d'amour, il donne
« son arc. La fille d'Uval tend la corde, la flèche
« part, Colgar tombe. La fille d'Uval retourna à
« Lara : l'ame de son père fut réjouie. Le soir de la
« vie d'Uval se prolongea; il fut comme le coucher
« du soleil sur la montagne des sources limpides;
« les derniers jours d'Uval tombèrent comme les
« feuilles d'automne dans la vallée silencieuse. Les
« années de la fille d'Uval furent nombreuses;
« quand elle s'éteignit, elle dormit en paix avec
« son père. »

Ainsi chantoit Carrill, et moi Ossian je m'avan-
çois avec Gormalon sur le rivage, selon les ordres
de Fingal. Au pied d'un rocher nous trouvons un
jeune homme : son bras, sortant d'une brillante
armure, reposoit sur une harpe brisée; le bois
d'une lance étoit à ses côtés. A travers les herbes
chevelues du rocher, la lune éclairoit la tête du
jeune homme : cette tête étoit penchée, elle s'agi-

toit lentement dans la douleur, comme la cime d'un pin qui se balance aux soupirs du vent.

« Quel est celui, dit Gormalon, qui demeure ici
« solitaire ? Es-tu un des compagnons de Dorla,
« ou l'un des guerriers de Connar ? »

— « Je suis, répondit le jeune homme tremblant
« comme l'herbe dans le courant d'un ruisseau, je
« suis un des bardes qui chantoient dans les salles
« de Connar. Dorla écouta mes chansons, et épar-
« gna ma vie après avoir livré bataille sur les champs
« de Duthona. »

— « Souviens-toi de Dorla, si tu le veux, répli-
« qua Gormalon ; mais que peux-tu dire à sa louange ?
« Il attaqua Connar lorsque les amis du roi étoient
« absents ; son bras est foible dans le danger, fort
« quand personne ne le repousse. Dorla est un nuage
« qui se montre seulement dans le calme, un brouil-
« lard qui ne se lève jamais du marais que quand
« les vents de la vallée se sont retirés. Mais la tem-
« pête de Fingal joindra ce nuage et le déchirera
« dans les airs. »

— « Je me souviens de Fingal, dit le jeune
« homme : je le vis jadis dans les salles de Duthona ;
« je me souviens de la voix d'Ossian et des fiers
« héros de Morven ; mais Morven est loin de Du-
« thona. »

Les soupirs étouffèrent la voix du jeune homme ; ses sanglots éclatèrent comme la glace qui se fend sur le lac du Lego, ou comme les vents de la montagne dans la grotte d'Arven.

« Foible est ton ame, dit Gormalon indigné :

« non, tu n'es pas l'enfant des salles de Connar; tu
« n'es pas des bardes de la race du roi. Ceux-ci
« chantoient les actions de la bataille; la joie du
« danger enfloit leurs ames, de même que s'enflent
« les voiles blanches de Fingal dans les tourbillons
« de la mer de Morven. Tu es des amis de Dorla,
« va donc le rejoindre, enfant du foible, et dis-lui
« que Morven le poursuit : jamais il ne reverra les
« collines de sa patrie. »

— « Gormalon, dis-je alors, n'outrage pas la
« jeunesse : l'ame du brave peut quelquefois faillir,
« mais elle se relève. Le soleil sourit du haut de sa
« carrière lorsque la tempête est passée; le pin
« cesse alors de secouer dans les airs sa pyramide
« de verdure, la mer calme sa surface azurée, et
« les vallées se réjouissent aux rayons de l'astre
« éclatant. »

Je pris le jeune homme par la main, et le conduisis vers Carrill, roi des chansons. La lumière commençoit alors à briller sur l'armée de Dorla; ses guerriers pâles et muets regardoient la lance de Morven et l'épée de Connar; ils demeuroient immobiles : lorsque le chasseur est surpris par la nuit sur la colline de Cromla, la terreur des fantômes l'environne; une sueur froide perce son front, ses pas tremblants se refusent à sa fuite; ses genoux fléchissent au milieu de sa course.

Dorla vit les yeux égarés de son peuple; une grosse larme roule dans les siens. « Pourquoi,
« dit-il à ses guerriers, demeurez-vous dans ce si-
« lence, comme les arbres qui s'élèvent autour de

« nous ? Votre nombre ne surpasse-t-il pas celui des
« fils de Morven ? Ils peuvent avoir leur renom-
« mée ; mais n'avons-nous pas aussi combattu avec
« les héros ? Si vous songez à la fuite, où est le
« chemin de nos vaisseaux, si ce n'est à travers
« l'ennemi ? Fondons sur eux dans notre colère ;
« que nos bras soient courageux, et la joie de mes
« amis sera grande quand nous retournerons chez
« nos pères. »

Connar, au milieu des héros de Morven, frappa sur le bouclier de Duthona. Ses guerriers dispersés entendirent le signal du roi ; ils levèrent la tête dans leurs vallons ignorés, comme les ruisseaux de Selma : dans les jours de sécheresse, ces ruisseaux se cachent sous les cailloux de leur lit ; mais quand les tièdes ondées descendent, ils sortent tout à coup de leur retraite, rugissent, inondent et surmontent de leurs eaux les collines.

On combat : Dorla est abattu par la lance de Connar. Fingal le vit tomber ; il s'avance alors dans sa clémence, et parle aux guerriers de Dorla qui n'est plus.

« Fingal, leur dit-il, ne se plaît point dans la
« chute de ses ennemis, quoiqu'ils l'aient forcé de
« tirer l'épée. Ne venez jamais à Morven, ne vous
« présentez plus aux rivages de Duthona. Rapide est
« le jour du peuple qui ose lever la lance contre
« Fingal ; une colonne de fumée chassée par la tem-
« pête est la vie de ceux qui combattent contre les
« héros de Morven. Retirez-vous : emportez le corps
« de Dorla.

« Pourquoi es-tu si matinale, épouse de Dorla ?
« continua Fingal. Que fais-tu, immobile sur le
« rocher ? Tes cheveux sont trempés de la rosée du
« matin ; tes regards sont errants sur les vagues
« lointaines : ce que tu vois n'est pas l'écume du
« vaisseau de Dorla, c'est la mer qui se brise autour
« du flanc des baleines. Les deux enfants de l'épouse
« de Dorla sont assis sur les genoux de leur mère ;
« ils voient une larme descendre le long de la joue
« de la femme ; ils lèvent leur petite main pour
« saisir la perle brillante : « Mère, diront-ils,
« pourquoi pleures-tu ? Où notre père a-t-il dormi
« cette nuit ? »

« Ainsi, peut-être, ô Ossian ! ton Éveralline est
« maintenant inquiète pour toi. Elle conduit peut-
« être ton Oscar au sommet de Morven, afin de dé-
« couvrir la pleine mer. Ossian, souviens-toi d'Oscar
« et d'Éveralline ; ô mon fils ! épargne le guerrier
« qui, comme Dorla, peut laisser derrière lui une
« épouse dans les larmes. Hélas ! Dorla, pourquoi
« es-tu déjà tombé ? »

Ainsi me parloit Fingal, aux jours du passé, dans la terre de Duthona ; ainsi, pour m'enseigner la pitié, il mettoit devant mes yeux l'image d'Éveralline mon épouse, d'Oscar mon jeune fils. Éveralline ! Oscar ! rayons de joie maintenant éteints ! comment m'avez-vous précédé dans l'étroite demeure ? Comment Ossian peut-il faire retentir la harpe et chanter encore les guerriers, lorsque votre souvenir, comme l'étoile qui tombe du ciel, traverse tout à coup son ame ? Oh ! que ne suis-je le compagnon de votre course azurée, brillants voyageurs des nuages ! Quand nos ombres se rejoindront-elles dans les airs ? Quand glisseront-elles avec les brises sur la cime ondoyante des pins ? Quand élèverons-nous nos têtes ornées d'une chevelure brillante, comme les astres de la nuit dans le désert ? Puisse ce moment bientôt arriver ! Ce qu'est le lit de bruyère au chasseur fatigué, sera la tombe au barde appesanti par les ans : je dormirai ! la pierre de ma dernière couche gardera ma mémoire.

Mais, ô pierre du tombeau ! la saison de ta vieillesse arrivera aussi ; tu t'enfonceras toi-même dans le lieu où les guerriers reposent pour jamais. L'étranger demandera où étoit ta place ; les fils du foible ne la connoîtront point.

Peut-être la chanson aura gardé le souvenir de cette prière. La chanson se perdra à son tour dans la nuit des temps ; le brouillard des années enveloppera sa lumière. Notre mémoire passera comme l'histoire de Duthona, qui déjà s'éclipse dans l'ame d'Ossian.

Le peuple de Dorla fend la mer en silence ; les sons d'aucune chanson ne roulent devant lui sur les flots ; les bardes penchent la tête sur leur harpe, et leurs cheveux argentés errent avec leurs armes le long des cordes humides. Les marins sont enfoncés dans leurs sombres pensées ; le rameur distrait suspend soudain la rame qu'il alloit plonger dans les flots.

Nous montâmes au palais de Connar ; mais le chef est triste malgré sa victoire ; son sein oppressé soulève son armure comme la vague qui renferme la tempête ; son œil éteint ne lance plus son regard brillant à travers la salle des fêtes. Personne n'ose demander au héros pourquoi il est triste, car absente est l'étoile de la nuit, la fille de Connar, la charmante Niala. Fingal voyoit la douleur du chef, et cachoit la sienne sous le panache de son casque. « Carrill, dit-il à voix basse, qu'as-tu fait « de tes chants ? viens avec ta harpe soulager l'ame « du roi. »

Carrill s'avance au milieu des salles de la fête, appuyé d'une main sur son bâton blanc, de l'autre portant sa harpe ; derrière lui marche le jeune barde de Duthona qu'Ossian et Gormalon avoient trouvé sur le rivage pendant la nuit. Tout à coup son armure tombe à terre ; il lève une main pour cacher son trouble. Quelle est cette main si blanche ? Ce visage sourit si gracieusement à travers les boucles de ses beaux cheveux ! « Niala ! s'écria « Connar, est-ce toi ? » Elle jette ses bras charmants autour de son père ; la joie revient au banquet des guerriers. Connar donna la beauté à Gormalon, et nous déployâmes nos voiles et nos chants pour Morven. Ossian est seul aujourd'hui dans les ruines des tours de Fingal, et l'épouse de mon Oscar, Malvina ; la douce Malvina, ne sourira plus à son père.

Vallée de Cona, les sons de la harpe ne se font plus entendre le long de tes ruisseaux, dont la voix s'élève à peine sur les collines silencieuses. La biche dort sans frayeur dans la hutte abandonnée du chasseur ; le faon bondit sur la tombe guerrière dont il creuse la mousse avec ses pieds. Je suis resté seul de ma race : je n'ai plus qu'un jour à passer dans un monde qui ne me connoît plus.

FIN DU POËME DE DUTHONA.

GAUL.

GAUL.

POÈME.

L E silence de la nuit est auguste. Le chasseur repose sur la bruyère : à ses côtés sommeille son chien fidèle, la tête allongée sur ses pieds légers; dans ses rêves, il poursuit les chevreuils; dans la joie confuse de ses songes, il aboie et s'éveille à moitié.

Dors en paix, fils bondissant de la montagne, Ossian ne troublera point ton repos : il aime à errer seul; l'obscurité de la nuit convient à la tristesse de son ame; l'aurore ne peut apporter la lumière à ses yeux depuis long-temps fermés. Retire tes rayons, ô soleil! comme le roi de Morven a retiré les siens; éteins ces millions de lampes que tu allumes dans les salles azurées de ton palais, lorsque tu reposes derrière les portes de l'occident. Ces lampes se consumeront d'elles-mêmes : elles te laisseront seul, ô soleil! de même que les amis d'Ossian l'ont abandonné. Roi des cieux, pourquoi cette illumination magnifique sur les collines de Fingal, lorsque les héros ont disparu, et qu'il n'est plus d'yeux pour contempler ces flambeaux éblouissants?

Morven, le jour de ta gloire a passé; comme la lueur du chêne embrasé de tes fêtes, l'éclat de tes guerriers s'est évanoui : les palais ont croulé; Témora a perdu ses hauts murs; Tura n'est plus qu'un monceau de ruines, et Selma est muette. La coupe bruyante des festins est brisée. Le chant des bardes a cessé, le son des harpes ne se fait plus entendre. Un tertre couvert de ronces, quelques pierres cachées sous la mousse, c'est tout ce qui rappelle la demeure de Fingal. Le marin du milieu des flots n'aperçoit plus les tours qui sembloient marquer les bornes de l'Océan, et le voyageur qui vient du désert ne les aperçoit plus.

Je cherche les murailles de Selma; mes pas heurtent leurs débris : l'herbe croît entre les pierres, et la brise frémit dans la tête du chardon. La chouette voltige autour de mes cheveux blancs; je sens le vent de ses ailes; elle éveille par ses cris la biche sur son lit de fougère; mais la biche est sans frayeur; elle a reconnu le vieil Ossian.

Biche des ruines de Selma, ta mort n'est point dans la pensée du barde : tu te lèves de la même couche où dormirent Fingal et Oscar! Non, ta mort n'est point le désir du barde! J'étends seulement la main dans l'obscurité vers le lieu où étoit suspendu au dôme du palais le bouclier de mon père, vers ces voûtes que remplace aujourd'hui la voûte du ciel. La lance qui sert d'appui à mes pas rencontre à terre ce bouclier; il retentit : ce bruit de l'airain plaît encore à mon oreille; il réveille en moi la mémoire des anciens jours, ainsi que le souffle du soir ranime dans la ramée des bergers la flamme expirante. Je sens revivre mon génie; mon sein se soulève comme la vague battue de la tempête, mais le poids des ans le fait retomber.

Retirez-vous, pensées guerrières! souvenirs des temps évanouis, retirez-vous! Pourquoi nourrirois-je encore l'amour des combats, quand ma main a oublié l'épée? La lance de Témora n'est plus qu'un bâton dans la main du vieillard.

Je frappe un autre bouclier dans la poussière. Touchons-le de mes doigts tremblants. Il ressemble au croissant de la lune : c'étoit ton bouclier, ô Gaul! le bouclier du compagnon de mon Oscar! Fils de Morni, tu as déja reçu toute ta gloire, mais je te veux chanter encore : je veux pour la dernière fois confier le nom de Gaul à la harpe de Selma. Malvina, où es-tu? Oh! qu'avec joie tu m'entendrois parler de l'ami de ton Oscar!

« La nuit étoit sombre et orageuse, les ombres crioient sur la bruyère, les torrents se précipitoient du rocher; les tonnerres à travers les nuages rouloient comme des monts qui s'écroulent, et l'éclair traversoit rapidement les airs. Cette nuit même nos héros s'assemblèrent dans les salles de Selma, dans ces salles maintenant abattues : le chêne flamboyoit au milieu; à sa lueur on voyoit briller le visage riant des guerriers à demi cachés dans leur noire chevelure. La coquille des fêtes circuloit à la ronde; les bardes chantoient, et la main des vierges glissoit sur les cordes de la harpe.

« La nuit s'envola sur les ailes de la joie : nous

croyions les étoiles à peine au milieu de leur course, et déja le rayon du matin entr'ouvroit l'orient nébuleux. Fingal frappa sur son bouclier: ah! qu'il rendoit alors un son différent de celui qu'il a parmi ces débris! Les guerriers l'entendirent; ils descendirent du bord de tous leurs ruisseaux. Gaul reconnut aussi la voix de la guerre; mais le Strumon rouloit ses flots entre lui et nous: et qui pouvoit traverser ses ondes terribles?

« Nos vaisseaux abordent à Ifrona; nous combattons; nous arrachons des mains de l'ennemi les dépouilles de notre patrie. Pourquoi ne restois-tu pas au bord de ton torrent, toi qui levois le bouclier d'azur? Pourquoi, fils de Morni, ton ame respiroit-elle les combats? Sur quelque champ que ce fût, Gaul vouloit moissonner. Il prépare son vaisseau dompteur des vagues, et déploie ses voiles au premier souffle du matin, pour suivre à Ifrona les pas du roi.

« Quelle est celle que j'aperçois au bord de la mer, sur le rocher battu des flots? Elle est triste comme le pâle brouillard de l'aube; ses cheveux noirs flottent en désordre; des larmes roulent dans ses yeux fixés sur le vaisseau fugitif de Gaul. De ses bras aussi blancs que l'écume de l'onde, elle presse sur son sein un jeune enfant qui lui sourit; elle murmure à l'oreille du nouveau-né un chant de son âge, mais un soupir entrecoupe la voix maternelle, et la femme ne sait plus quelle étoit la chanson.

« Tes pensées, Évircoma, n'étoient point pour des airs folâtres : elles voloient sur les flots avec ton amour. On n'aperçoit plus qu'à peine le vaisseau diminué : des nues abaissées étendent maintenant entre lui et le rivage leurs fumées onduleuses; elles le cachent comme un écueil lointain sous une vapeur passagère. « Que ta course soit heureuse, « dompteur des vagues écumantes ! Quand te rever- « rai-je, ô mon amant? »

« Évircoma retourne aux salles de Strumon ; mais ses pas sont tardifs, son visage est triste : on diroit d'une ombre solitaire qui traverse la brume du lac. Souvent elle se retourne pour regarder le vaste Océan. « Que ta course soit heureuse, dompteur « des vagues écumantes! Quand te reverrai-je, ô « mon amant? »

« La nuit surprit le fils de Morni au milieu de la mer; la lune n'étoit point au ciel; pas une étoile ne brilloit dans la profondeur des nuages. La barque du chef glissoit sur les flots en silence, et nous passons sans la voir, en retournant à Morven.

« Gaul aborde au rivage d'Ifrona. Ses pas étoient sans inquiétude : il erre çà et là ; il écoute; il n'entend point rugir la bataille; il frappe avec sa lance sur son bouclier, afin que ses amis se réjouissent de son arrivée : il s'étonne du silence. « Fingal dort-il? « s'écrie Gaul en élevant la voix; le combat n'est-il « pas commencé? Héros de Morven, êtes-vous ici? »

Que n'y étions-nous, fils de Morni! cette lance t'auroit défendu, ou Ossian seroit tombé avec toi. Lance, aujourd'hui sans force dans ma main, innocent appui de ma vieillesse, jadis ferme soutien de ceux qui versoient des larmes, tu étois la lance de Témora, tu étois le météore briseur du chêne orgueilleux. Ossian n'étoit pas, comme aujourd'hui, un roseau desséché qui tremble dans un étang solitaire ; je m'élevois comme le pin, avec tous mes rameaux verdoyants autour de moi. Que n'étois-je auprès du chef de Strumon, quand l'orage d'Ifrona descendit !

Ombres de Morven, dormiez-vous dans vos grottes aériennes, ou vous amusiez-vous à faire voler les feuilles flétries, quand vous nous laissâtes ignorer le danger de Gaul ? Mais non ; ombres amies de nos pères, vous prîtes soin de nous avertir : deux fois vous repoussâtes nos vaisseaux au rivage d'Ifrona, nous ne comprîmes pas ce présage ; nous crûmes que des esprits jaloux s'opposoient à notre retour. Fingal tira son épée, et sépara les pans de leur robe de vapeur ; à l'instant les ombres passèrent sur nos têtes. « Allez, impuis« sants fantômes, leur dit le chef ; allez chasser le « duvet du chardon dans une terre lointaine, vous « jouerez avec les fils du foible. »

Les ombres amies méconnues s'envolèrent avec le vent : leurs voix ressembloient aux soupirs de la montagne quand l'oiseau de mer prédit la tempête. Quelques uns de nos guerriers crurent entendre le nom de Gaul à demi formé dans le murmure des ombres . . . .

. . . .

(*Le traducteur, ou plutôt l'auteur anglois, suppose qu'il y a ici une lacune dans le texte.*)

« Je suis seul au milieu de mille guerriers; n'est-il
« point quelque épée pour briller avec la mienne?
« Le vent souffle vers Morven en brisant le sommet
« des vagues. Gaul remontera-t-il sur son vaisseau?
« ses amis ne sont point auprès de lui. Mais que
« diroit Fingal, mais que diroient les bardes, si un
« nuage enveloppoit la réputation du fils de Morni?
« Mon père, ne rougirois-tu pas, si je me retirois
« sans combattre? En présence des héros de notre
« âge, tu cacherois ton visage avec tes cheveux
« blancs, et tu abandonnerois tes soupirs au vent
« solitaire de la vallée; les ombres des foibles te
« verroient et diroient : « Voilà le père de celui
« qui a fui dans Ifrona. »

« Non, ton fils ne fuira point, ô Morni! son ame
« est un rayon de feu qui dévore. O mon Évircoma!
« ô mon Ogal!... Éloignons ces souvenirs : le calme
« rayon du jour ne se mêle point à la tempête; il
« attend que les cieux soient rassérénés. Gaul ne
« doit respirer que la bataille. Ossian, que n'es-tu
« avec moi comme dans le combat de Lathmor! Je
« suis le torrent qui précipite ses ondes dans les
« mille vagues de l'Océan, et qui, vainqueur, s'ou-
« vre un passage à travers l'abîme. »

Gaul frappe sur son bouclier, alors non rongé
par la rouille des âges. Ifrona tremble; ses nombreux guerriers entourent le héros de Strumon : la
lance de Morni est dans la main de Gaul; elle fait
reculer les rangs ennemis.

Tu as vu, Malvina, la mer troublée par les bonds
d'une immense baleine, qui, blessée et furieuse, se

débat à la surface écumante des flots; tu as vu une troupe de mouettes affamées nager autour de la terrible fille de l'Océan, dont elles n'osent encore approcher, bien qu'elle soit expirante; ainsi s'agitent et se serrent les guerriers épouvantés d'Ifrona, hors de la portée du bras du héros.

Mais la force du chef de Strumon commence à s'épuiser; il s'appuie contre un arbre; des ruisseaux de sang errent sur son bouclier; cent flèches ont déchiré sa poitrine; sa main tient sa redoutable épée, et les ennemis frémissent.

Enfants d'Ifrona, quelle roche essayez-vous de soulever? est-ce pour marquer aux siècles à venir votre renommée ou votre honte? La gloire des braves n'est pas à vous; vous êtes barbares, et vos cœurs sont inflexibles comme le fer. A peine sept guerriers peuvent détacher la roche du haut de la colline; elle roule avec fracas, et vient heurter les pieds affoiblis de Gaul : il tombe sur ses genoux; mais au dessus de son bouclier roulent encore ses yeux terribles. Les ennemis n'ont pas l'audace de se jeter sur lui; ils le laissent languir dans la mort, comme un aigle resté seul sur un rocher quand la foudre a brisé ses ailes. Que ne savions-nous dans Selma ta destinée! que nous auroient fait alors les chansons des vierges et le son de la harpe des bardes! La lance de Fingal n'eût pas reposé si tranquillement contre les murs du palais; nous n'eussions pas été surpris, dans cette nuit funeste, de voir le roi se lever à moitié du banquet, en disant : « J'ai cru que la lance d'une ombre avoit touché

« mon bouclier ; ce n'est qu'une brise passagère. »
O Morni ! que ne vins-tu réveiller Ossian, que ne
vins-tu lui dire : « Hâte-toi de traverser la mer. »
Malheureux père ! tu avois volé dans Ifrona pour
pleurer sur ton fils.

Le matin sourit dans la vallée de Strumon ; Évircoma sort du trouble d'un songe ; elle entend le bruit de la chasse sur les coteaux de Morven. Surprise de ne point distinguer la voix de Gaul au milieu des cris des guerriers, elle prête, le cœur palpitant, une oreille encore plus attentive ; mais les rochers ne renvoient point le son d'une voix connue ; les échos de Strumon ne répètent que les plaintes d'Évircoma.

Le soir attrista la vallée de Strumon : aucun vaisseau ne parut sur la mer. L'ame d'Évircoma étoit abattue : « Qui retient mon héros dans l'île
« d'Ifrona ? Quoi ! mon amour, n'es-tu point re-
« venu avec les chefs de Morven ? Ton Évircoma
« sera-t-elle long-temps assise seule sur le rivage ?
« les larmes descendront-elles long-temps de ses
« yeux ? Gaul, as-tu oublié l'enfant de notre ten-
« dresse ? il demande le sourire accoutumé de son
« père : ses pleurs coulent avec les miens ; ses sou-
« pirs répondent à mes soupirs. Si Gaul entendoit
« son fils balbutier son nom, il précipiteroit son
« retour pour protéger son Ogal. Je me souviens
« de mon songe ; je crains que le jour du retour
« ne soit passé.

« Il me sembla voir les fils de Morven poursui-

« vant les chevreuils. Le chef de Strumon n'étoit
« point avec eux : je l'aperçus à quelque distance,
« appuyé sur son bouclier. Un pied seulement sou-
« tenoit le héros; l'autre paroissoit être formé d'une
« vapeur grisâtre. Cette image varioit au souffle de
« chaque brise : je m'en approchai; une bouffée de
« vent vint du désert, le fantôme s'évanouit. Les
« songes sont enfants de la crainte : chef de Stru-
« mon, je te reverrai encore, tu élèveras encore
« devant moi ta belle tête, comme le sommet de la
« colline religieuse de Cromla éclairée des premiers
« rayons de l'aurore. Le voyageur, égaré la nuit sur
« la bruyère, tremble au milieu des fantômes; mais
« au doux éclat du jour, les esprits de ténèbres se
« retirent; le pèlerin rassuré reprend son bâton et
« poursuit sa route. »

Évircoma crut voir un vaisseau sur les vagues lointaines; elle crut voir un mât blanchi semblable à l'arbre qui, pendant l'hiver, balance sa cime couverte d'une neige nouvellement tombée. Ses yeux humides n'aperçoivent que des objets confus, bien qu'elle essayât de tarir ses larmes. La nuit descendit; Évircoma se confia à un léger esquif pour trouver son amant dans les replis des ombres. Elle vole sur les vagues, mais elle ne rencontre point de vaisseau : elle avoit été trompée ou par un nuage, ou par la barque aérienne de l'ombre d'un nautonier décédé qui poursuivoit encore les plaisirs des jours de sa vie.

La nacelle d'Évircoma fuit devant la brise; elle

entre dans la baie d'Ifrona, où la mer s'étend à l'ombre d'une épaisse forêt. Errant de nuage en nuage, la lune se montroit entre les arbres de la rive. Par intervalles, les étoiles jetoient un regard à travers le voile déchiré qui couvroit le ciel, et se cachoient de nouveau sous ce voile : à leur foible lumière, Évircoma contemploit la beauté d'Ogal. Elle donne un baiser à son enfant, le laisse couché dans la nacelle, et va chercher Gaul dans les bois.

Trois fois elle s'éloigne avec lenteur de son fils, trois fois elle revient en courant à lui. La colombe qui a caché ses petits dans la fente du rocher d'Oualla veut cueillir la baie mûrie qu'elle découvre dans la bruyère au-dessous d'elle; mais le souvenir de l'épervier la trouble; vingt fois elle revole vers ses petits pour les voir encore, et s'assurer de leur repos. L'ame d'Évircoma est partagée entre son époux et son enfant comme la vague que brisent tour à tour et les vents et les rochers.

Mais quelle est cette voix que l'on entend parmi le murmure des flots? Vient-elle de l'arbre solitaire du rivage?

« Je péris seul. A qui la force de mon bras fut-elle
« utile dans la bataille? Pourquoi Fingal, pourquoi
« Ossian ignorent-ils mon destin? Étoiles qui me
« voyez, annoncez-le dans Selma par votre lumière
« sanglante, lorsque les héros sortent de la salle
« des fêtes pour admirer votre beauté. Ombres qui
« glissez sur les rayons de la lune, si votre course se
« dirige à travers les bois de Morven, murmurez

« en passant mon histoire. Dites au roi que j'expire
« aussi ; dites-lui que dans Ifrona est ma froide de-
« meure ; que depuis deux jours je languis blessé
« sans nourriture, qu'au lieu de la douce eau du
« ruisseau, je n'ai pour éteindre ma soif que les flots
« amers.

« Mais, ombres compatissantes, gardez-vous
« d'apprendre mon sort aux murs de Strumon ;
« éloignez la vérité de l'oreille d'Évircoma. Que
« vos tourbillons passent loin de la couche de mon
« amour ; ne battez point violemment des ailes en
« rasant les tours de mon père : Évircoma vous
« entendroit, et quelque pressentiment s'élèveroit
« dans son ame. Volez loin d'elle, ombres de la
« nuit ; que son sommeil soit paisible ; le matin
« est encore éloigné. Dors avec ton enfant, ô mon
« amour ! Puisse mon souvenir ne point troubler
« ton repos ! Toutes les peines de Gaul sont légères,
« quand les songes d'Évircoma sont légers. »

— « Et penses-tu, s'écrie l'épouse du fils de
« Morni, qu'elle puisse reposer en paix, quand
« son guerrier est en péril ? Penses-tu que les
« songes d'Évircoma puissent être doux lorsque
« son héros est absent ? Mon cœur n'est pas insen-
« sible ; je n'ai point reçu la naissance dans la terre
« d'Ifrona. Mais comment te pourrois-je soulager,
« ô Gaul ! Évircoma trouvera-t-elle quelque nour-
« riture dans la terre de l'ennemi ? »

Évircoma soutenoit Gaul dans ses bras ; elle rap-
pela l'histoire de Conglas son père.

Lorsque Évircoma, jeune encore, étoit portée dans les bras maternels, Conglas s'embarqua une nuit avec Crisollis, doux rayon de l'amour. La tempête jeta le père, la mère et l'enfant sur un rocher : là, s'élevoient seulement trois arbres qui secouoient dans les airs leur cime sans feuillage. A leurs racines rampoient quelques baies empourprées ; Conglas les arracha, et les donna à Crisollis ; il espéroit saisir le lendemain le daim de la montagne : la montagne étoit stérile, et rien n'en animoit le sommet. Le matin vint, et le soir suivit ; et les trois infortunés étoient encore sur le rocher. Conglas voulut tresser une nacelle avec les branches des arbres, mais il étoit foible, faute de nourriture.

« Crisollis, dit-il, je m'endors ; quand la tempête « s'apaisera, retourne avec ton enfant à Idronlo : « l'heure où je pourrai marcher est éloignée. »

— « Jamais les collines ne me reverront sans « mon amour, répliqua Crisollis. Pourquoi ne m'as-« tu pas dit que ton ame étoit défaillante ? nous « aurions partagé les baies de la bruyère ; mais le « sein de Crisollis nourrira son amant. Penche-toi « sur moi : non, tu ne dormiras point ici. »

Conglas reprit ses forces au sein de Crisollis ; le calme revint sur les flots ; Conglas, Crisollis et la jeune Évircoma atteignirent les rivages d'Idronlo. Souvent le père conduisit la fille au tombeau de Crisollis, en lui racontant la charmante histoire.

« Évircoma, disoit Conglas, aime de même ton « époux, quand le jour de ta beauté sera venu. »

— « Oui, je l'aime ainsi, dit à Gaul Évircoma;
« presse cette nuit pour te ranimer ce sein gonflé
« du lait qui nourrit ton fils : demain nous serons
« heureux dans les salles de Strumon. »

— « Fille la plus aimable de ta race, dit Gaul,
« retire-toi; que les rayons du soleil ne te trouvent
« point dans Ifrona. Rentre dans ta nacelle avec
« Ogal. Pourquoi tomberoit-il comme une fleur
« dont le guerrier indifférent enlève la tête avec
« son épée? Laisse-moi ici. Ma force, telle que la
« chaleur de l'été, s'est évanouie; je me fane
« comme le gazon sous la main de l'hiver, et je ne
« renaîtrai point au printemps. Dis aux guerriers
« de Morven de me transporter dans leur vallée.
« Mais non, car l'éclat de ma gloire est couvert
« d'un nuage : qu'ils élèvent seulement ma tombe
« sous cet arbre. L'étranger la découvrira en pas-
« sant sur la mer, et il dira : Voilà tout ce qui reste
« du héros. »

— « Et tout ce qui reste de la fille de Strumon,
« répondit Évircoma, car je reposerai auprès de
« mon amant. Notre lit sera encore le même; nos
« ombres voleront unies sur le même nuage. Voya-
« geurs des ondes, vous verserez la double larme,
« car avec son bien-aimé dormira la mère d'Ogal. »

Les cris de l'enfant se firent entendre. Le cœur
d'Évircoma bat à coups redoublés dans sa poitrine,
et semble vouloir s'ouvrir un passage dans son
étroite prison. Un soupir échappe aussi du sein de
Gaul. Il a reconnu la voix de son fils. « Guerrier,
« dit Évircoma, laisse-moi essayer de te porter à

« la barque où j'ai déposé notre enfant; ton poids
« sera léger pour moi; donne-moi cette lance, elle
« soutiendra mes pas. »

La fille de Crisollis parvint à conduire son époux dans la nacelle. Le reste de la nuit, elle lutta contre les vagues. Les dernières étoiles virent ses forces s'éteindre; elles s'évanouirent au lever de l'aurore, comme la vapeur des prairies se dissipe au lever du soleil.

Cette nuit même, il m'en souvient, Ossian dormoit sur la bruyère du chasseur: Morni, le père de Gaul, paroît tout à coup dans mes songes; il s'arrête devant moi, appuyé sur son bâton tremblant: le vieillard étoit triste; les rides profondes que le temps avoit creusées dans ses joues étoient remplies des larmes qui descendoient de ses yeux; il regarda la mer, et, avec un profond soupir: « Est-ce là, murmura-t-il foiblement, le temps du « sommeil pour l'ami de Gaul? » Une bouffée de vent agite les arbres; le coq de bruyère se réveille sous la racine du buisson, relève précipitamment la tête qu'il tenoit cachée sous son aile, et pousse un cri plaintif. Ce cri m'arrache à mes songes, j'ouvre les yeux; je vois Morni emporté par le tourbillon. Je suis la route qu'il me trace; je fends la mer avec mon vaisseau, je rencontre la nacelle d'Évircoma; elle étoit arrêtée au rivage d'une île déserte: sur l'un des bords de la nacelle la tête de Gaul étoit inclinée. Je déliai le casque du héros; ses blonds cheveux, trempés de la sueur des combats, flottèrent sur son front pâli. Aux accents de ma douleur, il essaya de soulever ses paupières; mais ses paupières étoient trop pesantes; la mort vint sur le visage de Gaul comme la nuit sur la face du soleil. O Gaul! tu ne reverras jamais le père de ton ami Oscar.

Près du fils de Morni repose la beauté expirante, Évircoma; son enfant étoit dans ses bras, et l'innocente créature promenoit en se jouant sa foible main sur le fer de la lance de Gaul. Les paroles d'Évircoma furent courtes : elle se pencha sur la tête d'Ogal, et son dernier regard perça mon cœur. « Adieu, pauvre orphelin ; Ogal, Ossian te servira « de père. » Elle expire.

— O mes amis! qu'êtes-vous devenus? Votre souvenir est plein de douceur, et pourtant il fait couler mes larmes.

J'aborde au pied des tours de Strumon; le silence régnoit sur le rivage; aucune fumée ne s'élevoit en colonne d'azur du faîte du palais; aucun chant ne se faisoit entendre. Le vent siffloit à travers les portes ouvertes et jonchoit le seuil de feuilles séchées; l'aigle déja perché sur le comble des tours sembloit dire : « Ici je bâtirai mon aire. » Le faon de la biche se cache sous les boucliers sans maîtres; le compagnon des chasses de Gaul, le rapide Codula, croit reconnoître les pas du fils de Morni : dans sa joie il se lève d'un seul bond; mais lorsqu'il a reconnu son erreur, il retourne se coucher sur la froide pierre, en poussant de longs hurlements.

Qui racontera la douleur des héros de Morven? Ils vinrent silencieux de leurs ondoyantes vallées;

ils s'avancèrent lentement comme un sombre brouillard. Gaul, Évircoma et Ogal lui-même n'étoient plus. Fingal se place sous un pin; les guerriers l'environnent. Penché sur le front de Gaul, les cheveux gris de Fingal nous dérobent ses larmes; mais le vent les décèle, en les chassant de sa barbe argentée.

« Es-tu tombé, dit-il enfin, es-tu tombé, ô le
« premier de mes héros ? N'entendrai-je plus ta
« voix dans mes fêtes, le son de ton bouclier dans
« mes combats ? ton épée n'éclairera-t-elle plus les
« sombres replis de la bataille ? ta lance ne renver-
« sera-t-elle plus les rangs entiers de mes ennemis ?
« Ton noir vaisseau surmontoit hardiment la tem-
« pête, tandis que tes joyeux rameurs répétoient
« leurs chansons entre les montagnes humides. Les
« enfants de Morven m'arrachoient à mes pensées
« en criant : Voyez le vaisseau de Gaul. La harpe
« des vierges et la voix des bardes annonçoient ton
« arrivée; tes bannières flottoient sur la bruyère.
« Je reconnoissois le sifflement de ta flèche et le
« bruit de tes pas.

« Force des guerriers, qu'es-tu? Aujourd'hui tu
« chasses les vaillants devant toi, comme des nuages
« de poussière; la mort marque ton passage, comme
« la feuille séchée indique la course des fantômes :
« demain le court songe de la valeur est dissipé; la
« terreur des armées s'est évanouie; l'insecte ailé
« bourdonne sa victoire sur le corps du héros.

« Fils du foible, pourquoi désirois-tu la force

« du chef de Strumon, quand tu le voyois resplen-
« dissant sous ses armes ? Ne savois-tu pas que la
« force du guerrier s'évanouit ? Quand le chasseur
« regagne sa demeure, il contemple un nuage bril-
« lant que traversent les couleurs de l'arc-en-ciel ;
« mais les moments fuient sur leurs ailes d'aigle, le
« soleil ferme ses yeux de lumière, un tourbillon
« brouille les nues : une noire vapeur est tout ce
« qui reste de l'arc étincelant. O Gaul ! les ténèbres
« ont succédé à ta clarté ; mais ta mémoire vivra ;
« il ne soufflera pas un seul vent sur Morven qui ne
« parle de ta renommée.

« Bardes, élevez la tombe du père, de la mère
« et du fils. La pierre moussue apprendra à l'étran-
« ger le lieu de leur repos ; le chêne leur prêtera
« son ombre. Les brises visiteront cet arbre de la
« mort ; sous les fraîches ondées du printemps, il se
« couvrira de feuilles, long-temps avant que les
« autres arbres aient repris leur parure, long-temps
« avant que la bruyère se soit ranimée à ses pieds.
« Les oiseaux de passage s'arrêteront sur la cime
« du chêne solitaire : ils y chanteront la gloire de
« Gaul, tandis que les vierges des temps à venir re-
« diront la beauté d'Évircoma, et que les mères
« pleureront Ogal.

« Mais, ô pierre ! quand tu seras réduite en
« poudre ; ô chêne ! quand les vers t'auront rongé ;
« ô torrent ! lorsque tu cesseras de couler, et que
« la source de la montagne ne fournira plus son
« onde à ta course ; lorsque vos chansons, ô bardes !
« seront oubliées, lorsque votre mémoire et celle

« des héros par vous célébrés auront disparu dans
« le gouffre des âges, alors, et seulement alors, la
« gloire de Gaul périra, l'étranger pourra demander
« quel étoit le fils de Morni, quel étoit le chef
« de Strumon. »

FIN DU POËME DE GAUL.

LETTRE
SUR L'ART DU DESSIN
DANS LES PAYSAGES.

LETTRE

SUR L'ART DU DESSIN

DANS LES PAYSAGES.

A MONSIEUR ***.

Londres, 1795.

Voila le petit paysage que vous m'avez demandé. Je vous l'ai fait attendre; mais vous savez quels tristes soins m'appellent à d'autres études, qui pourtant ne seront pas longues, s'il faut en croire les médecins [1] : je suis prêt quand et comment il plaira à Dieu. Ces mêmes études m'ont fait abandonner cette grande *vue* du Canada qui me plaisoit par le souvenir de mes voyages. Quelle différence de ce temps-là à celui-ci! Lorsque mes pensées se reportent vers le passé, je sens si vivement le poids de mes peines, que je ne sais ce que je deviens. Pardonnez à cet épanchement de mon cœur. Il y a tant de charme à parler

---

[1] *Voyez* la Préface de l'*Essai historique.*

de ses souffrances quand ceux qui vous écoutent peuvent vous comprendre! Peu de gens me comprennent ici.

Le petit dessin que je vous envoie m'a fait faire quelques réflexions sur l'art du paysage : elles vous seront peut-être utiles. D'ailleurs nous sommes en hiver; vous avez du feu : grande ressource contre les barbouilleurs de papier.

Élevé dans les bois, les défauts de l'art et la sécheresse des paysages m'ont frappé presque dès mon enfance, sans que je pusse dire ce qui constituoit ces défauts. Lorsque je dessinois moi-même, je sentois que je faisois mal en copiant des modèles; j'étois plus content de moi lorsque je suivois mes propres idées. Insensiblement cela m'engagea à rechercher les causes de cette bizarrerie; car enfin, ce que je retraçois d'après les règles valoit mieux que ce que je créois d'après ma tête. Voici ce que l'examen m'apprit, et la solution la plus satisfaisante que j'aie pu me donner de mon problème.

En général, les paysagistes n'aiment point assez la nature et la connoissent peu. Je ne parle point ici des grands maîtres, dont au reste il y auroit encore beaucoup de choses à dire; je ne parle que des maîtres ordinaires et des amateurs comme nous. On nous apprend à forcer ou à éclaircir les ombres, à rendre un trait net, pur, et le reste; mais on ne nous apprend point à étudier les objets mêmes qui nous flattent si agréablement dans les tableaux de la nature; on ne nous fait point remarquer que ce qui nous charme dans ces tableaux, ce sont les harmonies et les oppositions des vieux bois et des bocages, des rochers arides et des prairies parées de toute la jeunesse des fleurs. Il sembleroit que l'étude du paysage ne consiste que dans l'étude des coups de crayon ou de pinceau; que tout l'art se réduit à assembler certains traits, de manière à ce qu'il en résulte des apparences d'arbres, de maisons, d'animaux et d'autres objets. Le paysagiste qui dessine ainsi ne ressemble pas mal à une femme qui fait de la dentelle, qui passe de petits bâtons les uns sur les autres en causant et en regardant ailleurs; il résulte de cet ouvrage des pleins et des vides qui forment un tissu plus ou moins varié : appelez cela un métier, et non un art.

Il faut donc que les élèves s'occupent d'abord de l'étude même de la nature : c'est au milieu des campagnes qu'ils doivent prendre leurs premières leçons. Qu'un jeune homme soit frappé de l'effet d'une cascade qui tombe de la cime d'un roc, et dont l'eau bouillonne en s'enfuyant : le mouvement, le bruit, les jets de lumière, les masses d'ombres, les plantes échevelées, la neige de l'écume qui se forme au bas de la chute, les frais gazons qui bordent le cours de l'eau, tout se gravera dans la mémoire de l'élève. Ces souvenirs le suivront dans son atelier; il n'a pas encore touché le pinceau, et il brûle de reproduire ce qu'il a vu. Un croquis informe sort de dessous sa main : il se dépite; il recommence son ouvrage, et le déchire encore. Alors il s'aperçoit qu'il y a des principes qu'il ignore; il est forcé de convenir qu'il lui faut un maître : mais un pareil élève ne demeurera pas long-temps aux principes, et il avancera à pas de géant dans une carrière où l'inspiration aura été son premier guide.

Le peintre qui représente la nature humaine doit s'occuper de l'étude des passions : si l'on ne connoît le cœur de l'homme, on connoîtra mal son visage. Le paysage a sa partie morale et intellectuelle comme le portrait; il faut qu'il parle aussi, et qu'à travers l'exécution matérielle on éprouve ou les rêveries ou les sentiments que font naître les différents sites. Il n'est pas indifférent de peindre dans un paysage, par exemple, des chênes ou des saules : les chênes à la longue vie, *durando sæcula vincit*, aux écorces rudes, aux bras vigoureux, à la tête altière, *immota manet,* inspirent sous leurs ombres des sentiments d'une tout autre espèce que ces saules au feuillage léger, qui vivent peu et qui ont la fraîcheur des ondes où ils puisent leur sève : *umbræ irrigui fontis amica salix.*

Quelquefois le paysagiste, comme le poète, faute d'avoir étudié la nature, viole le caractère des sites. Il place des pins au bord d'un ruisseau, et des peupliers sur la montagne; il répand la corbeille de la Flore de nos jardins dans les prairies; l'églantier d'une haie sauvage porte la rose de nos parterres; couronne trop pesante pour lui.

L'étude de la botanique me semble utile au paysagiste; quand ce ne seroit que pour apprendre le *feuillé,* et ne pas donner aux feuilles de tous les arbres le même limbe et la même forme. Si le peintre qui doit exprimer sur la toile les tristes passions des hommes est obligé d'en rechercher les organes à l'aide de l'anatomie, plus heureux que lui, le peintre de paysage ne doit s'occuper que des générations innocentes des fleurs, des inclinations des plantes, et des mœurs paisibles des animaux rustiques.

Lorsque l'élève aura franchi les premières barrières, quand son pinceau plus hardi pourra errer sans guide avec ses pensées, il faudra qu'il s'enfonce dans la solitude, qu'il quitte ces plaines déshonorées par le voisinage de nos villes. Son imagination, plus grande que cette petite nature, finiroit par lui donner du mépris pour la nature même; il croiroit faire mieux que la création : erreur dangereuse par laquelle il seroit entraîné loin du vrai dans des productions bizarres, qu'il prendroit pour du génie.

Gardons-nous de croire que notre imagination est plus féconde et plus riche que la nature. Ce que nous appelons *grand* dans notre tête est presque toujours du désordre. Ainsi dans l'art qui fait le sujet de cette lettre, pour nous représenter le *grand*, nous nous figurons des montagnes entassées jusqu'aux cieux, des torrents, des précipices, la mer agitée, des flots si vastes que nous ne les voyons que dans le vague de nos pensées, des vents, des tonnerres; que sais-je? un million de choses incohérentes et presque ridicules, si nous voulions être de bonne foi, et nous rendre un compte net et clair de nos idées.

Cela ne seroit-il point une preuve du penchant que l'homme a pour détruire? Il nous est bien plus facile de nous faire des notions du chaos que des justes proportions de l'univers. Nous avons toutes les peines du monde à nous peindre le calme des flots, à moins que nous n'y mêlions des souvenirs de terreur : c'est ce dont on se peut convaincre par la description de ces calmes où l'on trouve presque toujours les mots de *menaçant*, de *profond silence*, *etc*. Que, rempli de ces folles idées du sublime, un paysagiste arrive pendant un orage au bord de la mer qu'il n'a jamais vue, il est tout étonné d'apercevoir des vagues qui s'enflent, s'approchent et se déroulent avec ordre et majesté l'une après l'autre, au lieu de ce choc et de ce bouleversement qu'il s'étoit représenté. Un bruit sourd, mêlé de quelques sons rauques et clairs entrecoupés de quelques courts silences, a succédé au tintamarre que notre peintre entendoit dans son cerveau. Partout des couleurs tranchantes, mais conservant des harmonies jusque dans leurs disparates. L'écume éblouissante des flots jaillit sur des rochers noirs; dans un horizon sombre roulent de vastes nuages, mais qui sont poussés du même côté : ce ne sont plus mille vents déchaînés qui se combattent, des couleurs brouillées, des cieux escaladés par les flots, la lumière épouvantant les morts à travers les abîmes creusés entre les vagues.

Notre jeune poëte ou notre jeune peintre s'écrie : « J'imaginois mieux que cela; » et il tourne le dos avec dédain. Mais, si son esprit est bon, il reviendra bientôt de ses notions exagérées ; il rectifiera son imagination ; rien ne lui paroîtra plus grand désormais que les ouvrages formés par une puissance première. Il renversera ces montagnes entassées dans sa tête, où tous les sites, tous les accidents, tous les végétaux, étoient confondus. Ces montagnes idéales ne s'élèveront plus jusqu'aux étoiles, mais les neiges couvriront la tête des Alpes, les torrents s'écouleront de leur cime ; les mélèzes, dans une région moins élevée, commenceront à décorer le flanc des rochers ; des végétaux moins robustes, quittant le séjour des tempêtes, descendront par degrés dans la vallée ; et la cabane du Suisse agricole et guerrier sourira sous les saules grisâtres au bord du ruisseau.

Fort alors de ses études et de son goût épuré, l'élève se livrera à son génie. Tantôt il égarera les yeux de l'amateur sous des pins où peut-être un tombeau couvert de lierre appellera en vain l'amitié ; tantôt dans un vallon étroit, entouré de rochers nus, il placera les restes d'un vieux château : à travers les crevasses des tours, on apercevra le tronc de l'arbre solitaire qui a envahi la demeure du bruit et des combats ; le perce-pierre couvrira de ses croix blanches les débris écroulés, et les capillaires tapisseront les pans de murs encore debout. Peut-être un petit pâtre gardera dans ce lieu ses chèvres, qui sauteront de ruines en ruines

Les paysages riants auront leur tour, quoiqu'en

général ils soient moins attachants dans leur composition, soit que l'image du bonheur convienne peu aux hommes, soit que l'art ne trouve que de foibles ressources dans la peinture des plaisirs champêtres, réduits pour la plupart à des danses et à des chants. Il y a pourtant certains caractères généraux propres à ces sortes de *vues* : le feuillé doit être léger et mobile, le lointain indéterminé sans être vaporeux, l'ombre peu prononcée, et il doit régner sur toute la scène une clarté suave qui veloute la surface des objets.

Le paysagiste apprendra l'influence des divers horizons sur la couleur des tableaux : si vous supposez deux vallons parfaitement identiques, dont l'un regarde le midi et l'autre le nord, les tons, la physionomie, l'expression morale de ces deux vues semblables, seront dissemblables.

La perspective aérienne est d'une difficulté prodigieuse; cependant il y faut savoir placer la perspective linéaire des plans de la terre, et détacher sur les parties fuyantes les nuages, si différents aux différentes heures du jour. La nuit même a ses couleurs; il ne suffit pas de faire la lune pâle pour la faire belle; la chaste Diane a aussi ses amours, et la pureté de ses rayons ne doit rien ôter à l'inspiration de sa lumière.

Cette lettre est déjà d'une extrême longueur, et je n'ai encore qu'effleuré un sujet inépuisable. Tout ce que j'ai voulu vous dire aujourd'hui, c'est que le paysage doit être *dessiné* sur le *nu*, si on le veut faire ressemblant, et en accuser pour ainsi dire les muscles, les os et les formes. Des études de cabinet, des copies sur des copies, ne remplaceront jamais un travail d'après nature. *Atticæ plurimam salutem.*

FIN DE LA LETTRE SUR L'ART DU DESSIN.

PENSÉES,
RÉFLEXIONS ET MAXIMES.

PENSÉES,
RÉFLEXIONS ET MAXIMES.

La misère de l'homme ne consiste pas seulement dans la foiblesse de sa raison, l'inquiétude de son esprit, le trouble de son cœur; elle se voit encore dans un certain fond ridicule des affaires humaines. Les révolutions surtout découvrent cette insuffisance de notre nature : si vous les considérez dans l'ensemble, elles sont imposantes; si vous pénétrez dans le détail, vous apercevez tant d'ineptie et de bassesse, tant d'hommes renommés qui n'étoient rien, tant de choses dites l'œuvre du génie qui furent l'œuvre du hasard, que vous êtes également étonné et de la grandeur des conséquences et de la petitesse des causes.

Lorsqu'on est placé à distance des faits, qu'on n'a pas vécu au milieu des factions et des factieux, on n'est guère frappé que du côté grave et douloureux des événements; il n'en est pas ainsi quand on a été soi-même acteur, ou spectateur compromis, dans des scènes sanglantes. Tacite, que la nature avoit formé poëte, eût peut-être crayonné la satire de Pétrone, s'il eût siégé au sénat de Néron, il peignit la tyrannie de ce prince, parce qu'il vécut après lui : Butler, doué d'un génie observateur, eût peut-être écrit l'histoire de Charles Ier, s'il fût né sous la reine Anne; il se contenta de rimer *Hudibras*, parce qu'il avoit vu les personnages de la révolution de Cromwell; il les avoit vus, toujours parlant de vertu, de sainteté, d'indépendance, présenter leurs mains à toutes les chaînes, et, après avoir immolé le père, se courber sous le joug méprisable du fils.

Il y a des iniquités politiques qui ne peuvent plus être impunément commises, à cause de la civilisation avancée des peuples. Que l'on ne croie pas que ces peuples puissent dire, sans résultat, à leurs gouvernements : « Tel crime, tel malheur est arrivé « par votre faute. » Les bases du pouvoir même sont ébranlées par ces reproches; le respect des nations venant à manquer au pouvoir, ce pouvoir est en péril.

Chez une nation qui conserve encore l'innocence primitive, le vice apporté par des étrangers fait des progrès plus rapides que dans une société déjà corrompue, comme un homme sain meurt de l'air pestiféré où vit un homme habitué à cet air.

On peut arriver à la liberté par deux chemins : par les mœurs et par les lumières. Mais quand les mœurs et les lumières manquent à la fois, quand on ne peut être ni un républicain à la manière de Sparte, ni un républicain à la manière des États-Unis, on peut encore conquérir la liberté, on ne la peut garder.

La postérité se souvient des hommes qui ont changé les empires, très peu de ceux qui les ont rétablis, à moins que ce rétablissement n'ait été durable. On admire ce qui crée, on estime à peine ce qui conserve : une grande gloire couvre de ténèbres tout ce qui la suit.

Tourmentez-vous pour rétablir la vertu chez un peuple qui l'a perdue, vous n'y réussirez pas. Il y a un principe de destruction en tout. A quelle fin Dieu l'a-t-il établi? C'est son secret.

On s'étonne du succès de la médiocrité; on a tort. La médiocrité n'est pas forte par ce qu'elle est en elle-même, mais par les médiocrités qu'elle représente; et dans ce sens sa puissance est formidable. Plus l'homme en pouvoir est petit, plus il convient à toutes les petitesses. Chacun en se comparant à lui se dit : « Pourquoi n'arriverai-je pas à « mon tour? » Il n'excite aucune jalousie : les courtisans le préfèrent, parce qu'ils peuvent le mépriser; les rois le gardent comme une manifestation de leur toute-puissance. Non seulement la médiocrité a tous ces avantages pour rester en place, mais elle a encore un bien plus grand mérite : elle exclut du pouvoir la capacité. Le député des sots et des imbéciles au ministère caresse deux passions du cœur humain, l'ambition et l'envie.

La médiocrité est assez souvent secondée par des circonstances qui donnent à ses desseins un air de profondeur. Ces hommes impuissants qui, pour la foule, paroissent diriger la fortune, sont tout simplement conduits par elle : comme ils lui donnent la main, on croit qu'ils la mènent.

Les hommes de génie sont ordinairement enfants de leur siècle; ils en sont comme l'abrégé; ils en représentent les lumières, les opinions et l'esprit; mais quelquefois aussi ils naissent ou trop tôt ou trop tard. S'ils naissent trop tôt, *avant* leur *siècle naturel*, ils passent ignorés; leur gloire ne commence qu'après eux, lorsque le siècle auquel ils dévoient appartenir est éclos; s'ils naissent trop tard, *après* leur *siècle naturel*, ils ne peuvent rien, et ils n'arrivent point à une renommée durable. On les regarde un moment par curiosité, comme on regarderoit les vieillards se promenant sur les places publiques avec les habits de leur temps. Ces hommes de génie qui arrivent *trop tard* sont donc méconnus comme les hommes de génie qui arrivent *trop tôt*; mais ils n'ont pas comme ces derniers un avenir, une postérité, des descendants pour établir leur gloire : ils ne pourroient être admirés que du passé, que de leurs devanciers, que des morts, public silencieux.

Après des temps de malheur et de gloire, un

peuple est enclin au repos, et pour peu qu'il soit régi par des institutions tolérables, il se laisse facilement conduire par les plus petits ministres du monde; cela le délasse et l'amuse : il compare ces pygmées aux géants qu'il a vus, et il rit. Il y a des exemples de lions attachés à un char et menés par des enfants; mais ils ont toujours fini par dévorer leurs conducteurs.

Pour les véritables saints et les hommes supérieurs, la religion est un admoniteur sévère qui leur apprend à s'humilier et leur enseigne la vraie vertu; pour les hommes passionnés et vulgaires, ses leçons ne servent qu'à nourrir l'orgueil humain et à donner des apparences de vertu. « Je marche « sur la tête de mes amis et de mes ennemis : qui « peut dire cependant que je manque d'humilité? « ne me suis-je pas mis à genoux? »

Écoutez cet homme qu'on appelle monseigneur : il vous dira qu'il n'est qu'un vilain, qu'il veut rester un vilain, qu'il n'est pas fait pour occuper la place qu'il occupe, que la révolution ne sera finie que quand un vilain comme lui cessera d'être un des premiers personnages de l'État. Monseigneur a cependant porté le bonnet rouge pour cesser d'être un vilain, comme il porte un habit brodé et un titre pour sortir de la classe des vilains. Fiez-vous à l'humilité de monseigneur, et croyez au paysan du Danube.

Les mendiants vivent de leurs plaies : il y a des

hommes qui profitent de tout, même du mépris.

Point de politique sentimentale, disent des ministres. Bon dieu, qu'ils se tranquillisent! il n'y a aucun péril de ce côté : je ne sache pas beaucoup d'hommes qui aient conservé leur vieille passion. Vous ne voulez pas qu'on vous aime : eh! que vous avez raison! Mais puisque vous préférez la politique du fait à celle du droit, acceptez-en toutes les conséquences. Le fait nous donnera le droit d'examiner si vous autres ministres êtes bons à quelque chose, et s'il n'y a pas un autre fait qui vaille mieux que le vôtre.

Si l'on vous donne un soufflet, rendez-en quatre, n'importe la joue.

Il est bon de se prosterner dans la poussière quand on a commis une faute, mais il n'est pas bon d'y rester.

Voyez cet homme; son ressentiment est extrême. « Comment, Théodule se plaint d'avoir été offensé « par moi? quelle insolence! » Mais, homme puissant, si Théodule a aussi sa puissance; s'il ne croit à personne le droit de l'outrager, qu'avez-vous à répliquer? Le temps où un courtisan faisoit trembler n'est plus; il n'y a plus de faveur et de défaveur possibles, excepté pour les valets de chambre; tout est réduit à la valeur personnelle. Celui qui peut dire : « Vous avez eu besoin de moi, je n'ai « pas besoin de vous, » est aujourd'hui le véritable supérieur. C'étoit peut-être mieux autrefois, mais c'est comme cela maintenant. Ce que l'*homme* a perdu en pouvoir, les *hommes* l'ont gagné.

La vie, le bonheur, l'infortune, tiennent à un souffle. Vous mourez : deux heures après on ne pense plus à vous. Vous vivez, on n'y pense pas davantage. Qu'importent vos joies, vos peines, votre existence, non seulement à votre voisin qui ne vous a jamais vu, mais encore à cette tourbe qu'on appelle vos amis? Pourquoi donc se faire une affaire de la vie? elle ne mérite pas la moindre attention.

Quelquefois on oublie un moment ses douleurs ; puis on les reprend comme un fardeau qu'on auroit déposé un moment, pour se délasser.

On finit par transformer en réalité les craintes de la tendresse : une mère voit sur le visage de son fils des marques d'une maladie qui n'y sont pas. Les autres chimères de la vie, au moral et au physique, produisent les mêmes illusions pour la peine ou le plaisir.

On se réconcilie avec un ennemi qui nous est inférieur pour les qualités du cœur ou de l'esprit ; on ne pardonne jamais à celui qui nous surpasse par l'ame et le génie.

Votre ami vient de partir; vous vous croyez fort contre l'absence : allez visiter la demeure de votre ami, elle vous apprendra ce que vous avez perdu et ce qui vous manque.

Celui qui commet le crime, dans le danger qu'il y court et dans le tumulte de ses passions, n'a pas le temps d'écouter le remords; mais celui qui n'est que le complice et le confident du crime, sans y avoir une part active, celui-là entend la voix vengeresse de la conscience. Il compte dans sa retraite les minutes qui s'écoulent. « A présent il se passe « telle chose; à présent on frappe! » Oui, malheureux, on frappe! et c'est la main de Dieu qui s'appesantit sur toi.

Le ver de la tombe commence à ronger la conscience du méchant avant de lui dévorer le cœur.

La cause la plus juste pourroit-elle, par des circonstances fatales, paroître la plus injuste? Se peut-il présenter un cas où l'innocence ne se puisse prouver, et où la victime qui périt, et le juge qui prononce, soient également innocents? Que seroit-ce alors que la justice humaine!

Si l'on a le droit de tuer un tyran, ce tyran peut être votre père; le parricide est donc autorisé dans certains cas? Qui pourroit soutenir une pareille proposition?

Un charme est au fond des souffrances comme une douleur au fond des plaisirs : la nature de l'homme est la misère.

Celui qui souffre pour Dieu a l'avantage d'être toujours préparé à sa dernière heure, avantage qui n'est pas donné à tous les infortunés.

Les grandes afflictions semblent raccourcir les heures comme les grandes joies : tout ce qui préoccupe fortement l'ame empêche de compter les instants.

Il faut avoir le cœur placé haut pour verser certaines larmes : la source des grands fleuves se trouve sur le sommet des monts qui avoisinent le ciel.

L'ame de l'homme est transparente comme l'eau de fontaine, tant que les chagrins qui sont au fond n'ont point été remués.

La simplicité vient du cœur; la naïveté, de l'esprit. Un homme simple est presque toujours un bon homme; un homme naïf peut être un fripon; et pourtant la naïveté est toujours naturelle, tandis que la simplicité peut être l'effet de l'art.

Il y a des hommes qui ne sont point éloquents, parce que leur cœur parle trop haut et les empêche d'entendre ce qu'ils disent.

Redemandé au repentir la robe de l'innocence :

c'est lui qui l'a trouvée, et qui la rend à ceux qui l'ont perdue.

Caresser la vertu sans être capable de l'aimer, c'est presser les deux belles mains d'une jeune femme dans les mains ridées de la vieillesse.

Aussitôt qu'une pensée vraie est entrée dans notre esprit, elle jette une lumière qui nous fait voir une foule d'autres objets que nous n'apercevions pas auparavant.

Les sentiments d'un certain ordre s'accroissent en proportion des malheurs de l'objet aimé : c'est la flamme qui se propage plus rapidement au souffle de la tempête.

La vertu est quelquefois oubliée dans son passage ici-bas, mais elle revit tôt ou tard ; on la retire des tombeaux comme on retire du sein de la terre une statue antique qui fait l'admiration des hommes.

Souvent les gens de bien pleurent à la même heure où les pervers se réjouissent : le même moment voit s'accomplir une action honnête et une action coupable. Le vice et la vertu sont frère et sœur; ils ont été engendrés par l'homme : Abel et Caïn étoient enfants du même père.

Il y a des hommes pour lesquels la vertu n'est

point la vertu reconnue par les autres hommes; ils n'appellent point de ce nom toutes les choses régulières, mais inférieures, de l'existence, cette honnêteté vulgaire qui remplit exactement ses devoirs : la vertu pour eux est un élan de l'ame qui nous porte vers le bien aux dépens de notre bonheur et de notre vie, ou une force qui nous fait dompter nos passions les plus fougueuses. Ces hommes-là s'élèvent au-dessus des autres hommes; mais à quoi sont-ils bons dans la société? Comme les montagnes dans la nature, comme les monuments gigantesques dans les arts, ils sortent des proportions communes : on les regarde, et on en a peur.

Les caractères exaltés dans les gens vulgaires sont insupportables; unis à une grande ame ou à un beau génie, ils entraînent tout. Ces caractères ne veulent pas séduire, et ils séduisent; ils ignorent eux-mêmes leur force, et sont tout étonnés d'avoir fait tant d'heureux ou tant de victimes.

Le malheur agit sur nous selon notre caractère. Un homme pourroit se sauver en s'expliquant, et il ne le veut pas; un autre croit réparer tout en parlant, et il se perd.

Il seroit étrange que l'homme prétendît à une constance inaltérable, lorsque toute la nature change autour de lui : l'arbre perd ses feuilles, l'oiseau ses plumes, le cerf ses rameaux. L'homme seul diroit :

« Mon ame est inébranlable; telle elle est aujour-
« d'hui, telle elle sera demain; » l'homme dont les sentiments sont plus inconstants que les nuages! l'homme qui veut et ne veut plus! l'homme qui se dégoûte même de ses plaisirs, comme l'enfant de ses jouets!

Souvent des personnes qui s'aiment se jurent, au commencement de leur bonheur, de quitter ensemble la vie; mais il arrive qu'elles ne marchent pas avec la même vitesse, et quand l'une est prête à atteindre le but, l'autre ne l'est pas, ou ne l'est plus.

La méchanceté est de tous les esprits le plus facile. Rien n'est si aisé que d'apercevoir un ridicule ou un vice, et de s'en moquer : il faut des qualités supérieures pour comprendre le génie et la vertu.

Quand on parle des vices d'un homme, si on vous dit : « Tout le monde le dit, » ne le croyez pas; si l'on parle de ses vertus en vous disant encore : « Tout le monde le dit, » croyez-le.

Avez-vous des chagrins, attachez vos yeux sur un enfant qui dort, qu'aucun souci ne trouble, qu'aucun songe n'alarme : vous emprunterez quelque chose de cette innocence; vous vous sentirez tout apaisé.

Deux amis qui souffrent sont quelquefois des

heures entières sans se parler. Quelle conversation vaudroit ce commerce de la pensée dans la langue muette du malheur?

Les autres nous semblent toujours plus heureux que nous, et pourtant, ce qu'il y a d'étrange, c'est que l'homme qui changeroit volontiers sa position ne consentiroit presque jamais à changer sa personne. Il voudroit bien peut-être se rajeunir un peu, pas trop encore, et marcher droit s'il étoit boiteux; mais il se conserveroit tout l'ensemble de sa personne, dans laquelle il trouve mille agrémens et un je ne sais quoi qui le charme. Quant à son esprit, il n'en altéreroit pas la moindre parcelle : nous nous habituons à nous-mêmes, et nous tenons à notre vieille société.

Revoyez au jour de l'infortune le lieu que vous habitiez au temps du bonheur : il s'en exhale quelque chose de triste, formé du souvenir des joies passées et du sentiment des maux présens. N'est-ce pas là qu'à telle époque vous aviez été si heureux? et maintenant! Ces lieux sont pourtant les mêmes : qu'y a-t-il donc de changé? l'homme.

Ceux qui ont jamais eu quelque chose d'important à communiquer à un ami savent la peine qu'on éprouve lorsqu'en arrivant, le cœur ému, on ne trouve point cet ami; que personne ne peut vous dire où il est; si c'est la mort qui l'a emmené?

Il faut des secrets pour réparer la beauté du corps : il n'en faut point pour maintenir celle de l'ame.

Chaque homme a un lieu particulier dans le monde où il peut dire qu'il a joui de la plus grande somme de bonheur : le calcul est bientôt fait.

Une passion dominante éteint les autres dans notre ame, comme le soleil fait disparoître les astres dans l'éclat de ses rayons.

Tels hommes voyagent ensemble, et se parlent peu ou point sur la route. Quoique du même pays, ils ne s'entendent point, et ne sont point de la même nature : les uns sont nés blancs, les autres noirs.

La conversation des esprits supérieurs est inintelligible aux esprits médiocres, parce qu'il y a une grande partie du sujet sous-entendue et devinée.

Une certaine étendue d'esprit fait qu'on s'accoutume sur-le-champ aux usages étrangers, et qu'on a l'air de les avoir pratiqués toute sa vie, à un embarras près, qui n'est pas sans grace ou sans noblesse.

La célébrité peut-elle faire illusion au point d'inspirer une passion pour ce que la nature a rendu désagréable? Je ne le crois pas : la gloire est pour un vieil homme ce que sont les diamants pour une vieille femme : ils la parent, et ne peuvent l'embellir.

Les plaisirs de notre jeunesse, reproduits par notre mémoire, ressemblent à des ruines vues au flambeau.

Il est un âge où quelques mois ajoutés à la vie suffisent pour développer des facultés jusqu'alors ensevelies dans un cœur à demi fermé : on se couche enfant, on se réveille homme.

Si quelques heures font une grande différence dans le cœur de l'homme, faut-il s'en étonner? il n'y a qu'une minute de la vie à la mort.

Les peines sont dans l'ordre des destinées : ceux qui, cherchant à les oublier, s'occupent de l'avenir, ne songent pas qu'ils ne verront point cet avenir. Chacun, en mourant, remet le poids de la vie à un autre; à chaque sépulture, il y a un homme qui reçoit le fardeau de la main de l'homme qui se va reposer : le nouveau messager porte à son tour ce fardeau jusqu'à la tombe prochaine.

Tous les hommes se flattent; nous avons tous à la bouche cette phrase banale : Il y a bien loin d'aujourd'hui à telle époque. — Bien loin! et la vie, combien dure-t-elle?

L'arbre tombe feuille à feuille : si les hommes contemploient chaque matin ce qu'ils ont perdu la veille, ils s'apercevroient bien de leur pauvreté.

L'homme n'a au fond de l'ame aucune aversion contre la mort; il y a même du plaisir à mourir. La lampe qui s'éteint ne souffre pas.

La Mort, selon les Sauvages, est une grande femme fort belle, à laquelle il ne manque que le cœur.

La cendre d'un mort, quel que fût de son vivant le décédé, est sacrée. La poussière des tyrans donne d'aussi grandes leçons que celle des bons rois.

Il y a deux points de vue d'où la mort se montre bien différente. De l'un de ces points vous apercevez la mort au bout de la vie, comme un fantôme à l'extrémité d'une longue avenue : elle vous semble petite dans l'éloignement; mais à mesure que vous en approchez elle grandit; le spectre démesuré finit par étendre sur vous ses mains froides et par vous étouffer.
De l'autre point de vue la mort paroît énorme au fond de la vie; mais à mesure que vous marchez sur elle, elle diminue, et quand vous êtes au moment de la toucher, elle s'évanouit. L'insensé et le sage, le poltron et le brave, l'esprit impie et l'esprit religieux, l'homme de plaisir et l'homme

de vertu, voient ainsi différemment la mort dans la perspective.

La voix de l'homme ne se ranime pas comme celle de l'écho : l'écho peut dormir dix siècles au fond d'un désert, et répondre ensuite au voyageur qui l'interroge ; la tombe ne répond jamais.

Toi qui donnas ta vie et ta mort aux hommes, toi qui aimes ceux qui pleurent, exauce la prière de l'infortuné qui souffre à ton exemple ! soutiens le fardeau qui l'écrase ! sois pour lui le Cyrénéen qui t'aida à porter la croix sur le Golgotha.

FIN DES PENSÉES, RÉFLEXIONS ET MAXIMES.

ATALA
ET SES CRITIQUES.

ATALA ET SES CRITIQUES.

« Il y a des ouvrages dont on ne peut bien juger quand on les considère isolément. Il faut, pour les apprécier, avoir égard aux circonstances qui les ont fait naître, ne point les séparer des accessoires qui les accompagnent, se rappeler toujours dans quelles vues ils ont été conçus, et même compter pour quelque chose, et faire entrer dans la balance le nom et la destinée de leurs auteurs. Tel est le roman ou le poëme d'*Atala*. Les longues infortunes de l'écrivain à qui nous le devons, le vaste plan de morale et de philosophie religieuse dont cet ouvrage fait partie, les voyages presque héroïques, les expériences courageuses et les pénibles observations dont il est le fruit, tout, indépendamment du talent d'exécution, lui donne un caractère qui le met à une distance immense des productions qu'on pourroit naturellement lui comparer.

« Quand on ne sauroit pas que l'auteur d'*Atala* s'occupe d'un ouvrage où il se propose d'exposer les beautés poétiques et morales du christianisme, il seroit facile de s'apercevoir que cet essai n'est que l'ébauche d'une grande idée, ou plutôt d'un grand sentiment, qui demande un cadre plus vaste et des développements plus étendus, plus variés et plus riches. *Atala* n'est qu'un petit tableau, composé d'après des principes aussi neufs que féconds ; c'est une miniature qui laisse entrevoir la pensée du peintre ; c'est une première expérience d'une théorie dont les éléments seront bientôt mis dans un plus grand jour.

« Depuis que le christianisme a été relégué parmi ces institutions qu'on peut examiner avec tout le sang-froid de la philosophie, l'attention des hommes qui pensent s'est dirigée vers ce nouvel objet d'observations. Les sarcasmes et les plaisanteries, les déclamations et les diatribes, ont fait place à l'esprit de réflexion et de sagesse ; on a cessé d'exagérer le mal ; on a voulu se rendre compte du bien ; on a pesé avec plus de justice les abus et les avantages, les bons et les mauvais effets ; on a écarté les préjugés et les préventions de tout genre ; et ce qui n'avoit été jugé que par la haine ou par l'enthousiasme, a subi l'examen de la raison. Tel est le sort de tous les établissements que les siècles ont consacrés. Pendant qu'ils subsistent, ils sont rarement appréciés par l'impartialité. Ils sont attaqués avec fureur et défendus avec maladresse : mais les passions se taisent sur leurs ruines. Quand ils sont renversés, on contemple leurs vastes débris d'un œil moins prévenu, et la vérité tardive prononce enfin un jugement qui n'excite quelquefois que de vains et stériles regrets. Le moment est venu où, sous la protection d'un gouvernement éclairé, il est permis de se livrer à des spéculations qu'en d'autres temps on eût taxées de fanatisme. Un monument qui a duré près de vingt siècles, une institution qui, pendant un si long espace de temps, a modifié la destinée et la condition de presque tous les peuples du monde, est digne sans doute des méditations des philosophes. Il seroit absurde qu'on ne pût en appeler de la sentence de ceux qui l'ont enveloppée dans leur vaste plan de bouleversement et de destruction universelle.

« Je ne prétends pas juger d'avance le système de l'auteur du *Génie du Christianisme;* mais quand on réfléchit aux heureux sujets de toute espèce que cette religion a fournis aux arts de l'imagination, quand on considère les richesses que la peinture, la poésie et l'éloquence ont tirées de cette mine nouvelle, on sent une prévention en faveur de la théorie de M. de Chateaubriand. C'est cette religion qui animoit la voix de ces pères de l'éloquence chrétienne, dont les discours sont placés par les gens de goût à côté de ceux des Cicéron et des Démosthène; c'est elle qui, parmi nous, a élevé si haut les Massillon et les Bossuet; elle dicta le plus beau poëme des temps modernes; elle conduisit le pinceau d'un Raphaël, et lui inspira son chef-d'œuvre; c'est dans les asiles solitaires des anachorètes qu'un Lesueur alla chercher les modèles de ces vertus paisibles et silencieuses qu'il sut exprimer avec un si prodigieux talent. Si le christianisme enflammoit le génie des artistes, il n'étoit point, comme on l'a voulu dire, l'ennemi des arts; l'Europe les lui doit en partie; ils sont nés, ils ont fleuri sous sa protection; et Rome ne s'honore pas moins des monuments dont la religion chrétienne l'a embellie, que des chefs-d'œuvre que l'antiquité lui a légués. La mythologie pouvoit être une source plus féconde de beautés poétiques; mais si le christianisme doit lui céder à cet égard, il lui reste bien encore de quoi se consoler.

« *Atala* devient une nouvelle preuve de cette vérité qu'on se plait à contester. Cet ouvrage tire son intérêt, non pas du fond d'une action assez foible, mais des effets que l'auteur a su produire par l'intervention des idées religieuses. Il s'est proposé, comme il le dit lui-même, de peindre la religion, première législatrice du sauvage ; les dangers de l'ignorance et de l'enthousiasme religieux opposés aux lumières ; à la tolérance, au véritable esprit de l'Évangile ; les combats des passions et des vertus dans un cœur simple ; enfin le triomphe du christianisme sur le sentiment le plus fougueux et la crainte la plus terrible, l'amour et la mort. Quand on voit la plupart des romanciers avoir recours à tous les artifices de l'imagination, accumuler incidents sur incidents, épuiser toutes les ressources de leur art pour produire beaucoup moins d'effet, on est obligé de reconnoître que les ressorts qu'il fait agir, quoique beaucoup plus simples, sont beaucoup plus puissants, et qu'il a ouvert la mine la plus riche et la plus profonde que le génie puisse exploiter. Il ébranle la sensibilité, il fait couler les larmes, il déchire le cœur sans tourmenter ou révolter l'esprit par la complication des aventures et les surprises du merveilleux. Un prêtre, un sauvage et son amante sont les seuls personnages de ce drame éloquent, où le pathétique est poussé au dernier degré.

« Les accessoires, le lieu de la scène, contribuent beaucoup, il est vrai, à l'effet général du tableau ; c'est parmi ces grands fleuves de l'Amérique septentrionale, au bord de ces lacs et de ces antiques forêts du Nouveau-Monde, au pied des monts Apalaches qu'il transporte son lecteur. Ce spectacle, d'une nature rude et sauvage, anime et rend plus intéressant celui d'une religion qui vient y répandre ses premiers bienfaits ; la magnificence des descriptions ajoute à la force des sentiments, et l'on s'aperçoit bien que ces peintures si vives et si énergiques ne sont pas des copies : l'auteur a vu ce qu'il peint, il a parcouru lui-même les lieux qu'il décrit. C'est sous les yeux de la nature, c'est à l'aspect de ces beautés, d'autant plus imposantes qu'elles sont plus incultes, qu'il a saisi ses crayons pour dessiner ces traits majestueux dont ses regards étoient frappés ; il a su trouver ce point où les effets physiques et les effets moraux se fortifient mutuellement : on ne pourroit lui reprocher que de se livrer avec trop peu de retenue aux attraits du style descriptif, de ne pas varier assez ses teintes, et peut-être d'altérer quelquefois, par des couleurs un peu trop chargées, les formes de son modèle.

« Le style descriptif a été singulièrement perfectionné dans ce siècle; les Buffon, les Rousseau, les Saint-Pierre ne laissent rien à désirer en ce genre : il semble qu'à mesure que les ressources de la poésie commençoient à s'épuiser, la prose ait voulu y suppléer. On sent, en lisant le *Télémaque*, que l'illustre auteur de ce bel ouvrage n'avoit vu la nature que dans les poëmes d'Homère et de Virgile : les grands écrivains de notre siècle l'avoient eux-mêmes étudiée ; ce sont leurs propres sensations qu'ils rendent, lorsqu'ils la peignent, et leurs tableaux ont une vérité, une fraicheur, une énergie et une originalité qui ne peuvent jamais être le fruit des seules études du cabinet. Homère et Virgile leur ont sans doute appris à voir la nature ; mais ils ont mis leurs préceptes en pratique, au lieu de se borner à copier leurs descriptions ; ils ne se sont pas fiés aux yeux d'autrui, ils ont vu par eux-mêmes ; aussi peut-on les regarder comme de véritables poètes, très supérieurs à ceux qui ne font qu'astreindre à la mesure des vers leurs confuses réminiscences, et qui défigurent, dans leurs prétendus tableaux, les beautés de la nature, qu'ils n'ont jamais ni étudiée ni sentie. Je connois tel poëme célèbre dans lequel il y a cent fois moins de poésie que dans quelques pages de Rousseau ou de Bernardin de Saint-Pierre.

« L'auteur d'*Atala* paroit avoir bien des rapports avec ce dernier, et je ne doute même pas que les *Études de la Nature* n'aient beaucoup contribué à développer ses idées et son talent ; ils ont peint tous deux une nature étrangère ; l'un nous a transportés sous le ciel de l'Afrique ; l'autre nous ouvre le spectacle de l'Amérique ; ils se sont l'un et l'autre proposé un grand but moral ; et semblent avoir été guidés par les mêmes principes et les mêmes sentiments ; mais l'auteur de *Paul et Virginie* est plus doux, plus coulant, plus châtié ; celui d'*Atala* plus nerveux, plus fort, plus énergique : l'un ménage ses couleurs avec un goût exquis et un art d'autant plus merveilleux qu'il paroit moins ; l'autre les répand et les prodigue avec une profusion et une abondance qui nuisent quelquefois à l'effet : l'un est plus sage et plus retenu, l'autre plus hardi et plus impétueux. L'auteur de *Paul et Virginie* accorde plus aux idées morales, celui d'*Atala* aux idées religieuses : le premier a honoré la religion avec transport en censurant ses ministres avec amertume ; le second honore à la fois et confond dans les mêmes hommages et le dogme et le culte, et les ministres et la religion. Dans *Paul et Virginie*, un prêtre devient la cause indirecte, mais toujours odieuse, de la fatale catastrophe ; dans *Atala*, c'est un prêtre qui répare tous les maux causés par les passions, l'ignorance et le fanatisme. L'ouvrage de Bernardin de Saint-Pierre se ressent de ces temps où dominoient la satire anti-religieuse et l'esprit d'innovation ; celui de M. de Chateaubriand, d'une époque où la pitié, la commisération et la vraie philosophie lui ont succédé.

« Je voudrois appuyer de citations et d'exemples ce que j'ai dit de ce nouvel ouvrage ; mais il est déja trop connu pour qu'il soit nécessaire d'en présenter des extraits : les éloges sont déja justifiés par la voix publique. Je me bornerai donc à citer un passage qui justifiera peut-être la critique que j'ai hasardée. Il me paroit, comme j'ai osé l'avancer, que l'auteur détruit quelquefois l'effet de ses plus belles peintures par un excès de force et d'énergie. Il décrit une messe dans le désert :
« L'aurore paroissant derrière les montagnes, enflam« moit le vaste orient ; tout étoit d'or et de rose dans la
« solitude ; les ondes répétoient les feux colorés du ciel,
« et la dentelure des bois et des rochers qui s'enchainent
« sur leurs rives. L'astre annoncé par tant de splendeur,
« sortit enfin d'un abime de lumière, et son premier rayon
« rencontra l'hostie consacrée que le prêtre élevoit en ce
« moment dans les airs. » Cette dernière circonstance, ce dernier trait par lequel l'auteur achève son tableau, est, contre son intention, très petit et très mesquin : ce rapprochement du lever du soleil et de la consécration, n'est pas heureux et paroit forcé ; il a quelque chose de recherché, et la recherche est toujours l'antipode du sublime.

« Au reste, on est bien dédommagé de quelques fautes par des beautés sans nombre, par un style qui anime et vivifie tout, et dont la rudesse même est une grace de plus dans un sujet de ce genre. Ce petit ouvrage fait désirer encore davantage celui dont il est détaché. »

Ainsi parloit en 1802, dans le *Journal des Débats*, le plus grand critique de cette époque, M. Dussaulx. La gloire de M. de Chateaubriand commençoit alors, alors aussi la gloire de celui-là, qui alloit être l'empereur, étoit à son apogée. Rendons justice au critique de cette époque, c'est qu'il a été pour son temps un homme très avancé. Il s'est prononcé, timidement il est vrai, mais enfin il s'est prononcé pour *Atala*, avant même de savoir ce qu'en penseroit le premier consul, ce qui étoit une grande hardiesse. Et puis, comment ne pas savoir gré à M. Dussaulx de cette adoption spontanée du grand génie poétique et littéraire qui venoit tout d'un coup, à l'improviste, sans que rien l'eût annoncé, faire ainsi une révolution dans l'art, dans la poésie, dans la langue, dans la philosophie, et même dans les croyances de la patrie? M. Dussaulx, esprit élégant mais d'une grande indolence, imagination paresseuse, style correct et incisif, mais peu novateur, disciple des grands maîtres dans l'art d'écrire, devoit, en effet, se sentir saisi de je ne sais quelle terreur pénible, en voyant tout d'un coup ce grand écrivain, qui s'avançoit à grands pas sur la route toute nouvelle qu'il s'étoit tracée à lui-même. M. de Chateaubriand, en effet, étoit en poésie un révolutionnaire, comme Napoléon étoit un révolutionnaire en politique. L'un et l'autre ils arrivoient au nom de l'ordre et de l'autorité, rapportant avec eux à ce peuple perdu par les révolutions, celui-ci l'obéissance au pouvoir, celui-là l'obéissance à l'Évangile.

Ils vouloient l'un et l'autre rétablir la vieille royauté; mais celui-là, qui étoit soldat, vouloit la vieille royauté à son profit; l'autre, qui étoit poète, vouloit la royauté au profit de la vieille race de saint Louis. Ces deux hommes préparoient ainsi, du côté de la guerre et de la poésie, toutes les merveilles de ce siècle. Chacun d'eux a tracé son chemin dans l'histoire; chacun d'eux a suivi son noble sentier; et dans ce sillon creusé par lui, dans ce sentier qu'il s'est tracé, chacun de ces hommes a marché à pas de géant : seulement le soldat s'est arrêté plus vite que le poète; seulement le soldat, qui avoit soulevé toute l'Europe, a été vaincu par toute l'Europe, pendant que le poète, qui étoit venu régénérer l'art et la poésie, poursuivant nuit et jour sa pacifique conquête, a fini par imposer à l'Europe entière le joug salutaire de son génie et de ses croyances. Ainsi, sous le rapport de la victoire comme sous le rapport de la persévérance et de la foi dans son œuvre, l'empereur Napoléon a été vaincu par M. de Chateaubriand.

Si donc vous trouvez que le critique de 1802 n'a pas été tout-à-fait à la hauteur de l'admiration de l'Europe pour *Atala*, ce chef-d'œuvre qui en faisoit présager tant d'autres, soyez indulgent pour le vieux critique. Il avoit déja vu tant de révolutions de tout genre, que toute révolution nouvelle l'inquiétoit et lui faisoit peur. Il avoit déja tenu tête à tant de monstruosités impitoyables, que même, à la poésie de M. de Chateaubriand, il ne pardonnoit pas tout-à-fait sa piquante et ingénieuse nouveauté. C'est, d'ailleurs, un des malheurs de la critique, de ne venir jamais qu'après le chef-d'œuvre, et voilà pourquoi l'analyse la plus passionnée vous paroitra toujours froide et décolorée, si vous la comparez à ces simples pages de bon sens qui viennent résumer les opinions de la foule sur l'œuvre nouvelle. Ne demandez pas au critique de l'enthousiasme, demandez-lui du sang-froid et de la conscience. Trop heureux encore que le critique soit assez hardi pour suivre pas à pas et sans mauvaise humeur le géant qu'il doit suivre à la trace! Le sang-froid et le bon sens, voilà le premier devoir du critique. En dernier résultat, il ne fait que libeller les jugements du public; or, que de temps ne faut-il pas au public pour s'accoutumer à toute nouveauté tant soit peu hardie et logique? Que pouvoit faire le public de 1802, élevé par Voltaire et par la révolution de 89, passant tour à tour du doute à l'athéisme, de 89 à 93, c'est-à-dire de la réforme politique à l'assassinat politique, tour à tour libre et esclave, esclave de quels tyrans? de Marat et de Robespierre! Puis, après avoir fait cent mille lois, s'amusant à livrer cent batailles, et toujours ainsi par ses défaites et par ses victoires, par sa liberté et par son esclavage, par les meurtres de la veille et par les meurtres du lendemain; reporté violemment dans ce doute voltairien qui avoit été si fatal aux croyances de sa jeunesse? Que voulez-vous que pensât la France ainsi faite, quand son poète, revenu des forêts vierges du Nouveau-Monde, s'en vint remplacer *Candide* par *Atala*, le *Dictionnaire philosophique* par le *Génie du Christianisme*, le désespoir par l'espérance, le doute par la foi chrétienne? Certes, l'étonnement dut être grand dans ce royaume régi si long-temps par l'école encyclopédiste, quand il apprit qu'un gentilhomme breton venu de la Vendée, un soldat bleu, qui avoit été saluer Washington en Amérique, revenoit tout seul, pauvre et inconnu pélerin, se mettre à la tête de la poésie et de la philosophie françoises; qu'il marchoit en avant, tenant d'une main l'Évangile, et de l'autre main tenant la Bible, et qu'il parloit à tous le plus magnifique des langages qui soient sortis de la bouche et du cœur de l'homme. A cette nouvelle, le vieux Ferney a tremblé jusque dans ses fondements, les vieilles cathédrales françoises ont tressailli d'espérance et d'orgueil; la foi antique s'est relevée, le monde chrétien, muet et consterné, a relevé la tête et remercié le ciel. Quelle révolution fut jamais plus grande et plus belle! Combien le concordat de M. de Chateaubriand ne l'emporte-t-il pas sur le concordat de Bonaparte! N'est-ce pas, je vous prie, une merveilleuse chose que cette France, qui avoit passé à travers la prose de Marat et les hymnes pieux de Robespierre, et qui en étoit encore toute souillée, rappelée tout d'un coup au sentiment et à la conscience de sa force, par ce nouveau venu dans le monde, un simple poète qui avoit lu Homère et la Bible, qui savoit Bossuet et qui savoit l'Évangile, qui avoit saisi le côté chrétien de notre poésie, de notre histoire, de notre royauté, de notre passé et de notre avenir? Jamais au monde, influence plus belle et plus puissante n'a été donnée à la parole humaine depuis Luther. Luther détruit, renverse, accable; il entasse des ruines sur des ruines; sa parole est une torche ardente jetée sur des gerbes de blé. La parole de M. de Chateaubriand est un flambeau; il éclaire, il relève, il console, il répare, il reconstruit, il jette les fleurs de sa poésie sur toutes les saintes ruines; il rend au monde éclairé la foi, l'espérance et la charité, cette blanche colombe venue du ciel. Comment vouliez-vous que cet homme fût compris par un autre homme, à sa venue? Comment voulez-vous que tout d'un coup, en 1802, dans un avenir de désordre, il se trouvât en France un critique capable de juger *Atala*, et de voir derrière *Atala* le *Génie du Christianisme*, ce monument d'or et de granit qui s'élevoit dans toute sa magnificence et son éclat? Non, non, cela n'étoit pas possible. Non, le grand juge qui devoit juger M. de Chateaubriand n'étoit pas né encore. Le grand juge digne d'un pareil homme, le seul juge qui soit à la hauteur de tous les grands hommes du monde, le juge d'Homère, de Virgile, de Bossuet, de Chateaubriand comme il est le juge d'Alexandre, de César, de Charlemagne et de Bonaparte : ce juge s'appelle la postérité.

Pourquoi donc, nous direz-vous, puisqu'en effet la postérité, ce juge souverain, est le seul digne de citer à son tribunal les noms de ces hommes qui sauvent l'humanité ou qui la perdent, soit par le glaive, soit par la parole, pourquoi donc ainsi recueillir les jugements contemporains sur des œuvres destinées à l'avenir? Pourquoi réunir ainsi le journal au livre, la parole écrite à la parole parlée, le jugement éphémère au chef-d'œuvre qui ne doit pas mourir? Par exemple, pourquoi placer ainsi dans le même volume M. Dussaulx et M. de Chateaubriand?

A cette question il est facile de répondre que la critique est encore l'expression de la société, en ce sens que la critique ne fait que formuler les opinions de son temps. Or, ne trouvez-vous pas qu'il sera beau plus tard,

et qu'il est déja beau aujourd'hui que le nom de M. de
Chateaubriand domine d'une hauteur incommensurable
tous les noms du monde littéraire et politique, de savoir
au juste les sentiments de nos pères sur des livres qui
furent pour eux des questions de doute ou de croyance,
de vie et de mort? Croyez-vous que le chef-d'œuvre ne
nous paroîtra pas plus grand, à mesure que nous appren-
drons comment il est parti d'en bas, et comment il s'est
élevé malgré les rumeurs, malgré les oppositions, malgré
les commentateurs, malgré l'envie, malgré l'ignorance,
malgré la vieillesse trop vieille, malgré la jeunesse trop
jeune, car parmi les jugeurs et les critiques il y a tant de
sortes de jeunes gens et de vieillards! Croyez-vous donc
que ce ne sera pas un grand sujet d'étonnement et de
méditation, quand nos petits-neveux pourront juger par
eux-mêmes, des froids dédains et des froids éloges qui
auront accueilli, au commencement du dix-neuvième
siècle, les premiers vœux de religion, les premiers
efforts de poésie, les premiers élans de liberté, qui aient
été osés, entrepris, accomplis par M. de Chateaubriand?
Et pensez-vous que ce soit là des leçons inutiles données
à l'avenir, que d'apprendre aux critiques futurs à savoir
enfin se passionner à temps pour les grandes œuvres
des hommes! En effet, si M. de Chateaubriand,
moins vindicatif ou moins modeste, avoit daigné imprimer, après *Atala*, après *René*, après *le Génie du
Christianisme*, après *les Martyrs*, les stupides critiques
et les stupides éloges avec lesquels ces grands livres
furent accueillis, pensez-vous que la critique, corrigée
ainsi par le spectacle de ses propres excès, n'eût pas été
plus facile et plus douce aux premiers vers de M. de

Lamartine, par exemple, aux premiers romans de Walter Scott, aux premiers poëmes de lord Byron, aux premiers chants de Rossini?

Il faut donc que la critique apprenne enfin par quelques sévères exemples, qu'elle ne doit pas se fier, comme elle l'a fait, aux improvisateurs de l'heure présente. Le critique en travail consulte d'abord le rayon de soleil sous lequel il écrit; il interroge en même temps ses émotions personnelles et le livre dont il parle; son humeur influe beaucoup sur son jugement, et en ceci il obéit d'autant plus volontiers au caprice du moment qu'il se dit toujours à lui-même : Mon jugement est un jugement d'une heure! Éloge ou blâme, ma critique mourra demain! Si l'homme grandit sous mes coups, qui saura que j'ai fermé les yeux à la lumière nouvelle? ainsi disent-ils les imprudents, comme si une parole imprimée pouvoit mourir! Eh bien! plongeons-nous dans le chaos qu'on appelle le vieux journal; recherchons un à un les jugements des contemporains de M. de Chateaubriand; rendons justice aux uns et aux autres, et faisons bonne justice. Celui qui a été juste et honorable recevra sa récompense, car son nom ne mourra pas; il sera inscrit au bas du chef-d'œuvre. Celui qui a été ignorant, cruel, impitoyable, insensé, recevra aussitôt son châtiment, car son nom aussi sera inscrit au-dessous du chef-d'œuvre. Ah! messieurs, vous avez cru vous cacher dans votre néant, vous avez cru que vous mourriez en vingt-quatre heures! Et vous n'avez pas pensé au sort de Zoïle! Et vous qui avez été humains et patients, vous qui avez été généreux envers le nouveau venu dans l'arène, le voici maintenant qui à son tour vous protége de son nom et de sa gloire : rappelez-vous donc ce sage Aristarque, le censeur d'Homère, homme respecté et respectable que la postérité a placé à côté de Zoïle, comme dans un tableau allégorique on place la récompense en regard du châtiment.

Car vous sentez bien que l'*Atala* de M. de Chateaubriand n'a pas été acceptée tout d'un coup comme un chef-d'œuvre. Vous comprenez bien que la colère des philosophes et des beaux-esprits de son temps ne s'est pas fait faute de couvrir de boue et d'écume ce charmant chef-d'œuvre. Heureusement, si M. de Chateaubriand a été attaqué par les plus lâches, il a été défendu par les plus dignes. Ainsi M. de Fontanes s'écrie, après avoir parlé d'*Atala* comme il falloit en parler : *J'aime l'auteur, et pourtant ce n'est pas l'amitié qui dicte ces éloges.*

« Les talents qui nous restent aujourd'hui sont trop
« rares pour les éloigner plus long-temps; ils n'ont
« jamais été les ennemis de la France, qui peut seule
« leur donner des suffrages dignes d'eux, et dont ils
« augmentent la gloire. Il ne faut pas que les Muses
« françoises soient errantes chez les Barbares. Puissent-
« elles se rassembler enfin de tous côtés autour du pou-
« voir réparateur qui essuiera toutes leurs larmes, en
« leur préparant un nouveau siècle de gloire! »

De son côté, Geoffroy le célèbre critique, cet homme aussi écouté que le premier consul, proclame *Atala un véritable poëme, où l'auteur a trouvé le secret bien rare aujourd'hui de se montrer original sans être absurde.* Mais à côté de tous ces hommes, l'honneur de la critique en France, Dussaulx, Fontanes, Geoffroy, surtout

M. Bertin l'ainé, leur guide à tous et le plus vieil ami de M. de Chateaubriand; au milieu de toute cette France de Bonaparte, qui admire *Atala* et qui l'apprend par cœur, comme la France de Richelieu admiroit *le Cid* du grand Corneille et l'apprenoit par cœur, jetez les yeux en rougissant de honte, sur les plus ignobles et les plus misérables critiques que jamais la stupidité humaine ait enfantées. En lisant de pareilles diatribes, à propos de ce noble, élégant et passionné génie, qui étoit venu donner à la langue françoise une force et une autorité nouvelles, on se demande si ce n'est pas là, en effet, le sort de tout homme de génie d'être exposé de son vivant à la calomnie et à l'insulte? On parle souvent de toutes les misères des poètes d'autrefois, sans jamais s'informer si les misères des poètes d'aujourd'hui ne sont pas aussi de grandes misères. Les histoires lugubres ne manquent pas; il est vrai, dans l'histoire de l'antiquité poétique, mais aussi elles ne manquent pas de nos jours. Savez-vous, en effet, une misère plus grande que celle-là pour un homme du caractère et du génie de M. de Chateaubriand : jeter un chef-d'œuvre dans le monde, c'est-à-dire révéler au monde toutes ses croyances religieuses, toutes ses opinions politiques, toute son ame, tout son cœur, et savoir que tout cela va tomber sous les mains impies de quelques ricaneurs éreintés! Voir son nom déja glorieux, livré à l'ironie et à l'insulte par un vieux philosophe usé à ne rien croire, et par un vieux poète usé à ne rien dire! Être jeté en pâture à ce serpent venimeux qui s'est nourri du fiel de *Candide,* de *la Pucelle* et du *Pauvre Diable*; être traité à peu près comme Voltaire traitoit Fréron, mais sans grace, sans esprit, sans style, c'est-à-dire sans que rien puisse excuser les critiques? Voilà pourtant ce qui est arrivé à l'*Atala* de M. de Chateaubriand ; voilà pourtant devant quels juges et pour quels critiques elle a été forcée de rougir, la noble fille des sauvages! Or, pour être conséquent avec notre système, et pour faire justice de ces pamphlétaires pour lesquels l'oubli seroit trop doux, nous en choisirons deux seulement dans le nombre, et nous citerons leurs jugements sans y rien retrancher, afin que les lecteurs de M. de Chateaubriand, les hommes dévoués à cette gloire qui est notre gloire, puissent savoir au juste comment il a été traité.

L'un des hommes dont nous parlons avoit nom Morellet, l'abbé Morellet; l'autre, c'étoit J.-M. Joseph Chénier, le frère aujourd'hui oublié d'André Chénier, ce grand poète élégiaque qui est mort si misérablement sur l'échafaud. L'abbé Morellet étoit un de ces hommes foibles d'esprit, dont tout l'esprit étoit à la surface. Impitoyables ricaneurs, ils avoient appris la raillerie à la plus implacable des écoles, à l'école de Voltaire, et presque dans le giron de madame Geoffrin. Homme peu dangereux d'abord, et que rien ne pouvoit faire remarquer au milieu de tant de beaux esprits du premier ordre, Morellet fit ses premières armes dans le bataillon philosophique. Il étoit une de ces sentinelles perdues que lâchoit Voltaire contre ses ennemis ; c'est ainsi que Voltaire le lâcha contre Palissot, contre Lefranc de Pompignan, contre Linguet : *Mords-les! mords-les!* crioit Voltaire, et l'abbé Morellet d'obéir et de mordre. Heureusement, parmi ces luttes, l'abbé Morellet en soutint d'honorables. Il eut du courage dans les temps difficiles. Il défendit l'Académie françoise contre 93. Du reste, écrivain sec et dur, tout d'une pièce, faisant peu de sacrifices aux Graces, c'est sur lui que Chénier a fait ces deux vers :

> Et ce bon Morellet, qui toujours se repose,
> Enfant de soixante ans qui sera quelque chose!

Le *bon* Morellet a été un des plus grands ennemis de l'*Atala* de M. de Chateaubriand.

« Après les mauvais ouvrages, dit l'abbé Morellet, il n'y a point de cause plus active de la propagation du mauvais goût, que les éloges exagérés qu'on donne aux bons, soit qu'on y loue avec excès ce qu'il y a de bien, soit qu'une indulgence trop grande en approuve et en justifie jusqu'aux défauts mêmes.

« Il est bien vrai que cette disposition à l'indulgence n'est pas la plus commune parmi nous; le dénigrement est beaucoup plus général, et nous péchons aussi par ce côté : mais il faut éviter l'un et l'autre écueil, et c'est un excès du premier genre que je me suis proposé de combattre ici.

« Ces réflexions se sont présentées à moi, à l'occasion du petit roman nouveau qui a pour titre *Atala*, qu'on dévore et qu'on loue à l'égal de *Clarisse* et de *la Nouvelle Héloïse*, et dans lequel je trouve, parmi plusieurs beautés, *beaucoup de défauts*; et comme *on le vante*, à mon avis, *beaucoup trop*, j'entreprends, pour l'instruction *des romanciers* à venir, d'en relever ici les fautes. Si j'appuie *un peu fortement* sur ce côté de la balance, ce ne sera que pour rétablir un juste équilibre.

« Quoi! dira-t-on, déployer la sévérité de la critique

contre un roman où se montrent une imagination brillante et féconde, des *intentions estimables*, une morale douce et bienfaisante, et dans lequel on ne peut méconnoître des beautés de plus d'un genre ? Il faut pour cela n'avoir point de sensibilité.

« Eh ! mesdames, vous vous trompez. Quoique je critique Atala, *mon sein n'enferme point un cœur qui soit de pierre;* je pleure comme un autre, mais ce n'est qu'à bon escient et pour de bonnes raisons ; et quand je m'attendris, je veux savoir pourquoi.

« Je vous dirai ce qui retient ou sèche quelquefois mes larmes en lisant des ouvrages qui vous causent de si vives émotions.

« C'est *l'affectation, l'enflure, l'impropriété, l'obscurité des termes et des expressions, l'exagération dans les sentiments, l'invraisemblance dans la conduite et la situation des personnages, les contradictions et l'incohérence entre les diverses parties de l'ouvrage;* enfin, et en général, tout ce qui blesse le *goût* et la *raison; ingrédients* nécessaires de tout ouvrage, depuis la discussion philosophique la plus profonde jusqu'aux contes des fées inclusivement.

« Je ne crois pas qu'en aucun genre d'ouvrages on puisse se dispenser d'être vrai, de la vérité qui convient au genre ; d'éviter l'enflure et l'exagération, qui sont une fausseté toujours contraire à l'effet; d'être toujours clair, puisqu'on n'écrit que pour être entendu ; d'être d'accord avec soi-même, et de tenir ses personnages d'accord avec leur caractère, parce que, sans cela, il n'y a ni intérêt ni plaisir ; et enfin, d'être toujours raisonnable, parce que la raison est la règle universelle à laquelle il faut que toute composition se rapporte; et je suis convaincu que, tant que la critique ne fait qu'applaudir à l'observation de ces règles, et blâmer ceux qui les violent, elle est utile et nécessaire, et mérite l'approbation et les encouragements de tous ceux qui aiment les lettres et la vérité.

« L'auteur d'*Atala*, lui-même, a trop d'esprit pour contester ces maximes; mais il a espéré qu'on ne les invoqueroit pas contre lui à la rigueur; il a pu croire,

« Qu'en examinant tout ce qu'il a fait entrer dans un
« si petit cadre, et considérant qu'il n'y a pas une cir-
« constance intéressante des mœurs des sauvages qu'il
« n'ait touchée, pas un bel effet de la nature qu'il n'ait
« décrit, etc.; et faisant attention aux difficultés qu'il
« a dû trouver à soutenir l'intérêt dramatique entre
« deux seuls personnages; en remarquant enfin que,
« dans la catastrophe, il ne s'est soutenu, comme les
« anciens, que par la force du dialogue, ces considé-
« rations mériteroient quelque indulgence du lecteur
« pour un écrivain qui s'efforce de rappeler la littéra-
« ture à ce goût antique, trop oublié de nos jours. »

« Cette notice de l'ouvrage est assez favorable pour faire beaucoup mieux que d'obtenir l'indulgence du lecteur, puisqu'elle présente un éloge véritable, mérité, si l'on veut, mais assez flatteur. Or, comme elle est de l'auteur lui-même, elle prouve, ce me semble, qu'il a cru échapper à la critique, soit parce qu'on ne pourroit trouver dans son ouvrage que des taches légères, soit parce que les beautés y seroient assez nombreuses et assez frappantes pour en couvrir les défauts.

« Mais les espérances de ce genre, que nourrissent

quelquefois les jeunes écrivains, sont souvent trompeuses ; et je dirois volontiers à ceux qui peuvent craindre des censeurs plus éclairés et plus sévères que moi :

Mais quoi ! l'homme aux cent yeux n'a pas fait sa revue !
Jusque-là, pauvre cerf, ne te vante de rien.

« Je ne suis point l'homme aux cent yeux, mais après avoir entendu louer *Atala* avec un enthousiasme dont l'expérience m'a appris à me défier, je l'ai lu avec attention, et parmi les beautés que je crois avoir senties, comme un autre, j'ai cru voir que l'auteur s'est laissé aller à beaucoup de fautes, et je vais en relever quelques unes en suivant le roman.

« C'est une description de la Louisiane qui commence l'ouvrage : les descriptions n'en sont pas la partie la moins *soignée, ni la moins vantée*; on y trouve souvent du vague, des *images peu nettes*, des *expressions forcées*, et en général *un grand défaut de naturel*.

« Dès les premières pages, l'auteur nous dit qu'au sortir de l'hiver les arbres déracinés, abattus, et assemblés vers les sources des fleuves qui se jettent dans le Mississipi, forment des radeaux qui descendent de toutes parts. « Le vieux fleuve, ajoute-t-il, s'en empare et les « pousse à son embouchure ; par intervalle il élève sa « grande voix en passant sous les monts, etc. »

« *On ne sait pas ce que signifie* l'épithète de *vieux fleuve* donnée au Mississipi, qui n'est pas plus vieux que ceux qui lui fournissent leurs eaux, sans lesquelles lui-même ne couleroit pas. (! ! !)

« Je n'entends pas non plus ce que c'est que *la grande voix du fleuve, ou du moins je ne vois pas quel mérite* il y a à appeler *la grande voix* du Mississipi, le bruit qu'il fait lorsqu'il est débordé, et entraînant tout ce qui se trouve sur son passage.

« Depuis l'embouchure du Mississipi jusqu'à la jonc-
« tion de l'Ohio, *le tableau le plus extraordinaire suit*
« *le cours de ses ondes.* »[1]

« Cette tournure est *laborieuse et fausse*. L'auteur veut dire que le fleuve présente dans son cours un grand nombre de sites et de points de vue extraordinaires ; mais ces sites, par cela seul qu'ils sont extraordinaires et variés, sont autant de tableaux différents. Il n'y a donc pas là *un tableau extraordinaire* qui suit le cours du fleuve. (Et le *chemin qui marche* de Pascal ?)

(Page 11). « Chactas raconte comment, après avoir passé deux ans à Saint-Augustin, dans la maison de l'Espagnol Lopez, comblé de ses bienfaits, il paroît un jour devant lui en habit de Natchez, et lui déclare la résolution qu'il a formée de reprendre la vie sauvage.

« A cette déclaration, l'auteur fait répondre par Lopez : *Va, magnanime enfant de la nature, reprends la précieuse indépendance de l'homme, que je ne veux point te ravir.*[2]

« En mettant ce discours dans la bouche de Lopez, à qui il donne d'ailleurs un beau caractère et beaucoup de raison, il se met en contradiction avec ce qu'on lit en plusieurs endroits du roman, des avantages de la vie sociale sur la vie sauvage ; car si ces avantages sont réels et grands, l'indépendance de l'homme sauvage,

---

[1] Ce passage a été corrigé dans les éditions nouvelles.

[2] Ce ne sont pas absolument les mêmes expressions que celles de l'édition POURRAT.

du magnanime enfant de la nature, n'est point du tout précieuse, comme on le fait dire à Lopez.

(Page 13). « Chactas, prisonnier, dit aux femmes qui le gardent : « Vous êtes les graces du jour, et la nuit « vous aime comme la rosée. »

« Pourquoi *les graces du jour?* Qu'est-ce que les graces du jour? Et qu'est-ce que *l'amour de la nuit pour la rosée?* La terre altérée par la chaleur aime la rosée et la fraîcheur des nuits ; *mais la nuit n'aime pas plus la rosée que toute autre disposition de l'atmosphère.* Enfin, je ne puis m'empêcher de voir là le style *précieux* dont Molière s'est si bien moqué.

(Page 15). « Atala, dit Chactas, étoit dans mon cœur, comme le souvenir de la couche de mes pères. »

« Qu'est-ce que *le souvenir de la couche de ses pères,* du hamac dans lequel il a dormi, a d'analogue avec l'amour qu'il vient de prendre pour Atala? Ces idées sont disparates, et ne se tiennent par aucune relation qui puisse en autoriser le rapprochement. Les sauvages, en effet, prodiguent les comparaisons, et l'auteur veut les imiter ; mais celle-là n'est point naturelle.

« Je dirai aussi *qu'avec quelque plaisir qu'il se souvienne de la couche de ses pères,* et cet homme-là ne parle pas même en françois, s'il n'aime Atala que comme il aime son hamac, sa passion ne mérite pas d'être le sujet d'un roman.

(Page 16). « Chactas, se trouvant seul avec Atala, éprouve ce premier embarras connu de tous ceux qui ont aimé. « Étrange contradiction du cœur de l'homme ! « s'écrie-t-il ; moi qui avois tant désiré de dire les choses « du mystère à celle que j'aimois déja comme le soleil ;

« maintenant, interdit et confus, je crois que j'eusse
« préféré d'être jeté aux crocodiles de la fontaine, que
« de me trouver seul avec Atala. »

« Je n'ai pas besoin d'observer que la phrase n'est pas françoise, faute de l'imprimeur, sans doute [1]; mais c'en est une de l'auteur bien plus grave, de mettre cette étrange exagération dans la bouche de son jeune sauvage; c'est un parti bien violent qu'on lui fait prendre; se donner en pâture aux crocodiles plutôt que d'éprouver l'embarras de dire *je vous aime*, est une hyperbole amoureuse dont on ne trouveroit pas le pendant dans tous les romans de la Calprenède et de Scudéry.

(Page 17). « Atala est plus belle que le premier
« songe de l'époux. »

« Il est fâcheux qu'on soit toujours obligé de demander une explication. Que veut dire cela? *Est-ce qu'Atala est plus belle que l'objet que le nouvel époux embrasse dans son premier songe?* Mais, si le premier songe de l'époux n'est pas une infidélité, c'est l'image de son épouse qu'il embrasse, et cette image n'est pas plus belle que l'épouse elle-même; ainsi, Atala est belle comme la nouvelle épouse aux yeux de son jeune époux, ce qui peut se dire, quoique l'éloge ne soit ni neuf, ni piquant, mais ce qu'il ne faut pas dire d'une manière si détournée.

(Page 36). « Atala dit à son amant qu'il *est beau comme le désert.* Or, veut-on se faire une idée de la beauté de ce désert? on la trouve décrite quelques pages après.

---

[1] Corrigée dans l'édition Pourrat.

(Page 41). « Accablés, dit Chactas, de soucis et de
« craintes; exposés à tomber dans les mains d'Indiens
« ennemis, à être engloutis dans les eaux, piqués des
« serpents, dévorés des bêtes sauvages; trouvant diffici-
« lement une chétive nourriture; perdus dans des mon-
« tagnes inhabitées, et ne sachant plus où porter nos
« pas, les maux d'Atala et les miens ne pouvoient plus
« s'accroître, etc. » Et c'est dans une pareille situation
que l'auteur fait dire à Chactas, par son amante, qu'il
est beau comme le désert.

(Page 43). « Chactas, assis dans l'eau contre un tronc
d'arbre, tenant Atala sur ses genoux, au bruit d'une
horrible tempête, et inondé de torrents de pluie, sent
tomber *sur son sein* une larme d'Atala (qu'il distingue
sans doute de la pluie parce que la larme est chaude).
Orage du cœur, s'écrie-t-il, *est-ce une goutte de votre
pluie?*

« C'est là un exemple parfait de ce que les Italiens
appellent *fredduro*; il n'est guère possible, en effet,
d'imaginer rien de plus froid et de plus déplacé dans
un tel moment, qu'une semblable question. Cette
apostrophe à *l'orage du cœur*, mis en contraste avec
l'orage du ciel, est une pensée bien étrange, *et tout le
monde sent que la situation de Chactas ne peut pas lui
permettre de faire un tel rapprochement.*

(Page 45). « Chactas peint Atala prête à céder à ses
transports. *Il a bu la magie de l'amour sur ses lèvres*
(si l'on peut boire la magie); il est tout près de triompher de sa foible résistance, et *les déserts et l'Éternel*
vont être les témoins de leur union.

« C'est en se rappelant cette situation, après cinquante-

trois ans écoulés, que Chactas s'écrie : « Superbes fo-
« rêts, qui agitiez vos lianes et vos dômes comme les ri-
« deaux et le ciel de notre couche ! Pins embrasés, qui
« formiez les flambeaux de notre hymen ! Fleuves débor-
« dés, montagnes mugissantes, pompe nuptiale digne de
« nos malheurs et de la grandeur de nos amours sau-
« vages, n'étiez-vous donc qu'un vain appareil préparé
« pour nous tromper? »

« Ceci est tout-à-fait déraisonnable, et nous allons le faire comprendre, en rassemblant toutes les circonstances de la situation où l'auteur place ces deux amants.

« Chactas est, comme on l'a vu plus haut, assis dans l'eau, tenant son amante sur ses genoux, et *lui réchauffant les pieds de ses mains amoureuses*, recevant des torrents de pluie dont il s'efforce de la garantir en lui faisant un rempart de son corps (tableaux que j'avoue ne pouvoir se concilier entre eux ni me peindre nettement). « Des insectes sans nombre, et d'énormes
« chauves-souris les aveuglent ; les serpents à sonnettes
« bruissent de toutes parts ; les loups, les ours, les car-
« cajoux, les petits tigres, remplissent ces retraites de
« leurs rugissements, etc. »

« Maintenant, je le demande, comment une situation si horrible qu'elle ne peut laisser à l'homme d'autre pensée que celle des dangers qui l'environnent, et des moyens de s'en sauver, est-elle une *pompe nuptiale*, un *appareil* préparé aux jouissances de l'amour? Comment les pins embrasés, les fleuves débordés, le fracas du tonnerre, etc., sont-ils des apprêts de noces qui trompent les deux amants?

« Certes, quoi qu'en puisse dire un romancier, donnant à son héros amoureux tout ce qu'il voudra de bravoure, une telle tentation ne peut pas être forte, ni le piége bien dangereux. Tout ce qui peut arriver de plus heureux à Chactas et à Atala, est de se tirer de là sans être mordus des serpents à sonnettes ou dévorés des ours et des tigres. Je dirai même que, loin de croire qu'ils aient été exposés là à une bien pressante tentation, je ne comprends guère comment ils n'en sont pas sortis tous les deux perclus.

« Chactas fait un portrait du missionnaire fort intéressant, mais où se trouve encore cette malheureuse recherche, qui écarte toujours la vérité et au moins la clarté. « Son nez aquilin, dit-il, sa longue barbe, « avoient quelque chose de sublime dans leur quiétude, « et comme d'aspirant à la tombe par leur direction na- « turelle vers la terre.[1] » Qu'est-ce que *la quiétude d'un nez* et *la quiétude d'une barbe?* Qu'est-ce que le sublime de cette quiétude? Quel mérite est-ce à un nez et à une barbe d'aspirer à la tombe? Mais je me reproche ces observations, car la critique la plus sévère qu'on puisse faire d'un tel passage est de le rapporter.

(Page 53). « Chactas décrivant un pont naturel, tel que celui qui se trouve en Virginie, dit au jeune François qui l'écoute : « Ces hommes, mon fils, surtout « ceux de ton pays, imitent souvent la nature, mais leurs « copies sont toujours petites. Il n'en est pas ainsi de la « nature, quand elle se plaît à copier les ouvrages des « hommes ; alors elle jette des ponts du sommet d'une « montagne à une autre montagne, répand des fleuves

---

[1] Passage effacé.

« pour canaux, sculpte des monts pour colonnes, et
« pour bassins creuse des mers. »[1]

« Cette réflexion est fausse dans toutes ses parties. Les hommes, en faisant des ponts, n'ont pas pensé à imiter la nature, mais à passer les rivières, les torrents; et lorsqu'ils ont construit les aqueducs qui amenoient les eaux à l'ancienne Rome, et des ponts sur les fleuves les plus rapides, et le pont du Gard, etc., ils ont fait de grandes choses, des choses plus grandes que le pont naturel de Virginie, si l'on entend par grandeur autre chose que l'étendue de l'espace qu'elles occupent, et qu'on y fasse entrer tant d'autres éléments qui entrent dans l'idée raisonnable de la grandeur.

« Bien moins encore la nature a-t-elle imité les ouvrages des hommes; elle est avant l'homme, et ses ouvrages les plus grands ont devancé tous les travaux de l'industrie humaine. Cette idée de la nature est même contraire à celle que l'auteur veut donner de la grandeur, puisqu'il lui fait imiter les ouvrages des hommes, qu'il regarde comme petits et mesquins. Il la rapetisse beaucoup, en lui faisant répandre un fleuve pour faire un canal, et taillant des montagnes pour en faire des colonnes, si le canal de Languedoc et les colonnes antiques sont *de petites choses*.

« Les ondes répétoient la dentelure des bois et des
« rochers qui s'enchaînoient sur leurs rives. »[2]

« Voilà du genre descriptif, dans lequel l'auteur dit ailleurs qu'il croit pouvoir se dispenser d'être simple. Mais encore faut-il toujours être entendu. Et qui peut

---

[1] Passage modifié.   [2] Corrigé.

entendre *ce jargon?* N'est-on pas tenté de prier l'auteur de se *démétaphoriser,* comme fait dom Japhet pour être entendu du bailli?

« Me voici arrivé à une des parties les plus admirées dans le roman. Les discours du missionnaire à Atala mourante et au jeune sauvage désespéré, dans lesquels il y a en effet de belles choses, mais souvent gâtées, à mon avis, par l'inconvenance et l'invraisemblance qui les accompagnent.

« Le missionnaire commence par dire à Atala (page 70) qu'*elle perd peu de chose en perdant ce monde;* et comme elle perd son amant, qui est tout pour elle, elle ne peut ni entendre la morale du missionnaire ni y croire. Si elle l'entend, son premier sentiment doit être de trouver ce prêtre un homme bien dur.

« Malgré la solitude où vous avez vécu, vous avez
« connu les chagrins; et que penseriez-vous donc, si
« vous eussiez été témoin des maux de la société; si, en
« abordant aux rivages d'Europe, votre oreille eût été
« frappée du long cri de douleur qui s'élève de cette
« vieille terre, qui n'est que la cendre des morts pétrie
« des larmes des vivants? »

« Ce sont là des sentiments *misanthropiques et faux,* qu'on prête mal à propos à un homme en qui on suppose autant de raison que de vertu. Sur cette vieille terre, fleurissent les arts utiles et agréables, règnent des lois plus ou moins imparfaites, mais qui assurent la vie des hommes, leur liberté, leur propriété, au moins dans l'état ordinaire des choses. Là se trouvent beaucoup de jouissances douces pour un grand nombre d'hommes, tandis que ceux qui en ont le moins sont encore protégés mieux que les sauvages. Là se trouvent la religion et tous ses bienfaits, que le missionnaire ne peut méconnoître, et qui adoucissent les misères humaines, etc. Le missionnaire, en disant que l'Europe n'est que la cendre des morts pétrie des larmes des vivants, en donne donc à Atala une très fausse idée.

« La jeune fille ne peut-elle pas lui répondre aussi : Que me fait votre Europe, où je ne veux pas aller ? Nos déserts et mon amant me suffisent, et vous me donnez là une bien insuffisante consolation.

« Les reines, lui dit-il encore, ont été vues pleurant
« comme de simples femmes, et l'on s'est étonné de la
« quantité de larmes que contiennent les yeux des rois. »

La jeune fille sauvage de dix-huit ans, qui n'est jamais sortie de l'enceinte occupée par sa peuplade, ne peut avoir aucune idée *des rois et des reines qu'on a vus pleurant*, et de ce qu'il y a d'étonnant à leur voir verser des larmes ; encore moins peut-elle entendre la figure bizarre qu'emploie l'orateur, voulant faire mesurer la douleur des rois sur *la quantité de larmes que contiennent leurs yeux*. (!!!)

« *Est-ce votre amour que vous regrettez ?* — Eh! mon père, sans doute. — *Ma fille, il faudroit autant pleurer un songe.* — *Je suis votre servante* : les plaisirs que je goûte sont réels, et ne sont pas des songes.

« Mais voici qui *est pis* de la part du missionnaire :
« Connoissez-vous le cœur de l'homme, et pourriez-vous
« compter les inconstances de son désir ? Atala, un jour
« peut-être le dégoût fût venu avec la satiété, et l'on
« n'eût plus aperçu que les inconvénients d'une union
« pauvre et méprisée. »

« L'auteur oublie d'abord ici la situation des personnages qu'il met en scène. Ce discours semble adressé à une jeune paysanne que la mort empêche d'épouser le seigneur de son village : mais il n'y a point ici d'union mal assortie : Chactas est bon pour Atala, et Atala pour Chactas. Mais ce n'est pas tout : cette morale du missionnaire *est ridicule à prêcher à la pauvre fille,* dans le moment où elle se trouve. *Comment a-t-on le cœur* de lui annoncer, *sans en rien savoir,* que Chactas lui auroit été infidèle ? Comment, avec la passion qu'on lui prête, peut-elle le croire, ou même le craindre ? Et des prédictions auxquelles elle ne peut croire, ne peuvent être pour elle des motifs de consolation.

« L'exemple d'Adam et d'Ève, que le missionnaire allègue à Atala pour lui persuader qu'elle n'auroit pas été heureuse avec Chactas, est très mal choisi, *tant parce qu'il ne prouve rien* que parce qu'il n'est pas dit dans la Bible qu'Adam et Ève aient cessé de s'aimer.

« Je vous épargne les détails des soucis du ménage, les « reproches mutuels, les disputes et les peines secrètes qui « veillent sur l'oreiller du lit conjugal, les douleurs de « l'enfantement, la perte des enfants, etc. ; » ce sont là autant de lieux communs, fort insuffisants à calmer une douleur présente et vive. Et puis, comment la jeune sauvage peut-elle entendre le style emphatique du père Aubry, *les peines qui veillent sur l'oreiller du lit conjugal?*

« Le missionnaire termine l'énumération des peines de la vie, en exprimant un sentiment *vraiment révoltant.* « Si un homme, dit-il, revenoit à la lumière quelques « années après sa mort, je doute qu'il fût reçu avec joie,

« par ceux-là même qui ont versé le plus de larmes à son
« trépas : tant notre vie est peu de chose, même dans le
« cœur de nos amis! »

« On voit facilement que cette morale désolante, qui
ne croit ni à l'amour constant, ni à l'amitié sincère,
doit être étrangère à Atala ; qu'elle ne peut y croire,
ni par conséquent y trouver des motifs de consolation.

« Je dirai, à cette occasion, que les idées que l'auteur
prête à son missionnaire, de l'homme, de ses sentiments,
de ses passions, de la société civile, et en général de la
vie humaine, *me semblent teintes d'une sorte de fanatisme;* je ne dis pas d'un fanatisme intolérant et persécuteur (c'est fort heureux!), mais du même fanatisme
qui a rempli les déserts de solitaires arrachés aux travaux
et aux devoirs de la vie, et a enseveli dans les retraites
séparées du monde, tant de créatures qui en auroient
fait la force et l'ornement. Car, si la terre n'est, comme
il le dit, qu'*une vallée de larmes*, qu'*une cendre des
morts pétrie des larmes des vivants;* si l'on ne peut
croire ni à l'amour ni à l'amitié; s'il est beau à de jeunes
filles *de sacrifier leur beauté aux chefs-d'œuvre de la
pénitence;* s'il y a quelque mérite à *mutiler cette chair
révoltée dont les plaisirs ne sont que des douleurs*, ce
n'est pas la peine de naître, ce n'est *que* la peine de
vivre, ce n'est pas la peine pour les hommes de se
réunir en société : si ce n'est pas là du fanatisme, je
demande à l'auteur *de nous en donner sa définition.*

« Et il ne faut pas croire que ces maximes fausses et
exagérées soient échappées à l'auteur dans la chaleur de
la composition, en faisant parler son missionnaire. C'est
sciemment et avec réflexion qu'il les lui prête, pour ne

pas imiter *ceux qui, jusqu'à présent, ont mis les prêtres en action*, et qui en ont fait *des espèces de philosophes*, toutes les fois qu'ils n'en ont pas fait des *scélérats*.

« Comme on ne peut pas supposer que l'auteur ne connoît ni le *Las Casas des Incas*, ni le *curé de Mélanie* (et j'en pourrois citer quelques autres), il faut qu'il les regarde l'un et l'autre comme entachés de philosophie, et qu'ils ne soient pas assez religieux pour lui. Ce sont pourtant là deux beaux caractères, en qui l'homme le plus religieux, sans fanatisme comme sans impiété, ne désire rien et à qui il ne reproche rien. Pour l'intérêt de son plan et le succès durable de son ouvrage, l'auteur d'*Atala* eût bien fait de contenir son missionnaire dans les bornes que n'ont pas cru devoir passer les auteurs des *Incas* et de *Mélanie*. Il eût alors observé le précepte de saint Paul, *sapere ad sobrietatem*, fort nécessaire à suivre en traitant de telles matières, au temps où nous sommes. (*Mélanie* et les *Incas* à propos d'*Atala!*)

« L'inconvenance et l'invraisemblance ne sont pas moins marquées dans les discours du missionnaire, comme rapportés par Chactas, qui n'a pu ni les comprendre quand ils ont été tenus, ni s'en souvenir si long-temps après.

« Chactas n'a que vingt ans lorsqu'il est pris par les Muscoculges, et qu'il fuit avec Atala ; et pendant les trente mois qu'il a passés chez les Espagnols, à Saint-Augustin, où il lui a fallu d'abord apprendre la langue de ses maîtres, il a constamment refusé d'embrasser la religion chrétienne.

« Non seulement Chactas n'est pas chrétien à l'époque où il rencontre le missionnaire, mais il ne l'est pas encore cinquante-trois ans après, lorsqu'il raconte ses aventures à René, comme il le dit lui-même ; et, de plus, dans tout son récit il parle en idolâtre, comme lorsqu'il dit que les Natchez et les Espagnols furent vaincus, parce qu'Areskoui, le dieu de la guerre chez les sauvages américains, et les Manitous ne leur furent pas favorables, et lorsqu'il invoque les esprits du désert, etc.

« Observons enfin cette circonstance importante, qu'à l'époque où il fait son récit, il s'est écoulé cinquante-trois ans depuis la mort d'Atala.

« Cela posé, je demande comment Chactas, à l'âge de vingt ans, idolâtre et sauvage, a pu entendre un seul mot *des discours admirables que le missionnaire fait sur Dieu et sur le bonheur des justes*.

« Comment il a pu comprendre le langage mystique de la religion catholique dans la bouche du prêtre disant à Atala :

« Que les plaisirs de la chair révoltée ne sont que des
« douleurs ; que la couronne des vierges se prépare pour
« elle, et que la reine des anges l'appelle pour la faire
« asseoir sur un trône de candeur, parmi les filles qui
« ont sacrifié leur beauté aux chefs-d'œuvre de la péni-
« tence ; qu'elle est une rose mystique, et qu'elle va
« trouver dans le cercueil le lit nuptial où elle se réunira
« à Jésus-Christ. »

« Je demande comment Chactas, idolâtre et demeurant tel, a pu apercevoir que « toute l'humble grotte « étoit remplie de la grandeur d'un trépas chrétien, » et comprendre ce que c'est qu'un trépas chrétien ?

« Comment il a pu voir la grotte illuminée, entendre
« dans les airs les paroles des anges et les frémissements
« des harpes célestes, et voir Dieu lui-même sortir du
« flanc de la montagne? »

« Enfin, car il faut borner cette énumération que je pourrois étendre bien davantage, comment a-t-il pu observer, idolâtre et demeurant tel, « la langue d'Atala
« qui vient avec un profond respect chercher le Dieu
« que lui présentoit la main du prêtre? »

« Les conteurs doivent avoir bonne mémoire, s'ils veulent mettre d'accord toutes les parties de leur récit, et s'ils ne veulent pas que leurs caractères se démentent, ni qu'un fait soit en contradiction avec un autre fait.

« Ici il paroit que l'auteur, *dans le feu de la composition, a complétement oublié l'ignorance et l'idolâtrie de son jeune sauvage,* en lui faisant faire, par le missionnaire, tant de beaux discours, auxquels il n'a dû rien entendre, et qu'il n'a pu trouver ni beaux ni vrais s'il les a compris.

« Mais il y a une autre invraisemblance non moins choquante, c'est de faire rapporter fidèlement par Chactas des discours qu'il a entendus cinquante-trois ans auparavant, et qu'il n'a pas dû comprendre au moment où il les a entendus; *car il est, certes, bien impossible de se souvenir, au bout de cinquante-trois ans,* d'un discours qu'on n'a pas compris lorsqu'il a été tenu.

« On peut tenter d'écarter ces reproches d'invraisemblance, en disant que le sauvage qui raconte à soixante-treize ans ce qui lui est arrivé à vingt, peint les circonstances de la mort d'Atala, et rend les discours du missionnaire d'après les idées et les connoissances qu'il a acquises depuis, « en conversant avec tous les grands « hommes du siècle de Louis XIV, et en assistant aux « tragédies de Racine et aux oraisons funèbres de Bos-« suet. »

« Mais d'abord cette excuse ne peut être employée par l'auteur, qui nous donne Chactas, à l'époque où il fait son récit, comme n'étant pas encore chrétien, et qui ne peut par conséquent lui faire dire qu'il *a vu Dieu et entendu la voix des anges,* etc. En second lieu, même en supposant Chactas, à l'époque de son récit, très bon chrétien, et familiarisé avec la langue mystique des dévots, il est contre toute convenance, en lui faisant raconter la mort d'Atala, de le faire parler d'après des opinions qui n'étoient pas *alors* les siennes, et de lui faire employer un langage qu'*alors* il ne pouvoit pas entendre. Il ne peut et ne doit peindre ce spectacle qu'avec les couleurs sous lesquelles il l'a vu, lorsqu'il ignoroit encore qu'*il y avoit pour les vierges une couronne et un trône de candeur, et qu'elles seront les épouses de Jésus-Christ,* etc.

« Il peut bien dire qu'il vit donner à Atala, par le prêtre, une hostie blanche comme la neige (quoique cette grande blancheur n'ait rien de pathétique), mais il ne peut pas dire « qu'il vit *alors* Dieu sortir des flancs « de la montagne, et la langue d'Atala s'avancer, avec « un profond respect, pour chercher le Dieu, etc. ».

« Enfin, on voit par cet endroit que l'auteur ne s'est *pas donné la peine ou le temps de mettre dans son petit ouvrage l'ensemble si nécessaire à toute espèce de composition*, et de pratiquer le précepte d'Horace : *Ponere totum.*

(Page 75). « Le flambeau de la religion à la main, « le missionnaire sembloit précéder Atala dans la tombe « pour en montrer les secrètes merveilles, et toute « l'humble grotte étoit remplie de la grandeur d'un « trépas chrétien. »

« J'ai déja remarqué que le sauvage idolâtre ne peut entendre ni dire un mot de tout cela. *Mais je demande ici ce que la tombe a de merveilleux.* Ce que la religion nous enseigne de l'autre vie est admirable sans doute, mais ces merveilles ne sont pas dans la tombe.

« On n'entend pas mieux, et le sauvage doit comprendre encore moins que nous, ce que c'est que *la grandeur d'un trépas chrétien*. On diroit fort bien, en style religieux, *la beauté d'une mort chrétienne,* mais jamais *sa grandeur*. Un chrétien mourant implore la miséricorde de Dieu, se résigne à sa volonté, espère les biens éternels, mais dans tout cela *il n'y a rien de grand pour celui qui ne veut employer que les mots propres.*

(Page 76). « Atala mourante demande pardon à Chactas des maux qu'elle lui a causés : « Je vous ai, « dit-elle, beaucoup tourmenté par mon orgueil et mes « caprices. »

« L'auteur oublie là, et le caractère qu'il a donné à la jeune sauvage, et la peinture qu'il a faite de son dévouement à Chactas, et la vie qu'ils ont menée l'un et l'autre, et enfin la courte durée du temps qu'ils ont passé ensemble, et qui n'est que de trente et quelques jours. Où? quand? comment? à quelle occasion? par quels moyens a-t-elle pu tourmenter Chactas *de son orgueil et de ses caprices? C'est là la confession d'une coquette très civilisée;* et quand la pauvre fille eût eu ces belles dispositions, elle n'a eu ni l'occasion ni le temps de s'y livrer.

(Page 79.) « Pour te peindre aujourd'hui le déses- « poir qui saisit mon cœur, lorsqu'Atala eut rendu le « dernier soupir, il faudroit que mes yeux fermés pus- « sent se rouvrir au soleil, pour lui demander compte « des pleurs qu'ils versèrent à sa lumière. »

« *Ceci ne s'entend point.* Comment Chactas pourra-t-il peindre mieux son désespoir lorsqu'il *aura demandé compte au soleil* des larmes qu'il a versées avant qu'il fût aveugle? Que ce compte lui soit rendu ou non, son désespoir sera toujours au-dessus de l'expression : c'est ce qu'il veut dire, et ce qu'il pourroit dire plus simplement, ou du moins plus intelligiblement.

(Page 82). « Le missionnaire et Chactas veillent auprès du corps d'Atala. « La lune prête son pâle flambeau « à cette veillée funèbre. Elle se lève, au milieu de la « nuit, comme une blanche vestale qui vient pleurer sur « le cercueil d'une compagne. Elle répand dans les bois « le grand secret de mélancolie qu'elle aime à raconter « aux vieux chênes et aux rivages antiques des mers. »

« Les vestales viennent là fort mal à propos, ce n'est pas là le langage de la douleur. Ce ne peut être celui du personnage qu'on met en scène, et qui ne peut pas penser aux vestales, ni même à la lune, en peignant une situation aussi déchirante. *C'est là de la prose poétique* qui montre l'auteur à découvert, et non un discours dramatique approprié au personnage.

« *Je demande aussi ce que c'est* que *le grand secret de mélancolie* que la lune raconte aux chênes. Un homme de sens, en lisant cette phrase recherchée et contournée, en reçoit-il quelques idées nettes? Delille, Saint-Lambert, Lemierre, Malfilâtre, ont fait de la nuit des descriptions pleines de charmes, qui nous font éprouver cette douce mélancolie qu'inspire et nourrit l'aspect de l'astre de la nuit poursuivant son cours paisible sur un ciel pur; mais aucun n'a dit que cette mélancolie étoit un secret, et si la lune le raconte, *comment est-ce un secret,* et comment le raconte-t-elle aux vieux chênes et aux antiques rivages des mers, plutôt qu'aux vallées profondes, aux montagnes et aux fleuves?

(Même page). « Chactas raconte que le missionnaire veillant auprès du corps mort d'Atala, plongeoit de temps en temps un rameau fleuri dans une onde consacrée, et puis, secouant la branche humide, parfumoit la nuit des baumes du ciel.

« Quel langage dans la bouche d'un homme au désespoir !

« Quelle recherche pour dire que le prêtre *aspergeoit d'eau bénite la chambre et le corps gisant.* Il ne faut pas tenter d'agrandir au moins par-delà de certaines mesures, de petits objets. Les dénominations de *parfum* et de *baume du ciel* ne peuvent être données *à un peu d'eau commune et salée,* qui n'a ni baume ni parfum. On voit, d'ailleurs, combien cette forme est éloignée de l'*extrême simplicité* que l'auteur nous assure qu'il a recherchée dans le style. Enfin, comment Chactas, idolâtre à l'époque où l'événement qu'il raconte s'est passé, et même encore au moment où il le raconte, a-t-il pu ou peut-il voir dans l'eau bénite *les parfums du ciel?*

(Page 84). « Le missionnaire et Chactas enterrent

Atala : « Je répandis, dit Chactas, la terre antique sur « un front de dix-huit printemps.[1] »

« En écrivant de telles choses, ou en les admirant, on ne se met pas assurément à la place de celui qu'on fait parler. Quelle froide antithèse que celle de *la terre antique* avec *le front de dix-huit printemps*! Quelle recherche dans les expressions d'un homme désolé! Je prie les lecteurs de se figurer Chactas sanglotant ces paroles : *Je répandis la terre antique sur un front de dix-huit printemps.*

(Page 84). « Croyez-moi, mon fils, dit le mission- « naire, les douleurs ne sont point éternelles, parce que « le cœur de l'homme est fini, et c'est une de nos grandes « misères, que nous ne sommes pas même capables d'être « long-temps malheureux. »

« *Ce n'est là qu'un paradoxe que ne soutient pas l'examen.* Il est évident, au contraire, que l'être qui ne peut pas être long-temps malheureux, en est par cela même moins misérable, puisque la durée de la souffrance est, sans doute, un des éléments qui se combinent avec son intensité pour composer le malheur.

« Il est vrai, comme l'ont éprouvé tous ceux qui ont ressenti de grandes douleurs, qu'au moment où l'ame en est le plus cruellement navrée, la pensée qu'on lui présente, ou qui se présente quelquefois d'elle-même, qu'on se consolera quelque jour de la perte d'une épouse adorée, d'un enfant chéri, d'un tendre ami, est très douloureuse et contribue un moment à accroître nos regrets. Mais ce n'est là qu'une peine fugitive, et une

---

[1] Passage modifié.

exagération de notre douleur même : la raison ne nous en montre pas moins, comme un bienfait de la nature, l'organisation de l'homme qui le rend incapable de nourrir une douleur éternelle. C'est donc s'exprimer sans justesse et sans vérité, que de dire que nous sommes d'autant plus malheureux, que notre malheur ou le sentiment de notre malheur est moins durable, ce qui équivaut à dire que nous sommes d'autant plus malheureux que nous le sommes moins.

« Je ne pousserai pas plus loin ces observations de détail, *que j'aurois pu aisément grossir du double,* et qui sont DÉJA TROP NOMBREUSES. . . . .
. . . .

« Il me reste à m'excuser auprès des admirateurs d'*Atala* et de l'auteur lui-même, de la sévérité avec laquelle je l'ai critiqué, car je conviens que ma critique *est sévère.* Mais il se plaint lui-même de la décadence du goût; il dit que tout est perverti en littérature. Eh bien! c'est pour retarder les progrès du mal que j'ai pris la plume; je proteste n'avoir aucun autre motif.

« Je souscris volontiers aux éloges que donne à *Atala* le citoyen Fontanes, qui y trouve l'empreinte d'un talent original, la profondeur et le charme des sentiments, la naïveté des mœurs, l'élévation des pensées et la beauté de la morale. (*Mercure n° XX.*)

« Mais je n'en crois que plus nécessaire de relever les défauts d'un ouvrage que les éloges qu'on en fait présentent comme un modèle à l'admiration de nos jeunes écrivains, qui peuvent être tentés d'en critiquer les défauts mêmes. Car si cette foule d'auteurs, qui n'auront ni l'originalité, ni la profondeur, ni la naïveté, ni l'élévation qu'on trouve dans *Atala*, peut s'abandonner impunément aux excès du style figuré, négliger la justesse, la clarté, la vérité, le naturel, l'ensemble des parties, etc. : je demande ce que deviendront le goût et la langue, et la littérature françoise? Et l'on voit bien que, pour opposer une digue à ce débordement, il faut s'en prendre à un ouvrage qui ait quelque mérite : car, qui auroit le courage de critiquer tant de chétives productions qui naissent et meurent ignorées, et dont la critique partageroit le sort?

« Je prévois cependant que les amis de l'auteur d'*Atala* et lui-même diront peut-être que je suis un de ces philosophes qui ne gardent point de mesures envers lui, *parce qu'ils se figurent que, dans son grand ouvrage*, le Génie du Christianisme, *ou les beautés poétiques et morales du christianisme, il dira beaucoup de mal de la révolution et des philosophes.*

« Je ne prends point fait et cause pour les philosophes qui pourront entrer en guerre avec l'auteur du *Génie du Christianisme*. Quand son ouvrage aura paru, le public jugera si la révolution et les philosophes y sont traités avec justice.

« Mais je ne vois pas trop, au moins sur le titre de l'ouvrage, pourquoi les philosophes, en étendant ce mot au sens défavorable auquel il paroit l'employer, l'attaqueront et ne garderont pas de mesure avec lui.

« Il a pour objet de développer les beautés poétiques et morales du christianisme. Quant aux beautés poétiques, il me semble qu'il ne doit pas trouver ces philosophes en son chemin. Ce n'est pas de beauté poétique, mais de vérité qu'il s'agit entre ces philosophes et les hommes religieux (puisqu'il est convenu que ces deux classes d'hommes sont en opposition). *Diderot s'extasioit à la vue d'un capucin, et s'écrioit : La belle chose que cette barbe et ce vêtement!* Il croyoit aux beautés poétiques du christianisme, en le regardant comme une belle fiction.

« Quant à moi, je crois, comme l'auteur, aux beautés poétiques de la religion chrétienne, *sans penser qu'à cet égard elle ait autant d'avantages que la religion païenne*. Mais ce que je crois, et ce qui est beaucoup plus important, c'est que ses beautés morales l'emportent incontestablement sur celles de toutes les autres religions.

« Que l'auteur d'*Atala* traite ce sujet *avec le talent dont il est doué,* et plus de sagesse et de simplicité dans le style qu'il n'en a mis dans son roman; qu'il peigne avec éloquence le mal qu'ont fait à la nation et par là même au genre humain, les tyrans insensés qui ont détruit dans l'esprit du peuple tous les sentiments religieux, base antique de sa morale; qu'il poursuive de son indignation l'insolence de quelques misérables qui, magistrats du peuple, ont osé dire à une nation de trente millions d'hommes : Vous avez des opinions religieuses et un culte, vous abandonnerez ce culte et cette religion ; nous profanerons vos autels, nous renverserons vos temples, nous égorgerons vos prêtres, et qui ont mis presque sans obstacle à exécution ces horribles projets; qu'il exécute ce plan, et j'applaudirai à ses efforts avec autant d'intérêt et de chaleur qu'en pourra montrer aucun admirateur d'*Atala*.

« Telle est ma profession de foi, qui doit, je pense,

détourner l'auteur de me compter au nombre des philosophes qui écriront contre lui par esprit de parti, et qui ne garderont avec lui aucune mesure. *Je ne crois pas avoir passé celles qu'une critique honnête permet.* C'est pour les intérêts du goût que j'ai relevé les fautes que j'ai cru apercevoir dans son ouvrage, et pour en garantir, s'il est possible, et lui-même à l'avenir, et ceux qui seroient tentés de l'imiter dans ses défauts, sans avoir le talent qui les fait pardonner. »

Et voilà comment l'abbé Morellet a parlé d'*Atala*. Quelle pitié, grands dieux !

Or, maintenant voulez-vous avoir une idée plus incroyable encore des excès de cette banale, envieuse et stupide critique dont je vous parlois tout à l'heure? Voulez-vous un triste et déplorable exemple des lâchetés de tout genre auxquelles M. de Chateaubriand fut exposé? Voulez-vous avoir le dernier mot de ce venin littéraire que les plus lâches s'en vont jetant sans cesse sur les plus ingénieux et les plus illustres ? Prenez votre courage à deux mains! L'abbé Morellet est un honnête critique, si vous le comparez à Marie Chénier. Vous allez lire une diatribe incroyable qui eut dans son temps le plus grand succès parmi cette nation policée qu'on appelle *la France*. Ce *morceau* est sorti tout envenimé de la plume et de la tête d'un de ces hommes à qui l'empire s'étoit amusé à faire une réputation de génie, Jean-Marie-Joseph Chénier! Ce Jean-Marie-Joseph Chénier, poète médiocre, écrivain du troisième ordre, grand faiseur de mélodrames en vers, avoit été jaloux bien vite du grand nom de Chateaubriand. Il avoit compris tout

de suite (l'envie est si indulgente!) que ce poète, qui
jetoit dès l'abord un si grand éclat, seroit le maitre de
son époque, le maitre du monde. M. de Chateaubriand
pesoit donc sur l'ame de Chénier de tout le poids de sa
gloire présente et de tout le poids de sa gloire à venir.
Jean-Marie Chénier frémissoit de rage à la vue de toutes
les nobles larmes que faisoit couler *Atala*. Il résolut
donc de s'en venger, et voilà la pièce assurément très
curieuse qu'il osa lire tout haut, un beau jour, au Lycée,
dans la chaire de M. De Laharpe, cette même chaire
du haut de laquelle fut récité le *Cours de Littérature*.
Encore une fois, en répétant de pareilles critiques, nous
ne faisons que justice. Il est bon que ces grands méfaits
littéraires aient aussi leur éternité.

TABLEAU HISTORIQUE

DE L'ÉTAT ET DES PROGRÈS DE LA LITTÉRATURE FRANÇOISE,
DEPUIS 1789; PAR M.-J. CHÉNIER.

« Le petit roman d'*Atala*, par M. de Chateaubriand,
est du commencement de ce siècle : il a fait du bruit; il
est singulier pour la conception, pour la marche et pour
le style ; il exige un article détaillé. Un sauvage américain de la nation des Natchez a quitté son pays pour
venir en France. Après avoir été *galérien à Marseille*
il s'est transporté *à la cour de Louis XIV, il y a vu les
tragédies de Racine, il a été l'hôte de Fénelon*. De
retour en Amérique il y vieillit tranquille, et c'est à
l'âge de soixante-treize ans qu'il raconte cette aventure
de sa jeunesse à René l'européen, qui vient s'établir

chez les sauvages. Or, voici cette aventure en substance. Chactas, *fils d'Outalissi, fils de Miscou,* étant pris par Simaghan, *chef des Muscogulgues et des Seminoles,* est reconnu pour Natchez. Simaghan lui dit : *Réjouis-toi, tu seras brûlé au grand village;* à quoi il répond : *Voilà qui va bien.* Son âge et sa figure intéressent les femmes; elles lui apportent *de la sagamité, des jambons d'ours et des peaux de castor.* Il distingue une jeune chrétienne, qu'il prend d'abord pour *la vierge des dernières amours.* Il sait bientôt que c'est Atala, *fille de Simaghan aux bracelets d'or. Nous nous rendons,* lui dit-elle, *à Apalachucla, où tu seras brûlé.* Elle revient lui parler tous les soirs : elle étoit dans son cœur *comme le souvenir de la couche de ses pères.* Au temps où *l'éphémère sort des eaux, lorsqu'on entroit sur la grande savane,* Atala trouve moyen d'être seule avec le prisonnier; mais, par une étrange contradiction, Chactas, *qui désiroit tant de dire les choses du mystère à celle qu'il aimoit déja comme le soleil,* voudroit maintenant *se jeter au crocodile de la fontaine,* plutôt que de rester seul avec elle. *La fille du désert* n'étoit pas moins *troublée* que lui, *car les génies de l'amour avoient dérobé les paroles* de Chactas et d'Atala. Chactas hésite à fuir, attendu qu'il *est sans patrie et qu'aucun ami ne mettra un peu d'herbe sur son corps pour le garantir des mouches.* Atala devient fort tendre; mais elle est bientôt plus sévère. Chactas *désespéré* lui déclare qu'il ne fuira point, et *qu'elle le verra dans le cadre de feu.* A cette menace, Atala veut, à son tour, se jeter *aux crocodiles de la fontaine;* elle s'en abstient, toutefois. Le lendemain, *la fille du pays des palmiers* conduit Chactas dans une forêt, où il contraint *cette biche altérée d'errer avec lui*, pendant que *le génie des airs secoue sa chevelure bleue embaumée de la senteur des pins.* Déja Chactas emportoit Atala *au fond de toutes les forêts ; rien ne pouvoit la sauver qu'un miracle*, et ce miracle fut fait ; elle dit un *Ave Maria :* des guerriers reprennent Chactas. Atala dédaigne de leur parler ; *car elle ressembloit à une reine pour l'orgueil de la démarche et de la pensée.* Cinq nuits s'écoulent : enfin, l'on aperçoit *Apalachucla*, situé aux bords de la rivière *Chataochi*. On pare Chactas pour le sacrifice ; *on lui met à la main un chinchikoué :* le conseil s'assemble, et décide, malgré les réclamations de quelques femmes, que Chactas sera brûlé conformément à l'ancien usage. Des jeux funèbres sont célébrés. *Le jongleur invoque Michoblan*, et raconte entre autres belles choses, *les guerres du grand Lièvre contre Matchinumitou*, génie du mal. Cependant, le supplice de Chactas est remis au lendemain ; mais durant la nuit *une grande figure blanche* rompt les liens du captif ; un des soldats croit voir *l'esprit des ruines*, c'est Atala ; Chactas fuit avec sa libératrice, *qui lui brode des mocassins de peau de rat musqué avec des poils de porc-épic.* Elle lui apprend de plus que sa mère étant mariée à Simaghan lui dit : *Mon ventre a conçu, j'ai connu un homme de la chair blanche :* à quoi Simaghan, qui est très *magnanime*, répondit : *Puisque tu as été sincère, je ne te couperai pas le nez et les oreilles.* Or, un homme de la chair blanche se nommoit Lopez : c'est le père d'Atala : c'est aussi le père de Chactas. Tous deux se félicitent d'être frère et sœur : Chactas n'en est que plus ardent ; la chrétienne et pieuse Atala, loin d'être effarouchée de ce changement d'état, *n'opposoit plus qu'une foible résistance;* mais un orage survient à propos, et les amants sont rencontrés par le père Aubry et son chien. Ce père Aubry est un missionnaire qui habite au milieu de quelques sauvages convertis par ses prédications. Il est le *chef de la prière,* il est aussi *l'homme des anciens jours,* il est de plus le *vieux génie de la montagne;* il est encore le *serviteur du grand esprit;* il n'en est pas moins *l'homme du rocher.* Il emmène chez lui Chactas et Atala, leur donne à souper, à coucher; et le lendemain leur dit la messe : de quoi Chactas est fort ému, quoiqu'il juge à propos de rester païen. Quelques jours s'écoulent à peine lorsqu'il survient une catastrophe assurément très imprévue. Atala, d'après un ancien vœu de sa mère, se croit condamnée à rester vierge; en conséquence, elle s'empoisonne. Le père Aubry eût tout arrangé s'il eût été informé à temps, comme il a soin de l'observer lui-même. Faute de cette précaution, il ne peut que confesser Atala mourante, *qui voit avec joie sa virginité dévorer sa vie.* Elle regrette pourtant de n'être point à Chactas. Quelquefois j'aurois voulu, lui dit-elle, *que la Divinité se fût anéantie pourvu que, serrée dans tes bras, j'eusse roulé d'abîme en abîme avec les débris de Dieu et du monde.* Le récit des funérailles vient ensuite; enfin, l'auteur se met lui-même en scène, dans ce qu'il nomme un épilogue. Il trouve cette histoire parfaitement belle; car le *Seminole* qui la lui conta *y mit la fleur du désert et la grace de la cabane.* Il est temps de s'arrêter; nous ne voulons pas déterminer avec une justesse rigoureuse le genre d'imagination dont cet ouvrage offre les symptômes ; mais nous avons peine à concevoir ce qu'il peut y avoir de moral dans un amour charnel et sauvage, auquel la religion vient mêler des sacrements très graves, dont le mariage ne fait point partie ; quel intérêt peut résulter d'une fable incohérente où des événements qui restent vulgaires, en dépit des formes les plus bizarres, ne sont amenés, ni motivés, ni liés entre eux, ni suspendus par aucun obstacle. Quant aux détails, on y sent l'affectation marquée d'imiter l'auteur de *Paul et Virginie* ; mais, pour lui ressembler, il faudroit, comme lui, décrire et peindre. Des noms accumulés de fleuves, d'animaux, d'arbres, de plantes, ne sont pas des descriptions ; des couleurs jetées pêle mêle ne forment pas des tableaux. M. de Chateaubriand suit la poétique extraordinaire qu'il a développée dans son *Génie du Christianisme*. Un jour, sans doute, on pourra juger ses compositions et son style d'après les principes de cette poétique nouvelle, qui ne sauroit manquer d'être adoptée en France du moment qu'on y sera convenu d'oublier complétement la langue et les ouvrages des classiques. » [1]

---

[1] Que dites-vous de cette diatribe, et de la foule éclairée à laquelle s'adressoit cet illustre Marie Chénier?

Ceci ne vous rappelle-t-il pas les jolis vers de madame Deshoulières sur la *Phèdre* de Racine? et encore sommes-nous forcé d'en retrancher la moitié, par respect pour nos lecteurs :

> Dans un fauteuil doré, Phèdre tremblante et blême
> Dit des vers où d'abord personne n'entend rien ;
> Sa nourrice lui fait un sermon fort chrétien
> Contre l'affreux dessein d'attenter sur soi-même.
> ....
> Il meurt enfin, traîné par ses coursiers ingrats ;

La plume me tombe des mains! Voilà donc où en étoit alors la critique de notre pays? Au reste, M. de Chateaubriand s'est noblement vengé de cette diatribe sans nom et sans forme. Par un de ces hasards providentiels qui arrivent toujours dans la vie des hommes illustres, M. de Chateaubriand, arrivé à toute sa gloire littéraire, entroit à l'Académie Françoise, où il remplaçoit, devinez qui? Ce même Jean-Marie-Joseph Chénier, le critique d'*Atala* et du *Génie du Christianisme*. Dans son discours de réception, qui est peut-être un des chefs-d'œuvre les plus étonnants qui soient sortis de cette illustre plume, et qui faisoit déja présager les grands discours de la Chambre des Pairs, M. de Chateaubriand a passé sous silence l'injure de Chénier; il la protégea de son mépris; c'est que, lui aussi, en passant la main sur sa gloire, *il ne s'étoit pas senti blessé.*

Dans le même temps qu'il faisoit ainsi justice de ces

> Et Phèdre, après avoir pris de la mort aux rats,
> Vient, en se confessant, mourir sur le théâtre.

Parleroit-on autrement de la *Phèdre* de Pradon?

Il est vrai que Boileau venoit ensuite, qui consoloit Racine dans ces beaux vers qui conviennent si parfaitement à M. de Chateaubriand :

> Que peut contre tes vers une ignorance vaine?
> Le Parnasse françois ennobli par ta veine,
> Contre tous ces complots saura te maintenir
> Et soulever pour toi l'équitable avenir.
> Eh! qui voyant un jour la douleur vertueuse
> De Phèdre, malgré soi, perfide, incestueuse,
> D'un si noble travail justement étonné
> Ne bénira d'abord le siècle fortuné,
> Qui, rendu plus fameux par tes pompeuses veilles,
> Vit naître sous ta main ces pompeuses merveilles?

blasphémateurs obscurs, en poursuivant sa carrière, M. de Chateaubriand donnoit une légitime récompense à Dussaulx son premier critique. Dussaulx mort, M. de Chateaubriand faisoit l'oraison funèbre de cet homme d'un bon sens si solide et si sûr : « En relisant les *An-*« *nales littéraires* (c'est le titre du livre de M. Dussaulx), « dit M. de Chateaubriand, nous nous sommes souvenu « du temps où nous combattions nous-même en faveur « de la monarchie, avec les seules armes qui nous « étoient alors permises, où nous cherchions à réveiller « la religion dans le cœur des François, pour leur faire « jeter un regard sur le passé, pour les disposer à s'at-« tendrir sur les cendres de leurs pères, pour leur rap-« peler qu'il restoit encore des rejetons de ces rois sous « lesquels la France avoit joui de tant de bonheur et de « tant de gloire. L'auteur des *Annales* annonça ces « ouvrages, fruits du malheur plutôt que du talent. En « relisant ce qu'il voulut bien dire de nous, en nous « reportant à ces jours de jeunesse, d'amitié et d'étude, « nous nous surprenons à les regretter. Nous en étions « à l'espérance ! »

Et puisqu'il nous est permis, à propos de la critique contemporaine, de citer M. de Chateaubriand lui-même, il est facile de retrouver dans ces belles pages si honorables à la mémoire du célèbre critique Dussaulx, l'impression que ses premiers débuts littéraires ont laissée à son insu dans la grande ame de M. de Chateaubriand. En même temps ce sont là d'admirables conseils à donner aux jeunes critiques de notre temps : puissent-ils en profiter !

« Une censure, fût-elle excellente, manque son but

« si elle est trop rude : en voulant corriger l'auteur,
« elle le révolte, et, par cela même, elle le confirme
« dans ses défauts ou le décourage ; véritable malheur
« si l'auteur a du talent..... Bossuet fut, dans sa jeu-
« nesse, un des beaux-esprits de l'hôtel de Rambouillet :
« si la critique, trop choquée de quelques phrases bi-
« zarres, eût harcelé un homme aussi ardent que l'évêque
« de Meaux, croit-on qu'elle l'eût corrigé ? Non, sans
« doute. Mais ce génie impétueux ne trouvant d'abord
« que bienveillance et admiration, se soumit comme
« de lui-même, à cette raison qu'amènent les années. Il
« s'épura par degrés, et ne tarda pas à paroître.....
« Une critique trop rigoureuse peut encore nuire d'une
« autre manière à un écrivain original. Il y a des dé-
« fauts qui sont inhérents à des beautés, et qui forment,
« pour ainsi dire, la nature et la constitution de cer-
« tains esprits. Vous obstinez-vous à faire disparoître les
« uns, vous détruirez les autres. Otez à La Fontaine ses
« incorrections, il perdra une partie de sa naïveté ;
« rendez le style de Corneille moins familier, il devien-
« dra moins sublime. Cela ne veut pas dire qu'il faille
« être incorrect et sans élégance ; cela veut dire que,
« dans les talents du premier ordre, l'incorrection, la
« familiarité ou tout autre défaut, peuvent tenir, par
« des combinaisons inexplicables, à des qualités émi-
« nentes : *Quand je vois,* dit Montaigne, *ces braves*
« *formes forcées de s'expliquer, si vives, si profondes,*
« *je ne dis pas que c'est bien dire, je dis que c'est bien*
« *penser*. Rubens, poussé par la critique, voulut, dans
« quelques uns de ses tableaux, dessiner plus savam-
« ment ; que lui arriva-t-il ? Une chose remarquable :

« il n'atteignit pas la pureté du dessin, et il perdit l'éclat
« de la couleur.

« Ainsi donc, indulgence ou critique circonspecte
« pour les *vrais* talents aussitôt qu'ils sont reconnus.
« Cette indulgence est d'ailleurs un foible dédommage-
« ment des chagrins semés dans la carrière des lettres.
« Un auteur ne jouit pas plus tôt de cette renommée,
« objet de ses vœux, qu'elle lui paroît aussi vide qu'elle
« l'est en effet pour le bonheur de la vie. Pourra-t-elle
« le consoler du repos qu'elle lui enlève? Parviendra-t-il
« même à savoir jamais si cette renommée tient à l'es-
« prit de parti, à des circonstances particulières, ou si
« c'est une véritable gloire fondée sur des titres réels?
« Tant de méchants livres ont eu une vogue si prodi-
« gieuse! Quel prix peut-on attacher à une célébrité que
« l'on partage souvent avec une foule d'hommes mé-
« diocres ou déshonorés? Joignez à cela les peines se-
« crètes dont les Muses se plaisent à affliger ceux qui
« se vouent à leur culte, la perte des loisirs, le déran-
« gement de la santé. Qui voudroit se charger de tant
« de maux pour des avantages qu'on n'est pas sûr d'ob-
« tenir, qu'on vous conteste du moins pendant votre
« vie, et que la postérité ne confirmera peut-être pas
« après votre mort? Car, quel que soit l'éclat d'un succès,
« il ne peut jamais vous donner la certitude de votre
« talent; il n'y a que la durée de ce succès qui vous
« révèle ce que vous êtes. Mais, autre misère! le temps
« qui tue l'ouvrage fait vivre l'auteur, et l'on meurt
« avant de savoir qu'on est immortel! »

Voilà ce qui s'appelle de la critique! Voilà comment
les grands génies savent prendre tous les tons et descen-

dre à tous les langages! Au reste, ces passages-là sont d'autant plus curieux qu'ils sont à peu près toute l'histoire des commencements littéraires de M. de Chateaubriand. Qui savoit mieux que lui ce que c'est qu'une *critique trop rude!* Qui, plus que lui, a pu regretter ces beaux commencements de Bossuet, *qui ne trouva d'abord que bienveillance et admiration?* En même temps, n'avez-vous pas remarqué comment, à propos de la naïveté de La Fontaine et du style familier de Corneille, l'auteur d'*Atala* se rappelle, sans le vouloir peut-être, ce que disoit M. Dussaulx de la *recherche* de ce passage d'*Atala!* A quoi bon faire des commentaires sur les œuvres de M. de Chateaubriand? ces commentaires sont tout faits dans ses œuvres, il ne s'agit que de savoir les y chercher.

Cependant revenons à *Atala*. Après avoir soulevé à son passage des flots d'admirateurs et de critiques, après avoir enfanté plus de cent volumes d'injures et de louanges, le chef-d'œuvre, sans s'inquiéter de la louange ou du blâme des hommes, a marché tout droit son chemin à la manière des chefs-d'œuvre; toute l'Europe a battu des mains à la venue d'*Atala*; toute l'Europe a versé de douces larmes. Le monde alors étoit en guerre, et quand les soldats suspendoient leurs batailles, ils lisoient *Atala*. Chaque trêve nouvelle étoit employée à parler de l'œuvre nouvelle. *Atala* fut traduite dans toutes les langues de l'Europe, dans les langues savantes et dans celles qui ne l'étoient pas; dans les langues vraiment littéraires et dans les langues naissantes ou renaissantes. C'est ainsi que M. de Chateaubriand, voyageur aux ruines d'Athènes, trouva entre les mains d'un caloyer une traduction d'*Atala* en grec moderne, ce faible patois de la langue de Platon et d'Homère ; bien plus, il y eut une *Atala* hollandoise ; le Portugal traduisit *Atala*, et depuis *les Lusiades* jamais la langue qu'avoit créée le Camoëns n'avoit servi à un emploi plus magnifique. La Pologne, si françoise par ses mœurs et surtout par sa langue, a fait elle-même une traduction d'*Atala*, afin sans doute que le dernier serf du royaume pût apprendre cette touchante et mélancolique histoire du christianisme dans le désert. La Russie, à son tour, l'empire de Pierre-le-Grand et de Catherine II, s'exerça à faire passer dans son idiome presque oriental la prose du poète françois. L'*Atala* suédoise suivit de bien près l'*Atala* russe, et enfin, qui le croiroit? il y eut d'*Atala* une traduction hongroise : ainsi les langues sans littérature se firent littéraires tout d'un coup, pour faire honneur à l'*Atala* de M. de Chateaubriand.

Les poètes eux-mêmes, étonnés de cette prose qui laissoit bien loin derrière elle toute poésie contemporaine, s'exercèrent bientôt à traduire en vers ce grand style aux mille formes et aux mille couleurs. Saint-Victor, dans un poëme à bon droit estimé ; M. Delille, ce grand poète ; Millevoye, ce charmant élégiaque, surpris, charmés et inquiétés malgré eux à la venue de cette belle langue, s'efforcèrent d'en faire passer quelque chose dans leurs vers. Tentative hardie que le succès ne devoit pas couronner. Comment, en effet, M. Saint-Victor ne savoit-il pas que la bonne poésie est de son essence une et indivisible comme tout ce qui est éternel? Comment cet infortuné Millevoye n'a-t-il pas vu que l'imitation tue la poésie, et comment M. Delille a-t-il pu jamais penser qu'il arracheroit aussi facilement à M. de Chateaubriand ses périodes, qu'il avoit arraché ses vers à Virgile et à Milton?

Voici, au reste, pour compléter toutes ces recherches sur *Atala*, quelques unes de ces imitations poétiques, qui, tout habiles qu'elles sont, ne serviront que mieux à vous faire admirer le texte original :

ATALA.

PROLOGUE.

IMITATION PAR SAINT-VICTOR (*Génie du Poète*).

Livre aux vents alisés ton rapide vaisseau
Sur les fertiles bords d'un monde encor nouveau;
Dès qu'ils auront poussé tes voiles frémissantes,
Descends, et, traversant ces villes florissantes,
Où sur des monceaux d'or l'Européen assis
Vend ce sol étranger que ses arts ont conquis;
Avide observateur, va, dans la solitude,
De la nature alors faire ta seule étude;
Visite la Floride et ses champs fortunés :
Dans ces riches déserts que ses mains ont ornés,
Vierge auguste et sévère, elle offre en ses ouvrages
De plus mâles beautés, des graces plus sauvages,
D'impénétrables bois, des monts prodigieux,
De plus vives couleurs, un jour plus radieux.
S'élançant des hauteurs d'un roc inaccessible,
Comme une vaste mer, la cataracte horrible
Tombe, en poussant au loin d'effrayantes clameurs,
Et, frappant les rochers qu'ébranlent ses fureurs,
En tourbillons d'écume, en vapeurs ondoyantes,
S'élève et rejaillit sur ses rives bruyantes.
Ailleurs, dans les forêts, sous l'azur d'un beau ciel,
Règne un profond silence, un calme universel;
Au milieu de ce calme, à l'oreille ravie,
Je ne sais quelle douce et lointaine harmonie

Semble encor murmurer dans l'épaisseur des bois:
On diroit des esprits les gémissantes voix;
L'étranger s'égarant sous ces bocages sombres,
Alors que le jour meurt et que naissent les ombres,
Admire ce silence et ces vagues concerts,
Et le parfum des fleurs et la fraîcheur des airs.
Des fleuves, des torrents, roi puissant et terrible,
Le grand Meschacebé, quelquefois plus paisible,
Promène en ces beaux lieux pompeusement ses eaux;
Ose alors parcourir, en glissant sur les flots,
La campagne brillante, où dans ses chants sublimes,
De l'amour, du devoir, égarant deux victimes,
Chateaubriand peignit leurs ardeurs, leurs tourments,
Et *la fleur des déserts* flétrie en son printemps.
Ces sites dont cent fois te charma la peinture,
Les voilà : Déroulant ses tapis de verdure,
Ici, sous un ciel pur, la savane à tes yeux
S'étend vers l'horizon et se perd dans les cieux.
Sans chefs et sans pasteurs, exempts d'inquiétudes,
D'innombrables troupeaux, enfants des solitudes,
Errent sur les gazons ou nagent dans les eaux.
Là, le fleuve coulant à travers des coteaux,
Baigne des bords couverts d'éclatants paysages;
Sur ses rives l'on voit des fleurs et des ombrages;
On entend dans les bois de confuses clameurs;
Mariant leurs parfums, leurs formes, leurs couleurs,
Suspendus sur les eaux, groupés sur les montagnes,
Mille arbres différents, dans ces riches campagnes,
Charmeront tes regards; sur leurs dômes épais
Le beau magnolia, noble roi des forêts,
Lève son front paré de roses virginales;
Balancé mollement aux brises matinales,
Le palmiste élançant sa flèche dans les airs,
Seul partage avec lui l'empire des déserts.
Le colibri doré sur les fleurs étincelle;
La colombe gémit : tout s'unit, tout s'appelle,
Dans les bois, dans les prés, dans les airs, sur les eaux.
La liane flexible, entourant les rameaux,
Ici tombe en festons qu'un vent léger balance;
Quelquefois s'égarant d'arbre en arbre s'élance,

Court, s'abaisse, s'élève, et mêle à leurs couleurs
Des chaînes de verdure et des voûtes de fleurs.
Le fleuve cependant poursuit sa course immense;
Tantôt roulant ses flots dans un profond silence,
Réfléchit, doucement agité par les vents,
Les arbres, les rochers, les nuages errants;
Tantôt entre deux monts précipitant ses ondes,
Fait éclater sa voix sous leurs voûtes profondes;
Sort, d'écume, de fange et de débris couvert;
De ses flots débordés inonde le désert;
Arrose cent climats peuplés ou solitaires;
Et portant dans ses eaux cent fleuves tributaires,
Vers l'Océan jaloux s'avance avec fierté,
Ose du dieu surpris braver la majesté,
Et du flux impuissant brisant les foibles chaînes,
Semble entrer en vainqueur dans ses vastes domaines.

AUTRE IMITATION (Du Même.)

Voici d'autres tableaux peut-être encor plus doux :
Celle que féconda le baiser d'un époux,
Sourit à son enfant d'un sourire ineffable;
Près du nid des oiseaux, aux branches de l'érable,
Suspend de son berceau le mobile appareil,
Et demande aux zéphirs de hâter son sommeil.
Plus loin, sous ce gazon qu'une eau limpide arrose,
D'un autre nouveau-né la dépouille repose :
Sa mère inconsolable y revient chaque jour
Pleurer la tendre fleur ravie à son amour,
La fleur qui fit sa joie et fut son espérance;
S'assied près de la tombe, y dépose en silence
Le lis suave et pur, les perles du maïs,
Et du lait maternel arrose les débris.
Elle s'éloigne; alors, au tombeau solitaire,
Vient l'épouse nouvelle, avide d'être mère,
Et qui croit recueillir, en respirant les fleurs,
La jeune ame mêlée à leurs douces odeurs.

IMITATION DU MÊME PASSAGE.

DELILLE (*Imagination*, ch. VII).

Dirai-je des Natchés la tristesse touchante?
Combien de leur douleur l'heureux instinct m'enchante!
Là, d'un fils qui n'est plus la tendre mère en deuil
A des rameaux voisins vient pendre le cercueil.
Eh! quel soin pouvoit mieux consoler sa jeune ombre?
Au lieu d'être enfermé dans la demeure sombre,
Suspendu sur la terre et regardant les cieux,
Quoique mort, des vivants il attire les yeux.
Là, souvent sous le fils vient reposer le père;
Là, ses sœurs, en pleurant, accompagnent leur mère;
L'oiseau vient y chanter, l'arbre y verse des fleurs,
Lui prête son abri, l'embaume de ses pleurs;
Des premiers feux du jour sa tombe se colore,
Les doux zéphirs du soir, le doux vent de l'aurore,
Balancent mollement ce précieux fardeau,
Et sa tombe riante est encore un berceau;
De l'amour maternel illusion touchante!

IMITATION DU MÊME PASSAGE.

MILLEVOYE (*L'amour maternel*).

Que des Canadiens j'aime l'usage antique!
Près du torrent, au pied du coteau romantique,
Leur ame se nourrit du charme des douleurs;
Ils cultivent la tombe, et l'arrosent de pleurs.
Un tendre souvenir, dans la saison nouvelle,
Vers cet enclos sacré doucement les rappelle.
Morne et silencieux, sur la terre étendu
Le père croit revoir le fils qu'il a perdu.
Triste, les yeux fixés sur l'aride bruyère,
La mère adresse au Ciel sa muette prière,
Et, soupirant le nom de cet enfant chéri,
Répand sur son tombeau le lait qui l'eût nourri.

De son fils qui n'est plus la plaintive Indienne
Voit les vents balancer la tombe aérienne.
Mais le jour où l'enfant s'endort d'un long sommeil,
S'inclinant sur sa bouche elle attend son réveil.
Quand le soleil trois fois a doré le nuage,
Elle lui forme un lit de fleurs et de feuillage,
Du catalpa flexible agite le rameau.....
Et ne s'aperçoit pas qu'elle berce un tombeau.

Et maintenant que l'œuvre d'*Atala* est accomplie ; maintenant qu'elle a passé par toutes les épreuves redoutables, les louanges et le blâme de l'Europe, l'admiration et l'envie du monde ; maintenant que ce chef-d'œuvre a été traduit, commenté, expliqué, arrangé, défiguré dans toutes les langues connues et inconnues ; maintenant qu'on l'a traduite même en vers français, cette prose française de M. de Chateaubriand, si nouvelle et si française, l'auteur peut suivre son chemin sans terreur; René l'appelle, le christianisme éploré lui tend les bras, la Grèce antique espère en lui, le désert, la Bible et le Mont-Sinaï lui préparent déjà son poëme. Maintenant qu'il a passé par tout ce que la gloire humaine a de doux et d'horrible, le poète peut s'abandonner à son génie, — *semblable à un fleuve qui, en s'éloignant de sa source, dépose peu à peu le limon qui troubloit son eau, et devient aussi limpide vers le milieu de son cours qu'il est profond et majestueux.*

JULES JANIN.

TABLE.

Préfaces des éditions d'Atala .... Page i

ATALA 1

RENÉ 99

LES AVENTURES DU DERNIER ABENCERAGE.. 145

POËMES 207

    Préface 209

DARGO 213

DUTHONA 229

GAUL 247

LETTRE SUR L'ART DU DESSIN 269

PENSÉES, RÉFLEXIONS ET MAXIMES 281

ATALA ET SES CRITIQUES 301

FIN DE LA TABLE.

www.ingramcontent.com/pod-product-compliance
Lightning Source LLC
Chambersburg PA
CBHW070440170426
43201CB00010B/1163